KB218743

인생을
아름답게
사는 길

인생을 아름답게 사는 길

김춘식 지음

한국학술정보㈜

책머리에

전도서 강해를 쓸 수 있도록 지혜를 주신 하나님께 영광을 드립니다.

10여 년 동안 말씀 중심으로 강해 설교를 하면서 전도서의 새로운 가치를 발견하게 되었습니다. 하나님이 솔로몬을 통해서 전도서를 기록하게 하신 목적은 무엇일까? 그것은 솔로몬의 화려하고 풍부한 경험을 바탕으로 인생의 의미와 가치가 무엇인지를 깨닫게 하려는 의도인 것 같습니다. 그래서 전도서는 신앙인에게 가장 중요한 질문을 던져주고 있습니다.

인생이란 무엇인가?

구원받은 성도들은 무엇을 위해 살아야 하는가?

어떻게 해야 하나님께 영광을 돌리며, 교회에 덕을 세우며, 사람들에게 유익을 줄 수 있는가?

신앙생활이란 단순히 교회만 출석하는 것이 전부가 아닙니다. 신앙의 본질을 생각하면서 믿는 것과 아는 것이 하나가 되어 그리스도의 장성한 분량이 충만한 데까지 성장하는 삶(엡 4:13~15)일 것입니다.

이런 의미에서 전도서는 '인생을 아름답게 사는 길'을 제시해주는 안내서라고 할 수 있습니다.

이 책이 목회자에게는 설교 자료로 활용되고, 또 평신도에게는 신앙의 본질과 구원받은 이후에 어떤 신앙생활을 할 것인가에 대해 생각하면서 자신의 신앙을 담금질할 기회가 되기를 바랍니다.

아울러 출판을 통해서 그동안 함께 수고한 소중한 분들께 감사를 드리고 싶습니다.

교회 개척할 때에 강대상 일체(一切)를 해 주시고 목회에 힘이 되어 주신 박경식 목사님, 성전 휘장을 해주시고 먼 거리에서도 매주 교회에 출석하여 예배드리며 용기를 주신 이위용 목사님, 20년 넘도록 지금까지 변함없는 믿음으로 교회에 버팀목 역할을 하며 빛과 소금이 되어준 믿음의 동역자인 서숙희 권사님과 김혜연 집사님, 목회자의 고충을 알고 자신의 일처럼 생각하고 도와주며 항상 눈물로 기도해 주신 허이영 권사님과 김경미 권사님, 힘들고 어려울 때에 지지와 격려를 해준 김선근 목사님, 전지영 집사님, 손정수 님, 국민일보사 박혜은 님, 개척 초기에 힘든 고생을 마다치 않고 한 알의 밀알이 되어 든든한 믿음의 동역자가 되어준 노애경 처제, 창대에게 인생을 계획하고 꿈을 가질 수 있도록 넓은 세상을 경험하게 해준 김인희 성도님, 그리고 여기까지 올 수 있도록 말없이 그림자 역할을 하며, 고난의 길을 함께 걸어오면서 책을 집필할 수 있도록 기도와 격려를 해준 노정자 사모와 두 아들 창립, 창대에게 깊은 감사와 사랑의 마음을 전합니다.

끝으로 출판해 주신 한국학술정보(주) 채종준 대표이사님과 출판사업부 조은영 님께 깊은 감사를 드립니다.

김춘식

차 례

제1장
인간의 허무

01

모든 것이 헛됨

1) 전도자의 말씀

전도서 1장 1절: "다윗의 아들 예루살렘 왕 전도자의 말씀이라"

"다윗의 아들 예루살렘 왕 전도자의 말씀이라"는 이 말씀을 통해 전도서의 기록자가 '솔로몬'임을 간접적으로 밝히고 있다.

다윗은 이스라엘의 2대 왕으로서 그 왕권을 그 아들 솔로몬이 계승했다. 역대상 29장 22절에 보면 "……무리가 다윗의 아들 솔로몬을 다시 왕으로 삼아 기름을 부어 여호와께 돌려 주권자가 되게 하고 ……"라며 기록하고 있다. 그러므로 '다윗의 아들'은 솔로몬을 말한다.

이스라엘은 하나님의 선민들이다. 선민의 나라를 통치 한 솔로몬은 '하나님의 대리자'로서 이스라엘을 통치한 것이다. 그러므로 '전도자의 말씀'은 곧 하나님의 말씀이다. 전도서 12장 11절을 보면 한 목자이신 하나님이 전도서의 말씀을 주신 것이라고 분명히 밝히고 있다.

"지혜자들의 말씀들은 찌르는 채찍들 같고 회중의 스승들의 말씀들은 잘 박힌 못 같으니 다 한 목자가 주신 바이니라."(전 12:11)

하나님은 솔로몬을 통해 이 시대에 필요한 말씀을 주신 것이다. 전도서를 주신 목적은 무엇인가? 솔로몬처럼 하나님께서 주신 재능을 헛되이 사용하지 말고 하나님의 창조 목적대로 살라는 것이다.

하나님은 솔로몬에게 "네가 만일 네 아버지 다윗의 행함 같이 내 길로 행하며 내 법도와 명령을 지키면 내가 또 네 날을 길게 하리라"(왕상 3:14)고 약속했다. 그런데 솔로몬은 이 말씀대로 행하지 않았다. 그는 젊은 시절에 많은 첩을 거느리고 이방여인과 결혼했다. 이방여인들은 그들이 섬기는 우상들을 가져와 예루살렘 한복판에서 우상 숭배를 했다. 한마디로 솔로몬 한 사람의 잘못으로 이스라엘 전체가 종교 혼합주의에 빠진 것이다.

하나님은 솔로몬의 마음을 돌이키기 위해 두 번씩이나 책망을 했다. 그러나 솔로몬은 그 말씀을 외면하고 자기 고집대로 행하며 세속의 길로 빠졌다. 그 결과 나라는 남유다와 북이스라엘로 나누어졌고 그동안에 세운 업적은 한순간에 무너지고 말았다.

솔로몬은 인생 말년에 뼈아픈 잘못을 깨닫고 잠언과 전도서를 통해 그리스도인은 어떻게 살아야 하는가를 말하고 있다.

하나님은 모든 피조물이 하나님의 창조 목적대로 살기를 원하신다. 그래서 우리에게 성경을 주셨다. 그 성경은 그리스도인을 교훈과 책망과 바르게 함과 의로 교육하기에 유익하게 할 뿐 아니라 하나님의 사람으로 온전케 하며 모든 선한 일을 행할 능력을 갖추게 하는 말씀이다.(딤후 3:16~17) 성경을 떠나서는 인생을 아름답게 살 수 없다. 그러므로 그리스도인이 세상에서 헛된 삶을 살지 않기 위해서는 하나님의 말씀을 굳게 붙잡고, 그 말씀이 삶의 근거가 되어야 한다.

하나님은 그리스도인에게 두 가지를 요구하고 계신다.

첫째, 마음과 뜻과 힘을 다해 하나님만 사랑하라.

그리스도인의 첫 번째 의무는 온 몸과 마음과 정성을 다해 하나님을 섬기며 경배하는 일이다. 그래서 신앙인에게 있어서 경배와 사랑의 첫 번째 대상은 물질도 아니며, 부모 형제 자녀도 아니며, 출세와 성공도 아니다. 오직 하나님 한 분뿐이다.

하나님은 이스라엘 백성에게 신명기 6장 5절 말씀을 통해 "너는 마음을 다하고 뜻을 다하고 힘을 다하여 네 하나님 여호와를 사랑하라"고 했다. 그런데 이스라엘 백성이 70년간 바벨론의 포로가 되고, 말라기 선지자 이후에 400년 동안 암흑기를 보내게 된 원인은 하나님을 첫 번째로 섬기며 사랑하지 못하고 세상을 하나님보다 먼저 사랑한 결과였다.

예수님도 마태복음 22장 37~38절의 말씀을 통해서 "네 마음을 다하고 목숨을 다하고 뜻을 다하여 주 너의 하나님을 사랑하라 하셨으니, 이것이 크고 첫째 되는 계명이다"고 말씀하셨다. 그러면서 하시는 말씀이 "아버지나 어머니를 나보다 더 사랑하는 자는 내게 합당하지 아니하고 아들이나 딸을 나보다 더 사랑하는 자도 내게 합당하지 아니하다"(마 10:37)며 신앙인에게 첫 번째 사랑과 경배의 대상이 누구인가를 분명히 가르쳐주고 있다.

부모는 자녀에게 하나님을 섬기는 것이 삶에 첫 번째임을 삶을 통해서 보여주어야 한다. 그럴 때에 자녀도 부모의 믿음을 본받아 평생 하나님을 첫 번째로 사랑하며 섬기는 삶을 살게 된다.

둘째, 하나님의 말씀을 자녀에게 부지런히 가르치라.

그리스도인은 자녀에게 말씀을 부지런히 가르쳐야 한다. 자녀가 하나님의 말씀을 바로 알게 되면 하나님을 온전히 섬기게 되며, 세상

유행과 풍파를 따라가지 않고 믿음을 지키면서 세상을 움직이고 변화시키는 하나님의 사람이 되기 때문이다.

하나님은 신명기 6장 6~9절 말씀을 통해 다섯 가지를 말씀하고 계신다.

① 하나님의 말씀을 너는 마음에 새기라.

② 자녀에게 부지런히 가르치라.

③ 집에 앉아있을 때에든지 길을 갈 때에든지 누워 있을 때에든지 일어날 때에든지 이 말씀을 강론하라.

④ 말씀을 네 손목에 매어 기호를 삼으며 네 미간에 붙여 표를 삼으라.

⑤ 네 집 문설주와 바깥문에 기록하라.

이 말씀대로 자녀에게 부지런히 하나님의 말씀을 가르치며 마음 판에 새기도록 한다면 세상에서 출세하고 성공하지 못할 자녀는 한 사람도 없을 것이다. 왜냐하면 하나님은 그런 지녀에게 복을 주셔서 위대하게 사용하시기 때문이다.

2) 헛된 인생

전도서 1장 2절: "전도자가 이르되 헛되고 헛되며 헛되고 헛되니 모든 것이 헛되도다"

솔로몬은 어떤 사람인가? 그는 다윗과 밧세바 사이에 태어난 아들로서 나단선지자의 신앙교육을 받으며 성장했다. 그 후 20세에 하나님의 은총으로 이스라엘의 제3대 왕위에 올랐다. 그는 하나님께 일천 번제를 드린 후 하나님께 지혜를 구하자 하나님은 그에게 지혜와 부와 영광을 주었고 그것으로 부귀영화를 누렸다.

솔로몬의 가장 큰 업적은 하나님께서 영원히 거하실 처소인 성전을 건축한 일이다. 그는 성전 건축을 통해 하나님께 물질의 복을 받아 왕이 마시는 그릇은 다 금이었으며, 은은 귀히 여기지도 않았다. 그 정도로 풍요로운 생활을 했다.

그런데 솔로몬이 인생의 모든 것을 경험한 후에 마지막 인생을 정리하면서 고백한 내용은 무엇인가? 세상의 모든 것은 "헛되고 헛되며 헛되고 헛되니 모든 것이 헛되도다"이다. 얼마나 허무한 고백인가? 솔로몬은 세상의 모든 부귀영화를 누리며, 세상 사람으로부터 존경을 한 몸에 받고 성공한 모델이었다. 그러나 그의 입에서 나온 고백은 참으로 비참한 내용이다.

부친 다윗은 40년간 통치한 가운데 다윗에 관한 기록이 사무엘 상, 하에 걸쳐 방대한 역사가 기록된 반면, 솔로몬의 40년 통치역사는 열왕기상 1장에서 11장까지 너무 짧게 기록되었다. 이것은 무엇을 말해 주고 있는가? 하나님을 떠나서 세상 부귀영화만을 위한 삶이 얼마나 헛된 것인가를 분명하게 보여주고 있다.

하나님은 솔로몬의 삶을 통해서 세상에서 출세하고 성공하는 것이 무가치하다는 것을 말하기 위함이 아니다. 세상의 모든 부귀영화가 죄악이며 쓸모없다는 것을 깨우쳐 주기 위함도 아니다. 세상의 영원하지 못한 것을 위해 사는 것 그 자체가 헛된 것임을 말하고 있다. 한마디로 세상의 모든 것을 소유하여 누리며 산다고 할지라도 하나님을 떠난 삶 그 자체가 곧 헛된 것이다.

그렇다면 그리스도인은 무엇을 위해 살아야 하는가?

사람들은 자신의 부귀영화를 위해 돈을 벌고, 출세하고, 성공만을 위해 산다. 그러나 그리스도인은 그 모든 것을 통해 하나님의 영광을 위해 살아야 한다. 다시 말하면 하나님의 영광을 위해 돈 벌고, 출세하고, 성공해야 한다.

바울의 인생관은 무엇인가? 모든 삶이 철저하게 하나님 중심이었다. 그래서 그는 살아도 주를 위하여 살고, 죽어도 주를 위해 죽는 것이다. 또한 먹든지 마시든지 무엇을 하든지 다 하나님의 영광을 위함이다. 얼마나 멋진 삶인가? 다윗과 바울처럼 하나님의 영광을 위해 살 때에 세상에서 가장 가치 있는 존귀한 삶이 될 것이다.

"우리가 살아도 주를 위하여 살고 죽어도 주를 위하여 죽나니 그러므로 사나 죽으나 우리가 주의 것이로라"(롬 14:8)

"그런즉 너희가 먹든지 마시든지 무엇을 하든지 다 하나님의 영광을 위하여 하라"(고전 10:31)

3) 세상에 모든 수고의 무익함

전도서 1장 3절: "해 아래서 수고하는 모든 수고가 자기에게 무엇이 유익한고"

하나님은 우리에게 "해 아래에서 수고하는 모든 수고가 사람에게 무엇이 유익한가?" 물으신다. "해 위"는 초월적이시고 영원하신 하나님이 거하시는 하늘을 말한다면 "해 아래"는 인간이 살아가는 세상을 말한다.

사람들은 세상에서 나름대로 목적을 가지고 그것을 성취하기 위해 열심히 살아간다. 그리고 각자 나름대로 성공을 한다. 그러나 하나님을 떠난 성공은 무슨 의미가 있는가? 오히려 출세와 성공이 자신의 삶을 파괴하고 다른 사람들에게 불행을 주기도 한다.

솔로몬에게 있어서 출세와 성공은 하나님을 떠나 자신의 삶을 파괴하는 무기가 될 뿐 아니라 세속화의 길이었다. 나라를 분열시키고 개인뿐만 아니라 백성들에게 고통의 수렁에 빠지게 했다. 그러므로 출세와 성공은 자신뿐만 아니라 모든 사람을 행복하게 하는 도구가 되어야 한다.

4) 세대의 변화

전도서 1장 4절: "한 세대는 가고 한 세대는 오되 땅은 영원히 있도다"

땅은 영원히 존재하지만 인간은 그렇지 못하다. 한 세대가 가면 또 다른 세대가 온다. 마치 겨울이 가야 봄이 오는 것과 같다. 그러므로 인간은 누구도 가는 세월을 붙잡을 수도 없고, 흐르는 강물을 막을 수도 없다. 세상이라는 곳은 인간이 잠시 머물다가 천국을 향해 가는 과정에 불과하기 때문이다.

사람이 죽지 않고 천년만년을 산다면 세상은 어떻게 되겠는가? 지구는 인구과잉으로 포화상태가 될 것이고, 식량난과 환경 파괴 등 갖가지 부작용으로 몸살을 앓게 되다가 지구 스스로 파괴되고 말 것이다. 그래서 인간은 흐르는 강물처럼 천국을 향해 흘러가야 한다. 더 머물기 위해서 몸부림치며 짧은 삶을 아쉬워 할 필요가 없다. 삶의 과정을 마치면 영원한 하나님의 나라가 준비되어 있기 때문이다.

시편 90편 4~10절은 바쁘게 살아가는 현대인에게 인생을 어떻게 살아야 하는지를 깊이 생각하게 하는 말씀이다.

주의 목전에는 천 년이 지나간 어제 같으며 밤의 한순간 같을 뿐임이니이다.
주께서 그들을 홍수처럼 쓸어가시나이다.
그들은 잠깐 자는 것 같으며 아침에 돋는 풀 같으니이다.
풀은 아침에 꽃이 피어 자라다가 저녁에는 시들어 마르나이다.
우리는 주의 노에 소멸되며 주의 분 내심에 놀라나이다.
주께서 우리의 죄악을 주의 앞에 놓으시며 우리의 은밀한 죄를 주의 얼굴 빛 가운데에 두셨사오니,
우리의 모든 날이 주의 분노 중에 지나가며 우리의 평생이 순식간에 다하였나이다.
우리의 연수가 칠십이요 강건하면 팔십이라도 그 연수의 자랑은 수고와 슬픔뿐이요 신속히 가니 우리가 날아가나이다.

만약 솔로몬이 이 진리를 깨달았다면 한 번뿐인 인생을 헛되이 살지는 않았을 것이다.

5) 인생은 무엇과 같은가?

솔로몬은 인생을 세 가지로 비유하고 있다. 인생은 아침에 뜨고 지는 해와 같고, 바람처럼 이리저리 돌다 그 불던 곳으로 돌아가는 바람과 같으며 그리고 바다로 흐르는 강물과 같다.

(1) 인생은 아침에 떴다 저녁에 지는 해와 같음

전도서 1장 5절: "해는 뜨고 해는 지되 그 떴던 곳으로 빨리 돌아가고"

첫째 인생이란 무엇과 같은가? 아침에 떴다 저녁에 지는 해와 같다. 해는 아침에 떴다가 저녁에 지며 밤새 다시 그 떴던 그곳으로 가서 아침에 뜬다. 이것은 해 운행의 무료함과 무상함을 말한다.

사람도 젊은 시절에는 해와 같이 힘차게 움직이며 목표를 향해 왕성하게 활동한다. 그러나 나이가 들면 저녁에 지는 해처럼 빛을 잃고 만다.

인생은 젊을 때에 열심히 일을 해야 한다. 젊을 때에 일하지 않으면 인생의 석양 길에는 일하고 싶어도 할 수가 없다. 젊다고 해서 평생 젊게 살수도 없다. 시간이 많다고 자랑해서도 안 된다. 젊음의 시간은 눈 깜짝하는 순간에 지나가기 때문이다. 젊음의 시간을 잘 활용하는 사람만이 저녁이 와도 걱정하지 않을 것이다.

신앙생활도 이와 같다. 젊었을 때에 열심히 주님을 위해 일한 사람은 나이 먹어 인생을 마무리할 때에 후회하지 않는다. 오히려 인생의 황혼이 다가올수록 더욱 빛을 발하게 될 것이다.

(2) 인생은 바람과 같음

전도서 1장 6절: "바람은 남으로 불다가 북으로 돌아가며 이리 돌며 저리 돌아 바람은 그 불던 곳으로 돌아가고"

둘째로, 인생은 무엇과 같은가? 바람과 같다. 바람은 남으로 불다가 북으로 돌아가며 이리 돌며 저리 돌아 바람은 그 불던 곳으로 다시 돌아간다. 결국 원점으로 다시 간다는 것이다.

인생은 바람처럼 영원히 머물 수 없을 뿐 아니라, 흔적도 없이 왔다가 어디론가 사라진다. 그리고 마지막 인생이 출발했던 그 원점으로 다시 돌아간다.

세상의 모든 인간은 흔적도 없이 왔다가 흔적도 없이 어디론가 다 사라진다. 우리도 마찬가지이다. 바람처럼 흔적도 없이 왔다가 흔적도 없이 원점으로 다시 돌아갈 것이다. 그래서 야고보는 인생을 표현하기를 "잠깐 보이다가 없어지는 안개와 같다"(약 4:14)고 했다. 안개는 아침 햇살이 비추면 바람처럼 흔적도 없이 사라지고 만다.

인간은 바람과 같은 존재인데 그 사실을 망각하며 살 때가 많다. 오직 세상에서 영원히 살 것처럼 명예와 권세와 물질에 대한 욕심에 사로잡혀 살다보면 신앙의 본질을 망각하게 된다.

하나님을 믿는 백성은 한 번쯤 새벽기도 때 자신을 바라보면서 '세상을 어떻게 살아야 할 것인가?, 무엇을 위해 살아야 할 것인가?, 사람들에게 어떤 영향을 주며 살아야 할 것인가?'를 깊이 고찰한 적이 있을 것이다. 이러한 묵상을 통해 신앙의 본질을 깨닫고 삶에 적용하길 바란다.

(3) 인생은 강물과 같음

전도서 1장 7절: "모든 강물은 다 바다로 흐르되 바다를 채우지 못하며 강물은 어느 곳으로 흐르든지 그리로 연하여 흐르느니라"

셋째로, 인생은 무엇과 같은가? 강물과 같다. 강물은 잠시도 쉬지 않고 바다로 흐른다. 그러나 쉬지 않고 흘러간 강물은 열심히 바다를 채워보지만 채우지 못한다.

인생도 이와 같다. 한평생 강물처럼 쉬지 않고 수고하지만 그 수고로 인한 만족은 채우지 못한다. 대형 아파트를 수십 채 보유했다고 만족하는가? 서울의 땅 절반이 내 것이라고 해도 만족하는가? 최고 권력의 실세 자리에 있다고 해도 만족하는가? 일생을 수고하며 천하의 모든 것을 소유해 보지만 참된 행복과 만족은 채워지지 않는다. 그것은 강물로 바다를 채울 수 없는 것과 같기 때문이다.

예수님은 제자들에게 말씀하시기를 "여우도 굴이 있고 공중의 새도 거처가 있으되 오직 인자는 머리 둘 곳이 없다"(마 8:20)고 했다. 예수님은 세상에 살면서 바다에 채워도 채울 수 없는 물질과 권력을 위해 살지 않으셨다. 그저 하루하루 가르치며, 천국 복음을 전파하며, 병든 육체와 영혼을 치유하는 일에만 전력하셨다.

또한 예수님은 제자들을 전도 파송하시면서 하신 말씀도 똑같다.

"너희는 전대에 금이나 은이나 동을 가지지 말고 여행을 위하여 배낭이나 두 벌 옷이나 신이나 지팡이를 가지지 말라. 이는 일꾼이 자기의 먹을 것 받는 것이 마땅함이라"(마 10:9~10)

하루 새끼 굶지 않고, 밤이 되면 머리 둘 곳이 있고, 육신과 정신이

건강하고 그리고 가족들과 함께 대화를 나누며 기도와 찬송 소리가
가득한 곳이라면 그것이 바다를 채우는 삶일 것이다.

6) 인간의 욕심은 끝이 없음

전도서 1장 8절: "모든 만물이 피곤하다는 것을 사람이 말로 다 할 수 없
나니 눈은 보아도 만족함이 없고 귀는 들어도 차지 아니하는도다"

인간은 세상일에 대해서는 아침부터 저녁까지 열심히 활동한다. 그
러나 눈은 보아도 만족함이 없고, 귀는 들어도 가득 차지 않는다. 그
이유는 인간의 욕심은 끝이 없기 때문이다. 자족하는 마음이 있다면
인생이 피곤하게 살지는 않을 것이다. 그러나 날마다 더 많은 것을 소
유하려는 욕심 때문에 육신이 피곤하며 보고 들어도 만족하지 못하다.
  인간의 욕심이 충족되지 않는 이유는 무엇인가?
  첫째, 하나님을 떠난 삶은 한평생 피곤하다.
  사람은 경쟁 사회에서 생존하기 위해 치열한 싸움을 한다. 학생은
일류대학에 들어가기 위해 싸움을 하고, 대학을 졸업한 후 취업을 위
해 싸움을 하고, 직장에서는 승진을 위해 싸움을 한다. 정치인들도 선
거에 승리를 위해 싸움을 한다.
  사람들은 치열한 생존 경쟁을 뚫고 탄탄대로를 달려보지만 날마다
피곤한 삶에서 벗어나지 못하고 있다. 왜 인간은 한평생 피곤한가?
하나님을 떠나면 이기적인 사람이 되기 때문이다. 주변의 이웃이나
동료를 돌아보지 않는다. 오직 자신의 욕구만 채우기 위해 독주하려

고 한다.

그러나 하나님 안에 머무는 삶은 피곤치 않다. 왜냐하면 믿음 안에서 자족할 줄 알며, 작은 것에도 감사할 줄 알기 때문이다. 주변을 돌아보고 동료에게 힘을 주며 때로는 양보도 한다. 하나님은 이런 사람에게 순간순간마다 힘과 능력을 주신다.

"피곤한 자에게는 능력을 주시며 무능한 자에게는 힘을 더하시나니 소년이라도 피곤하며 곤비하며 장정이라도 넘어지며 쓰러지되 오직 여호와를 앙망하는 자는 새 힘을 얻으리니 독수리의 날개 치며 올라감 같을 것이요 달음박질하여도 곤비치 아니하겠고 걸어가도 피곤치 아니하리로다"(사 40:29~31)

둘째, 하나님을 떠난 인간의 욕심은 끝이 없다.

사람의 눈은 만족함이 없다. 화려한 집, 고급 승용차, 고급 옷 그리고 보석을 보아도 하루만 지나면 싫증나서 또 다른 것을 추구한다. 그것은 인간의 욕심이 끝이 없기 때문이다. 소유하면 소유할수록 더 많은 것을 소유하려고 한다. 오르면 오를수록 더 높은 곳에 오르려고 한다. 결국 지나친 욕심이 인간을 피곤하게 만든다. 잠언 기자는 "스올과 죽음의 자리는 만족함이 없고 사람의 눈도 만족함이 없다"(잠 27:20)고 했다.

오직 인간의 만족은 하나님으로부터 나온다. 사도 바울은 고린도후서 3장 5절의 말씀을 통해 "우리가 무슨 일이든지 우리에게서 난 것 같이 스스로 만족할 것이 아니니 우리의 만족은 오직 하나님으로부터 나느니라"며 만족의 근원이 하나님이심을 가르쳐주고 있다.

셋째, 하나님을 떠난 인간의 귀는 들어도 족함이 없다.

귀는 지식에 대한 욕구이다. 듣는 귀는 갈수록 발달되어 한번 들은 내용은 두 번 다시 들으려 하지 않는다. 사람은 새로운 지식을 갈망하기 때문이다. 그래서 지식은 다양한 분야에서 끝없이 발전하고 있다.

그런데 문제는 종말 때가 되면 교인도 진리의 말씀을 들으려고 하지 않는다. 그 이유는 사람은 귀가 가려워서 바른 말씀은 받지 않고 그 귀를 진리에서 돌이켜 허탄한 이야기를 좇기 때문이다. 디모데후서 4장 3~4절에 보면 "때가 이르리니 사람이 바른 교훈을 받지 아니하며 귀가 가려워서 자기의 사욕을 따를 스승을 많이 두고 또 그 귀를 진리에서 돌이켜 허탄한 이야기를 따르리라"고 했다.

오늘날 교회 안에는 하나님의 말씀이 점점 사라지고 있다. 하나님의 말씀보다는 청중의 귀를 즐겁게 하기 위한 망령되고 허탄한 철학과 예화가 가득하다. 오늘날은 설교의 홍수 시대이다. 기독 TV와 인터넷 그리고 스마트 폰을 통해 집이든, 차 안이든, 길거리든, 어디서든지 목사님의 주옥같은 설교를 들을 수 있다. 그런데 그 설교 중에 하나님 말씀의 비중은 얼마만큼 차지하고 있는가? 말씀의 비중은 약 30~40%뿐이다. 나머지는 청중의 귀를 즐겁게 하는 세상 살아가는 이야기이다. 그러므로 이 시대야 말로 여호와의 말씀을 듣지 못하는 영적 기갈 상태가 되고 있다. 목회자가 말씀을 읽고, 들을 수 있는 영적인 눈과 귀를 가로막아 교인들을 영적 기갈 속에 빠지게 하고 있지 않는지 깊이 생각해 보아야 한다.

하나님의 아모스 선지자를 통해 말씀하신 통곡의 소리를 들어 보라! 세상에 기근을 내리신 이유가 무엇인가? 여호와의 말씀을 듣지 못한 기갈 때문이다.

"주 여호와의 말씀이니라 보라 날이 이를지라 내가 기근을 땅에 보내리니 양식이 없어 주림이 아니며 물이 없어 갈함이 아니요 여호와

의 말씀을 듣지 못한 기갈이라"(암 8:11)

7) 해 아래 새것이 없음

전도서 1장 9~10절: "이미 있던 것이 후에 다시 있겠고 이미 한 일을 후에 다시 할지라 해 아래는 새것이 없나니, 무엇을 가리켜 이르기를 보라 이것이 새것이라 할 것이 있으랴 오래전 세대에도 이미 있었느니라"

세상의 모든 것은 새것이 없다. 하나님께서 세상의 모든 것을 이미 창조하셨기 때문이다. 사람들은 날마다 새로운 것을 발견했다고 하지만 이미 기존에 존재한 것을 발견하여 사용한 것뿐이다. 그것이 어떻게 새것이라고 말할 수 있겠는가? 우리가 있기 오래전 세대에도 이미 사용하였다. 그러므로 세상은 새것이 없다. 오직 하나님께서 창조하신 것을 무료로 사용하고 있을 뿐이다.

8) 인생은 기억되지 않는 존재

전도서 1장 11절: "이전 세대를 기억함이 없으니 장래 세대도 그 후 세대들과 함께 기억됨이 없으리라"

인생은 기억되지 않는 존재이다. 과거나 현재나 미래에 아무도 기억하지 않는다. 인간이 7, 80년에 불과한 짧은 기간 동안 생명을 유지하는 유한한 존재일 뿐이다. 비록 세상에 살았을 때에 많은 사람에게 큰 영향력을 미치고 많은 업적을 남겼다 해도 시간이 지나면 결국 잊히고 만다.

우리는 지금 이전 시대에 살았던 사람을 얼마나 기억하고 있는가? 돌아가신 조상이나 역사적인 인물을 기억하고 있는가? 현실 속에 살다 보면 아무도 기억하지 않는다.

그러나 하나님은 우리의 모든 삶을 기억하신다. 하나님은 400년이 지난 뒤에도 아브라함과 맺은 언약을 기억하신 것을 보라! 얼마나 대단하신가? 이스라엘 백성이 애굽에서 400년 동안 노예생활을 하고 있을 때에 고된 노동으로 탄식한다. 그때에 하나님은 백성들이 고된 노동으로 부르짖는 소리를 들으시고 아브라함과 이삭과 야곱에게 세운 그의 언약을 기억하사 이스라엘 자손을 돌보시고 모세를 통해 이스라엘 백성들을 애굽에서 꺼내주셨다.

"하나님이 그들의 고통 소리를 들으시고 하나님이 아브라함과 이삭과 야곱에게 세운 그의 언약을 기억하사 하나님이 이스라엘 자손을 돌보셨고 하나님이 그들을 기억하셨더라"(출 2:24~25)

우리는 평소에 하나님을 기억하지 않고 살지만 하나님은 택한 백성들을 다 기억하고 계신다. 하나님은 순간순간 우리를 기억하셔서 위기 때마다 건져주시고, 고난과 역경 중에 부르짖는 기도 소리를 들으시고 친히 응답해주신다.

사도 바울은 디모데후서 2장 8절을 통해 "내가 전한 복음대로 다윗의 씨로 죽은 자 가운데서 다시 살아나신 예수 그리스도를 기억하라"고 했다. 그러므로 그리스도인은 삶 속에서 살아계신 하나님을 기억하며 살 때에 성숙한 신앙인의 삶을 살게 될 것이다.

02
철학의 헛됨

1) 철학의 괴로움과 수고

전도서 1장 13절: "마음을 다하며 지혜를 써서 하늘 아래서 행하는 모든 일을 연구하며 살핀즉 이는 괴로운 것이니 하나님이 인생들에게 주사 수고하게 하신 것이라"

지혜는 인본주의 철학과 학문을 말한다. 인본주의 철학과 학문으로 하늘 아래 행하는 모든 일을 연구해 보지만 그 결과는 괴로움뿐이다. 철학과 지식으로 세상의 모든 것을 연구한다고 해도 어떻게 우주의 신비를 다 알 수 있겠는가? 인간의 지식으로 하나님의 창조세계를 알려고 한다는 것 그 자체가 어리석은 일이다. 즉 본문의 말씀처럼 괴로움과 수고뿐이다.

괴로움과 수고는 아담의 범죄 결과로 주어진 산물이다(창 3:17~19). 에덴동산의 삶은 그 자체가 평안과 행복 이였다. 그곳에는 인간의 지식과 철학으로 하늘 아래서 행하는 모든 일을 연구하며 살피는 고생을 할 필요가 없다. 그런데 아담의 범죄 결과 인간은 지식으로 세상에 모든 일을 연구하며 살피는 괴로움과 수고의 삶을 살게 된 것이다. 그러므로 인간은 한평생 수고의 굴레에서 벗어날 수가 없다.

인간의 수고의 굴레에서 벗어날 수 있는 유일한 길은 무엇인가? 범사에 전능하신 하나님을 인정하고 그 분을 믿고 사는 것이다. 하나님의 섭리를 깨달을 때에 세상에 헛된 일에 수고하며 삶을 허비하지 않을 것이다.

2) 헛된 바람

전도서 1장 14절: "내가 해 아래서 행하는 모든 일을 보았노라 보라 모두다 헛되어 바람을 잡으려는 것이로다"

사람은 한평생 건강, 재물, 명예 그리고 권세를 얻기 위해 수고한다. 그것을 위해서 평생을 아침부터 저녁까지 밤잠 자지 않고 수고하며 노력한다. 때로는 그것을 얻기 위해 하나님을 떠나고 예배생활까지 포기한다. 그러나 그것은 마치 헛된 바람을 잡으려는 것과 같기 때문에 평생 붙잡아둘 수가 없다.

건강을 붙잡으려고 해도 붙잡아둘 수가 없고, 재물과 권세도 붙잡아둘 수 없다. 어느 날 갑자기 바람처럼 흔적도 없이 사라진다. 얼마나 허무한 일인가? 그런데 사람들은 세상의 재물과 권력과 건강 그리고 젊음을 굳게 붙잡고 놓으려 하지 않는다. 잠언 23장 5절에 보면 "네가 어찌 허무한 것에 주목하겠느냐 정녕히 재물은 스스로 날개를 내어 하늘에 나는 독수리처럼 날아가리라"고 했다.

욥은 부유한 삶을 살면서도 바람처럼 사라지는 금은보화나 재물에 소망을 품고 살지 않았다. 오직 전능하신 하나님만 의지하며 살았다. 그는 고백하기를 만일 재물의 풍부함과 손으로 얻은 것이 많음으로 기뻐하였다면 그것도 재판에 회부할 죄악이니 위에 계신 하나님을 속이는 것이라고 했다.

"만일 내가 내 소망을 금에다 두고 순금에게 너는 내 의뢰하는 바라하였다면 만일 재물의 풍부함과 손으로 얻은 것이 많음으로 기뻐하였다면 …… 그것도 재판에 회부할 죄악이니 내가 그리하였으면 위에 계신 하나님을 속이는 것이리라"(욥 31:24~28)

그리스도인은 헛된 바람 같은 것을 붙잡지 않고 살기 위해서는 어떻게 해야 하는가?

첫째, 천국 소망으로 살라.

그리스도인은 행인 같은 삶 속에서 날마다 천국 소망을 가지고 살아야 한다. 아브라함은 한 곳에 정착하여 집을 짓고 살지 않았고, 세상에서 헛되어 바람처럼 소멸되는 것을 붙잡고 사는 것이 인생의 목표도 아니었다. 오직 더 나은 본향을 사모하며 살았다. 그 본향이 어디인가? 하나님이 계시는 천국이다.

히브리서 11장 14~16절에 보면 "그들이 이같이 말하는 것은 자기들이 본향 찾는 자임을 나타냄이라. 그들이 나온바 본향을 생각하였더라면 돌아갈 기회가 있었으려니와 그들이 이제는 더 나은 본향을 사모하니 곧 하늘에 있는 것이라 이러므로 하나님이 그들의 하나님이라 일컬음 받으심을 부끄러워하지 아니하시고 그들을 위하여 한 성을 예비하셨느니라. 이같이 말하는 자들은 본향 찾는 것을 나타냄이라"고 했다.

세상은 잠시 머물다가 가는 곳이지만 천국은 영원히 거하여 살 곳이다. 그는 영원한 세계의 가치를 알았기 때문에 세상 것만 바라보고 살지 않았다.

천국은 어떤 곳인가?

① 다시는 사망이 없고 애통하는 것이나 곡하는 것이나 아픈 것이 다시 있지 아니한 곳이다.

"모든 눈물을 그 눈에서 닦아 주시니 다시는 사망이 없고 애통하는 것이나 곡하는 것이나 아픈 것이 다시 있지 아니하리니 처음 것들이 다 지나갔음이러라"(계 21:4)

② 하나님의 영광이 있어 그 성의 빛이 지극히 귀한 보석 같고 벽옥과 수정 같이 맑은 곳이다.

"하나님의 영광이 있어 그 성의 빛이 지극히 귀한 보석 같고 벽옥과 수정 같이 맑더라"(계 21:11)

③ 이리가 어린 양과 함께 살며 표범이 어린 염소와 함께 누우며 송아지와 어린 사자와 살진 짐승이 함께 있어 어린 아이에게 끌리며, 암소와 곰이 함께 먹으며 그것들의 새끼가 함께 엎드리며 사자가 소처럼 풀을 먹을 것이며, 젖 먹는 아이가 독사의 구멍에서 장난하며 젖 뗀 어린 아이가 독사의 굴에 손을 넣어도 모든 곳에서 해 됨도 없고 상함도 없을 곳이다(사 11:6∼9).

④ 여호와의 속량함을 받은 자들이 돌아오되 노래하며 시온에 이르러 그들의 머리 위에 영영한 희락을 띠고 기쁨과 즐거움을 얻으리니 슬픔과 탄식이 사라지는 곳이다(사 35:8∼10).

둘째, 하늘나라에 재물을 쌓고 살라.

세상에서 재물만 쌓고 살면 재물은 한순간에 바람처럼 사라진다. 그러나 하늘에 재물을 쌓게 되면 그 재물은 영원히 사라지지 않는다. 하늘에 재물을 쌓는 사람은 하나님께 마음을 두고 하나님만 사랑하며 사는 믿음의 사람들이다. 재물이 있는 곳에 마음도 있기 때문이다.

"너희를 위하여 보물을 땅에 쌓아 두지 말라 거기는 좀과 동록이 해하며 도둑이 구멍을 뚫고 도둑질하느니라. 오직 너희를 위하여 보물을 하늘에 쌓아 두라 거기는 좀이나 동록이 해하지 못하며 도둑이 구멍을 뚫지도 못하고 도적질도 못하느니라. 네 보물 있는 그곳에는 네 마음도 있느니라"(마 6:19~21).

셋째, 하늘나라에 상급을 쌓고 살라.

세상에서 수고한 일들이 바람처럼 헛되이 되지 않기 위해서는 하늘나라에 상급을 쌓는 일을 해야 한다. 하늘나라에 상급을 쌓는 일이야 말로 가장 위대하고 보람된 일이다.

모세는 바로의 공주의 아들로서 차기 애굽의 왕이 되는 후계자이다. 그런데 그는 바로의 공주의 아들이라 칭함 받기를 거절했다. 그 이유는 두 가지이다. 하나는 하나님의 백성과 함께 고난 받기를 잠시 죄악의 낙을 누리는 것보다 더 중요하게 생각했기 때문이며, 또 하나는 그리스도를 위하여 받는 수모를 애굽의 모든 보화보다 더 큰 재물로 여기는 하늘나라의 상급을 받기 위함이다. 이러한 믿음이 이스라엘을 애굽에서 이끌어내는 하나님의 위대한 지도자가 되게 한 것이다.

"믿음으로 모세는 장성하여 바로의 공주의 아들이라 칭함 받기를 거절하고, 도리어 하나님의 백성과 함께 고난 받기를 잠시 죄악의 낙을 누리는 것보다 더 좋아하고, 그리스도를 위하여 받는 수모를 애굽

의 모든 보화보다 더 큰 재물로 여겼으니 이는 상 주심을 바라봄이라"(히 11:24~26)

바울도 하늘나라에 상급을 위해 살았다. 바울은 어떤 사람인가? 팔일 만에 할례를 받고, 이스라엘 족속이며, 베냐민 지파며, 히브리인 중의 히브리인이며, 율법으로는 바리새인이며 그리고 가말리엘의 문하에서 율법의 엄한 교훈을 받은 사람이다. 그런데 바울은 그 모든 것을 하늘나라의 상급을 위해 배설물처럼 버렸다(빌 3:5~8). 바울은 마지막 죽음을 목전에 두고 고백한 내용을 보라! 디모데후서 4장 8절의 말씀을 통해 죽음을 당한 후에는 하늘나라에서 의의 면류관이라는 상급이 있음을 분명하게 고백하고 있다.

"이제 후로는 나를 위하여 의의 면류관이 예비되었으므로 주 곧 의로우신 재판장이 그날에 내게 주실 것이니 내게만 아니라 주의 나타나심을 사모하는 모든 자에게니라"

예수님께서 재림하신 목적은 무엇인가? 세상을 심판하실 뿐만 아니라 믿는 성도들에게 각자 행한 만큼 상급을 주기 위함이다. 요한계시록 22장 12절에 보면 "보라 내가 속히 오리니 내가 줄 상이 내게 있어 각 사람에게 그가 행한 대로 갚아 주리라"고 하셨다. 그러므로 성도들은 세상에서 먹고 마시며 재물만 쌓는 일을 위해 수고만 할 것이 아니라 하늘나라의 상급을 쌓는 일에 힘써야 한다.

3) 인간의 한계

전도서 1장 15절: **"구부러진 것을 곧게 할 수 없고 모자란 것도 셀 수 없도다"**

인간의 힘으로 하나님께서 구부러지게 한 것을 곧게 할 수 없고 모자라게 한 것도 셀 수 없다. 인간의 힘으로는 하나님께서 하시는 일에 대해 아무것도 할 수 없다. 인간이 인간의 힘으로 죽음을 연장할 수 있는가? 세월을 멈추게 할 수가 있는가? 구제역과 신종 인플루엔자 같은 전염병을 막을 수 있는가? 누가 화산 폭발을 막을 수가 있으며, 가뭄과 홍수와 태풍을 막을 수가 있는가? 마지막 7년 대환란의 심판을 피할 수가 있겠는가?

인간은 하나님께서 하시는 일에 대해서 아무 것도 할 수 없다. 그럼에도 인간은 모든 것을 할 수 있다는 교만에 사로잡혀 하나님을 부인하며 그 권위에 도전한다. 하나님이 어디 있느냐며 신의 존재를 부인하기도 한다.

인간이 얼마나 연약한 존재인가? 감기만 걸려도 삼일씩 누워야 한다. 손끝에 가시만 박혀도 고통을 호소한다. 또한 불치병이 걸리면 세상 모든 것이 무너지는 것 같은 절망에 빠진다. 인간의 연약함을 깨닫고 전능하신 하나님을 믿을 때에 인간의 한계를 극복할 수 있다.

모세 역시 홍해 바다 앞에서는 아무것도 할 수 없는 상황 이었다. 그러나 전능하신 하나님을 의지할 때에 홍해가 갈라지므로 인간의 한계를 극복할 수 있었다. 여호수아도 마찬가지였다. 여리고성 앞에서는 아무것도 할 수 없었다. 성벽을 파괴시킬 수 있는 장비도 없고,

적들과 싸워 승리할 수 있는 무기도 없었다. 한마디로 맨주먹뿐이었다. 그런데 하나님의 말씀을 붙잡고, 하나님만 의지할 때에 한순간에 여리고성이 무너져 내렸다. 인간의 한계를 극복한 순간이다.

사무엘 선지자는 희망의 불꽃이 꺼져가는 이스라엘 민족에게 다시금 새로운 희망의 불씨를 살린다. 그 과정에서 이스라엘 민족들을 향해 "만일 너희가 전심으로 여호와께 돌아오려거든 이방 신들과 아스다롯을 너희 중에서 제거하고 너희 마음을 여호와께로 향하여 그만을 섬기라 그리하면 너희를 블레셋 사람의 손에서 건져내시리라"고 외친다. 그런 후에 모든 백성을 미스바로 모이게 한 후 영적 각성 운동을 일으켰다. 그때에 블레셋 사람들이 이 소식을 듣고 그들의 방백들이 이스라엘을 치기 위해 올라온다. 이스라엘 백성은 블레셋 사람들을 두려워하여 사무엘에게 말하기를 '당신은 우리를 위하여 우리 하나님 여호와께 쉬지 말고 부르짖어 우리를 블레셋 사람들의 손에서 구원하시게 하소서'라며 간청했다.

사무엘은 인간의 힘으로 블레셋과 싸워 이길 수가 없었다. 그래서 그는 젖 먹는 어린 양 하나를 가져다가 온전한 번제를 여호와께 드리고 이스라엘을 위하여 여호와께 기도했다. 하나님은 그 기도를 들으시고 응답하신 결과 그날에 여호와께서 블레셋 사람에게 큰 우레를 발하여 그들을 어지럽게 하자 그들은 이스라엘 앞에 패하게 된다. 인간의 힘으로는 불가능한 일임에도 하나님을 의지하게 되자 가능하게 된 것이다. 하나님을 의지하는 사람만이 인간의 한계를 극복하는 기적을 체험하게 될 것이다.

4) 지식의 한계

　전도서 1장 17~18절: "내가 다시 지혜를 알고자 하며 미친 것들과 미련한 것들을 알고자 하여 마음을 썼으나 이것도 바람을 잡으려는 것인 줄을 깨달았도다. 지혜가 많으면 번뇌도 많으니 지식을 더하는 자는 근심을 더하느니라"

　인간은 더 많은 지식을 얻기 위해 끝없이 연구한다. 그 결과 과학, 교통, 통신 그리고 의학 등 모든 분야에서 획기적인 발전을 이루었다. 인간의 의술은 불치병을 정복하고 생명까지 연장시키고 있고, 인터넷에 접속하기만 하면 필요한 모든 지식과 정보를 한 눈에 검색할 수 있다. 스마트폰 하나만 있어도 길거리나 차 안에서 모든 업무를 처리할 수 있는 편리한 시대이다. 이처럼 지식은 하루가 다르게 인간의 문화와 삶의 질을 바꿔 놓고 있다.

　사람들은 고도의 지식 사회가 되면 그 지식이 인간에게 행복을 가져다줄 것으로 기대한다. 그러나 사람들의 마음은 어떠한가? 마음은 날로 강퍅해져 간다. 그리고 인간이 만든 과학의 산물이 또 다른 재앙을 불러일으키고 있다. 그래서 지식의 결과는 인간에게 번뇌와 근심만 더해준다. "지혜가 많으면 번뇌도 많으니 지식을 더하는 자는 근심을 더하느니라."

제2장

인생의 허무 극복

01
즐거움의 헛됨

1) 인생의 낙도 헛됨

　전도서 2장 1~2절: "나는 내 마음에 이르기를 자 내가 시험 삼아 너를 즐겁게 하리니 너는 낙을 누리라 하였으나 보라 이것도 헛되도다 내가 웃음에 관하여 말하여 이르기를 그것은 미친 것이라 하였고 희락에 대하여 이르기를 이것이 무슨 소용이 있는가 하였노라"

　솔로몬은 40년 동안 이스라엘을 통치하면서 매일 같이 인생의 즐거움과 낙을 누리며 살았다. 그런데 그의 입에서 나온 고백은 무엇인가? 모든 것이 헛되다는 것이다.

　탕자도 자신의 전 재산을 가지고 세상으로 나갔다. 그도 역시 세상에서 가장 멋지게 인생을 즐기며 살아보기 위함이다. 그가 돈이 있을 때에는 인생의 낙을 누리며 화려하게 살았다. 그런데 돈이 떨어지게 되자 사람들은 다 떠나고 마지막에는 돼지가 먹는 쥐엄 열매로 배를 채우고자 하되 주는 자가 없었다. 그는 스스로 돌이켜 하는 말이 "내 아버지에게는 양식이 풍족한 품꾼이 얼마나 많은가 나는 여기서 주려 죽는구나"(눅 15:16, 17)고 인생의 헛된 삶을 고백한다.

어리석은 부자도 밭에 소출이 풍성하게 되자 마음으로 생각하기를 내가 곡식 쌓아 둘 곳이 없으니 어찌할까 하며 고민한다. 그러던 중에 한 가지 대안을 마련한다. 그 대안은 내 곡간을 헐고 더 크게 짓고 내 모든 곡식과 물건을 거기 쌓아 두는 것이다. 그리고 여러 해 쓸 물건을 많이 쌓아 두었으니 평안히 쉬고 먹고 마시고 즐거워하자고 한다.

오늘날로 말하면 주식에 투자하여 돈을 벌고, 부동산에 투자하여 큰 시세 차익을 내고, 빌딩과 상가를 소유하여 임대 사업을 하고, 아파트 전·월세 사업으로 돈을 벌 뿐 아니라 대 기업을 운영하여 돈을 벌어 쌓아 들 곳이 없어 고민하는 것과 같다.

얼마나 멋진 생각인가? 한평생 고생해서 돈 버는 이유가 여기 있을 것이다. 그러나 하나님은 그 부자에게 뭐라고 말하였는가?

"어리석은 자여 오늘 밤에 네 영혼을 도로 찾으리니 그러면 네 준비한 것이 뉘 것이 되겠느냐"(눅 12:20). 얼마나 헛된 인생인가?

인생의 진정한 즐거움과 낙은 어디서 오는가? 하나님과 교제를 통해서 온다. 하나님과 교제를 통해 얻어진 즐거움은 세상의 그 무엇과도 비교할 수 없고, 바꿀 수도 없다.

바울은 감옥 생활을 하던 중에도 기뻐하며 찬송했다. 바울의 기쁨과 즐거움은 감옥과 질병과 죽음도 빼앗아 가지 못했다. 바울은 하나님과 영적 교제의 삶을 통해서 어떠한 형편과 처지에 있더라도 항상 기뻐했다. 그러므로 주님 안에서의 기쁨은 절망적인 삶을 희망으로 바꾸는 힘이다.

바울은 빌립보서 3장 1절 말씀을 통해 "끝으로 나의 형제들아 주 안에서 기뻐하라 너희에게 같은 말을 쓰는 것이 내게는 수고로움이 없고 너희에게는 안전하니라"고 하면서 빌립보서 4장 4절에는 "주 안에서 항상 기뻐하라 내가 다시 말하노니 기뻐하라"고 권면하고 있다.

"여호와께 구속받은 자들이 돌아와 노래하며 시온으로 들어오니 영원한 기쁨이 그들의 머리 위에 있고 슬픔과 탄식이 달아나리이다"(사 51:11)

"마지막으로 말하노니 형제들아 기뻐하라 온전하게 되며 위로를 받으며 마음을 같이하며 평안할지어다 또 사랑과 평강의 하나님이 너희와 함께 계시리라 거룩하게 입맞춤으로 서로 문안하라"(고린도 후서 13:11)

"만일 너희 믿음의 제물과 섬김 위에 내가 나를 전제로 드릴지라도 나는 기뻐하고 너희 무리와 함께 기뻐하리니 이와 같이 너희도 기뻐하고 나와 함께 기뻐하라"(빌 2:17~18)

"항상 기뻐하라"(살전 5:16)

2) 술의 파멸

전도서 2장 3절: "내가 내 마음으로 깊이 생각하기를 내가 어떻게 하여야 내 마음을 지혜로 다스리면서 술로 내 육신을 즐겁게 할까……"

술은 노아 때부터 인간사회에 시작한 것으로 추정된다. 노아는 홍수 심판이 끝난 후에 방주에 나와서 농사일을 하는 가운데 포도나무를 재배한다. 노아는 그 열매를 숙성시켜 포도주를 만들어 마시다가 포도주에 취하여 장막 안에서 벌거벗은 채로 잠이 들었다.

창세기 9장 20~21절에 보면 "노아가 농사를 시작하여 포도나무를 심었더니, 포도주를 마시고 취하여 그 장막 안에서 벌거벗은지라"고 했다.

노아에 의해 시작된 술은 급속히 확산되어 세상 어느 곳에나 존재하며 현대 사회에 깊숙이 자리 잡고 있다. 그러나 지나친 음주로 인하여 개인과 가정뿐 아니라 사회에 많은 부정적인 악 영향을 미치고 있다. 술로 인한 피해가 얼마나 많은가?

그 실태를 보면 다음과 같다.

첫째, 음주로 인한 교통사고이다.

음주 운전을 하면 자신뿐만 아니라 다른 사람의 목숨까지 위험에 빠지게 한다. 이것은 살인행위와 같다. 음주 운전자 한 사람으로 인하여 피해자 가족들에게 엄청난 정신적, 물질적 피해를 가져다준다.

둘째, 가정 폭력이다.

술에 취해 정신이 혼미하게 되면 가정에서 부인과 자녀에게까지 폭력을 행사한다. 이러한 행위로 인하여 건전한 가정이 한순간에 파괴되고 자녀에게까지 회복할 수 없는 마음의 상처와 정신적 피해를 준다.

셋째, 알코올중독이다.

술을 마시면 술에 들어 있는 에탄올이 대뇌의 제지기능을 억제하여 흥분상태를 만들고, 중추신경을 억제하며, 한 걸음 더 나아가 습관성과 중독성이 되게 만든다. 그래서 술을 자주, 많이 마시면 중독증세가 나타난다. 알코올중독이란 것이 바로 이런 것이다. 알코올에 중독되면 정신적으로는 이해나 판단 능력이 약해지고, 사고는 얕아지며, 정리가 안 되고, 기억력이 저하된다. 감정 변화가 쉬워져서 고등감정은 저하되고, 자기중심적 경향이 강해지며, 거짓말과 부끄러움을 모르며 생활이 무기력해진다. 결국 정상적인 생활도 못하고 사회와 가정으로부터 외면을 당한다.

넷째, 질병의 원인이다.

세계보건기구(WHO)에 딸린 국제암연구소(IARC)는 1998년 알코올을 1군 발암물질로 규정했다. 그래서 술은 간암만 일으키는 것이 아니라 다양한 암 발생과 깊이 관련되어 있는 것이다. 신체적으로 만성위염, 말초혈관확장, 심장의 비대와 확장, 간장 신장의 장애, 다발성 신경염, 떨림 등의 증세를 보일 수 있다. 한마디로 술은 다양한 정신적, 신체적 피해를 주므로 인생을 망치는 살인 무기이다.

다섯째, 그 외에도 작업장에서의 사고, 여행을 즐기다가 일으키는 싸움, 폭행, 성폭행, 방화, 강도 절도, 살인, 자살 등의 원인이 된다. 따라서 술은 개인과 사회문제의 주범인 것이다. 그러므로 술 문화는 바로 사탄문화인 것이다.

사탄은 술로 사람들의 정신과 건강을 파괴 한 후에 하나님으로부터 멀어지게 한다. 그래서 하나님은 술을 먹지 말라고 했다. 그러나 사탄은 뭐라고 하는가? 술은 적당히 마시면 건강에 도움이 된다. 술한잔했다고 해서 지옥 가느냐며 술 마시기를 권한다. 술은 처음 마시면 양처럼 온순하지만 조금 더 마시면 사자처럼 사납게 되고, 조금 더 마시면 원숭이처럼 춤을 추며, 더 많이 마시면 돼지처럼 토하고 뒹굴어도 자신은 무슨 행동을 하는지 알지 못한다.

탈무드에 보면 술 취한 자의 모습에 대해 다음과 같이 표현하고 있다.

이 세상 최초의 인간이 포도나무를 키우고 있었다. 그때 악마가 찾아와 '무엇을 하고 있느냐'고 물었다. 인간이 대답하기를 '지금 근사한 식물을 키우고 있다'고 말하자 악마는 '이런 식물은 처음 보는 것이군'하면서 놀라워했다. 그래서 인간은 악마에게 다음과 같이 설명해 주었다. '이 식물에는 아주 달콤하고 맛있는 열매가 열리는데, 익은 다음 그 즙을 내어 마시면 아주 행복해진다네.' 악마는 자기도 꼭 한몫 끼워 달라고 애원하고는, 양과 사자와 원숭이와 돼지를 데리고 왔다. 그리고 악마는 이 짐승들을 죽여 그 피를 거름으로 썼다. 포도주는 이렇게 해서 세상에 처음 생겨났다고 한다. 그래서 술을 처음 마시기 시작할 때에는 양같이 온순하고, 조금 더 마시면 사자처럼 사납게 되고, 조금 더 마시면 원숭이처럼 춤추거나 노래 부르며, 더 많이 마시게 되면 토하고 뒹굴고 하여 돼지처럼 추하게 되니, 이것은 악마가 인간들에게 준 선물이기 때문이다.

그리스도인이 술을 마시지 말아야 하는 이유는 무엇인가?

첫째, 경건 생활을 방해하기 때문이다.

하나님은 회막에 들어올 때에 술을 마시지 말라. 마시면 죽음을 당한다고 했다. 신앙인들이 술에 취하여 예배하고 찬양하고 기도한다는 것은 하나님을 망령되이 하는 행동이다. 그러므로 술은 신앙인들의 경건생활을 방해한다.

"너와 네 자손들이 회막에 들어갈 때에는 포도주나 독주를 마시지 말라 그리하여 너희 죽음을 면하라 이는 너희 대대로 지킬 영영한 규례라"(레 10:9)

둘째, 하나님의 성전인 몸을 파괴하기 때문이다.

성도들의 몸은 하나님의 거룩한 성전이다. 하나님의 성전을 세속적인 술로 더럽힐 수는 없다. 하나님은 성전을 더럽히면 그 사람을 멸하신다고 했다.

"너희는 너희가 하나님의 성전인 것과 하나님의 성령이 너희 안에 계시는 것을 알지 못하느냐 누구든지 하나님의 성전을 더럽히면 하나님이 그 사람을 멸하시리라 하나님의 성전은 거룩하니 너희도 그러하니라"(고전 3:16~17)

셋째, 술은 인생을 파괴시키기 때문이다.

술은 독이다. 즉 마약과도 같다. 독이 몸에 퍼지면 결국은 죽게 된다. 술도 마찬가지이다. 술독이 조금씩 온 몸에 퍼지게 되면 술이 사람을 지배하게 되고 결국은 "삶을 파괴"한다. 잠언 기자는 삶의 모든 재앙과 근심과 분쟁과 원망의 원인이 술에 있음을 지적하고 있다. 그러므로 술은 보지도 말라는 것이다. 술은 마침내 뱀과 독사같이 물기 때문이다. 신명기 32장 33절에 보면 "그들의 포도주는 뱀의 독이요 독사의 맹독이라"고 했다.

"재앙이 뉘게 있느뇨 근심이 뉘게 있느뇨 분쟁이 뉘게 있느뇨 원망이 뉘게 있느뇨 까닭 없는 상처가 뉘게 있느뇨 붉은 눈이 뉘게 있느뇨. 술에 잠긴 자에게 있고 혼합한 술을 구하러 다니는 자에게 있느니라. 포도주는 붉고 잔에서 번쩍이며 순하게 내려가나니 너는 그것을 보지도 말지어다. 그것이 마침내 뱀같이 물 것이요 독사같이 쏠 것이며 또 네 눈에는 괴이한 것이 보일 것이요 네 마음은 구부러진 말을 할 것이며 너는 바다 가운데 누운 자 같을 것이요 돛대 위에 누운 자 같을 것이며 네가 스스로 말하기를 사람이 나를 때려도 나는 아프지 아니하고 나를 상하게 하여도 내게 감각이 없도다 내가 언제

나 깰까 다시 술을 찾겠다 하리라"(잠 23:29~35)

"포도주는 거만하게 하는 것이요 독주는 떠들게 하는 것이라 이에 미혹되는 자마다 지혜가 없느니라"(잠 20:1)

넷째, 술을 즐기는 자와 사귀지도 말라고 했기 때문이다.

술자리에 함께 어울리게 되면 동료들의 권면에 한잔씩 하게 된다. 그러다 보면 술을 즐기게 된다.

"술을 즐겨하는 자들과 고기를 탐하는 자들과도 더불어 사귀지 말라"(잠 23:20)

다섯째, 술 취한 자는 하나님의 나라에 들어갈 수 없기 때문이다.

"도적이나 탐욕을 부리는 자나 술 취하는 자나 모욕하는 자나 속여 빼앗는 자들은 하나님의 나라를 유업으로 받지 못하리라"(고전 6:10)

여섯째, 술은 방탕하게 하기 때문이다.

"술 취하지 말라 이는 방탕한 것이니⋯⋯"(엡 5:18)

3) 큰 사업의 의미

전도서 2장 9~10: "내가 이같이 창성하여 나보다 먼저 예루살렘에 있던 모든 자들보다 더 창성하니 내 지혜도 내게 여전하도다. 무엇이든지 내 눈이 원하는 것을 내가 금하지 아니하며 무엇이든지 내 마음이 즐거워하는 것을 내가 막지 아니하였으니 이는 나의 모든 수고를 내 마음이 기뻐하였음이라 이것이 나의 모든 수고로 말미암아 얻은 몫이로다"

"눈"은 '외적 즐거움'을 말한다면, "마음"은 '내적 즐거움'을 말한다. "몫"은 '수고나 노력의 대가로 주어지는 결과'를 말한다. 솔로몬이 창성하여 눈이 원하는 것을 금하지 않고, 마음이 즐거워하는 것을 막지 아니하고, 큰 사업을 할 수 있었다. 그 이유는 무엇인가? 자신의 재능과 능력으로 수고해서 얻은 몫이기 때문이다. 그 몫으로 외적 즐거움과 내적 즐거움을 누리며 살았다.

사람들은 보편적으로 생각하기를 '내 능력과 재능으로 사업을 확장하여 얻은 수입으로 나를 위해 사용하는 것이 무엇이 잘못인가?'라고 생각한다. 정당하게 벌어서 사용한 것은 잘못이 없다. 그러나 내 재능과 능력으로 수고해서 얻은 몫이라 할지라도 그것을 자신의 즐거움만을 위해 사용한다는 것은 몫을 주신 하나님의 뜻을 깨닫지 못한 행위이다.

세상에서 살아가는 동안 내 것은 아무것도 없다. 지금 내가 가지고 있는 모든 것들은 내 것이 아니다. 살아 있는 동안 잠시 빌려 쓸 뿐이다. 갈 때는 아무것도 가지고 갈 수 없기 때문이다. 몸도 내 것이 아니다. 자식도 내 것이 아니다. 재물도 내 것이 아니다. 주님 오라 하시면 언제든지 이 땅에 것 다 두고 가야 한다. 올 때도 빈손으로 왔다면 갈 때도 빈손으로 가는 것이 인생이다. 그러므로 부귀와 권세와 명예와 건강 그리고 자녀도 잠시 빌린 것에 불과하다. 그 빌린 것을 내 것으로 착각하여 즐기려고만 해서 되겠는가? 하나님께 빌린 것을 다시 하나님께 되돌려 드려야 한다.

그렇다면 하나님께서 많은 능력과 재능을 주신 목적은 무엇인가? 그것을 통해 하나님의 선한 사업에 사용하라는 것이다. 하나님의 선한 사업이란 크게 두 가지로 요약할 수 있다.

첫째, 복음 사업이다.

예수님이 이 땅에 오신 목적은 무엇인가? 온 세상에 복음을 전하기 위함이다. 그리고 제자들에게도 복음을 땅 끝까지 전하라고 하셨다. 그러므로 나의 가진 재능과 능력과 부를 통해 복음 사업에 사용되어야 한다. 복음 사업을 위해 세계 곳곳에 교회와 학교와 그리고 병원을 세워서 구원의 기쁜 소식을 전해야 한다.

둘째, 구제 사업이다.

① 구제는 하나님의 명령이다. 하나님은 이스라엘 백성들에게 나그네를 위해 이삭을 줍지 말라고 했다.

"너희가 너희의 땅에서 곡식을 거둘 때에 너는 밭 모퉁이까지 다 거두지 말고 네 떨어진 이삭도 줍지 말며 네 포도원의 열매를 다 따지 말며 네 포도원에 떨어진 열매도 줍지 말고 가난한 사람과 거류민을 위하여 버려두라 나는 너희의 하나님 여호와이니라"(레 19:9~10)

② 은밀하게 하는 구제는 하나님이 갚으신다. 구제는 오른 손이 하는 것을 왼손이 모르게 해야 한다. 오른 손이 하는 일을 어떻게 왼 손이 모를 수 있겠는가? 이것은 구제한 것을 자랑하지 말고 은밀하게 하라는 것이다. 은밀하게 하는 구제는 하나님이 대신 갚아 주신다.

"너는 구제할 때에 오른손의 하는 것을 왼손이 모르게 하여 네 구제함이 은밀하게 하라 은밀한 중에 보시는 너의 아버지가 갚으시리라"(마 6:3~4)

③ 구제하면 더 풍족하여 진다. 구제는 내 쓸 것 다 쓰고 남는 것으로 하는 것이 아니라 상황에 따라서는 내가 쓸 것을 쓰지 않고 구제하는 것이다. 왜냐하면 구제를 하면 더욱 부유하게 되기 때문이다. 미국이 세계 강국이 된 것은 구제와 선교 때문에 하나님께서 복을 주신

것이다.

"흩어 구제하여도 더욱 부하게 되는 일이 있나니 과도히 아껴도 가난하게 될 뿐이니라 구제를 좋아하는 자는 풍족하여질 것이요 남을 윤택하게 하는 자는 자기도 윤택하여지리라"(잠 11:24~25)

"주라 그리하면 너희에게 줄 것이니 곧 후히 되어 누르고 흔들어 넘치도록 하여 너희에게 안겨 주리라 너희의 헤아리는 그 헤아림으로 너희도 헤아림을 도로 받을 것이니라"(눅 6:38)

④ 주는 자가 복이 있다. 사람은 도움을 받는 것보다 주는 자가 더 즐겁고 행복하다.

"범사에 여러분에게 모본을 보여준 바와 같이 수고하여 약한 사람들을 돕고 또 주 예수께서 친히 말씀하신바 주는 것이 받는 것보다 복이 있다 하심을 기억하여야 할지니라"(행 20:35)

⑤ 구제하면 장래에 좋은 터를 쌓는다.

"재물에 소망을 두지 말고 오직 우리에게 모든 것을 후히 주사 누리게 하시는 하나님께 두며 선한 일을 행하고 선한 사업에 부하고 나눠주기를 좋아하며 동정하는 자가 되게 하라. 이것이 장래에 자기를 위하여 좋은 터를 쌓아 참된 생명을 취하는 것이다"(딤전 6:17~19)

4) 인생 수고의 결과

전도서 2장 11절: "그 후에 내가 생각해본즉 내 손으로 한 모든 일과 내가 수고한 모든 것이 다 헛되어 바람을 잡는 것이며 해 아래에서 무익한 것이로다"

인생이 한평생 자신의 육신만을 위해 수고한 결과는 무엇인가? 모든 것이 헛되이 바람을 잡는 것과 같다. 왜 인생의 모든 수고가 헛된 바람과 같은가? 자신의 부귀영화만을 위해 살기 때문이다.

예수님은 "롯의 처를 생각하라"(눅 17:32)고 하셨다. 롯의 처는 어떤 사람인가? 물질에 대한 욕심이 많은 여성이다. 그녀는 소돔과 고모라 지역에서 열심히 수고하여 큰 부자가 되었다. 그런데 소돔과 고모라 성 사람들은 물질의 풍족한 삶을 통해 날마다 세속적인 삶을 살다가 하나님의 불 심판을 받게 된다.

하나님은 롯과 그의 가족들을 사랑하셔서 말씀하시기를 "너희들은 도망하여 생명을 보존하라 돌아보거나 들에 머물지 말고 산으로 도망하여 멸망함을 면하라"고 하셨다. 그런데 롯의 처는 어떻게 했는가? 하늘로부터 불과 유황이 비 오듯 하여 소돔성이 심판받을 때에 뒤를 돌아보다가 그 즉시 소금 기둥이 되고 말았다.

창세기 19장 26절에 "롯의 아내는 뒤를 돌아보았으므로 소금 기둥이 되었더라"고 말씀하고 있다.

오늘날 소금 기둥은 무엇을 말하고 있는가? 하나님의 나라를 바라보지 못하고 세상 물질만 좇는 자의 삶은 얼마나 헛된 것인가를 보여주고 있다. 그러므로 예수님은 종말의 시대를 살아간 모든 성도들에게 롯의 부인처럼 헛된 바람을 잡는 삶이 되지 않도록 롯의 처를 생각하며 살라고 하신 것이다.

02
지혜자와 우매자

1) 지혜의 가치와 우월성

전도서 2장 13절: "내가 보니 지혜가 우매보다 뛰어남이 빛이 어둠보다 뛰어남 같도다"

지혜의 가치와 우월성은 빛과 같다면 우매자는 어둠과 같다. "빛"은 사물들을 어두움에서 밝혀주어 질서를 회복하고 더 나아가 갈 길을 보여 준다. 그러나 "어두움"은 사물의 실상을 감추고 혼돈과 무질서를 야기시킨다.

지혜로운 사람과 미련한 사람도 이와 같다. 지혜로운 사람은 모든 사람에게 인생의 어두운 길을 밝혀주고 삶의 방향을 제시해준다. 그러나 어리석은 사람은 인생을 어둠과 파멸의 늪으로 빠지게 한다.

그렇다면 세상에서 가장 지혜로운 사람은 누구인가? 예수 그리스도를 믿는 사람이다.

왜 그리스도를 믿는 사람들이 지혜로운가?

첫째, 예수님을 믿고 천국에 가기 때문이다.

예수님을 믿지 않고서는 천국에 갈 수 없다. 세상에는 예수님 외에 구원받을 만한 다른 이름이 없다. 불교에 구원이 있는가? 이슬람교에 구원이 있는가? 힌두교에 구원이 있는가? 유교에 구원이 있는가? 사이비 종교에 구원이 있는가? 오직 예수님 외에는 구원이 없다.

사도행전 4장 12절에 "다른 이로써는 구원을 받을 수 없나니 천하 사람 중에 구원을 받을 만한 다른 이름을 우리에게 주신 일이 없음이라 하였더라"고 분명히 말씀하고 있다.

예수님이 십자가에 못 박히실 때에 두 행악 자들의 모습을 보라! 그들도 십자가에 못 박혀 죽임을 당했다. 그때에 오른편에 있는 행악 자는 죽음의 목전에서 예수님을 믿었다. 그는 십자가상에서 "예수님 당신의 나라에 임하실 때에 나를 기억하소서"라고 고백하자 예수님은 즉시 "오늘 네가 나와 함께 낙원에 있으리라"(눅 23:42~43)고 말씀하시므로 그는 예수님과 함께 천국에 들어갔다.

행악 자는 세상에서 가장 큰 대박을 터뜨린 사람이다. 구원받은 것처럼 큰 대박이 어디 있는가? 수백억 원의 로또 1등 당첨금과 비교가 되겠는가? 아니면 대통령 당선과 비교할 수 있겠는가? 오직 지혜로운 사람만이 예수님을 믿고 천국에 간다.

"하나님이 세상을 이처럼 사랑하사 독생자를 주셨으니 이는 그를 믿는 자마다 멸망하지 않고 영생을 얻게 하려 하심이라"(요 3:16)

"예수께서 가라사대 내가 곧 길이요 진리요 생명이니 나로 말미암지 않고는 아버지께로 올 자가 없느니라"(요 14:6)

둘째, 마음에 평안과 기쁨이 충만하기 때문이다.

마음의 평안과 기쁨은 어디에서 오는가? 세상 물질과 명예와 권력에서 오지 않는다. 오직 예수님을 통해서 온다. 그래서 예수님을 믿는 사람들은 마음에 근심과 걱정이 없다.

예수님은 요한복음 14장 1절의 말씀을 통해 "너희는 마음에 근심하지 말라 하나님을 믿으니 또 나를 믿으라"고 했기 때문이다. 그러므로 예수님을 믿으면 근심은 사라지고 마음에 평안과 기쁨이 충만하다. 마음에 생명의 빛이 되신 예수님이 계시기 때문이다. 빛이 있는 곳에는 생기가 넘치고 희망과 행복이 가득하다.

요한복음 8장 12절에는 "예수께서 또 말씀하여 이르시되 나는 세상의 빛이니 나를 따르는 자는 어둠에 다니지 아니하고 생명의 빛을 얻으리라"고 하셨다.

셋째, 세상에 빛이 되기 때문이다.

예수님은 마태복음 5장 13~16절의 말씀을 통해 "너희는 세상의 소금이니 소금이 만일 그 맛을 잃으면 무엇으로 짜게 하리요 후에는 아무 쓸 데 없어 다만 밖에 버려져 사람에게 밟힐 뿐이니라. 너희는 세상의 빛이라 산 위에 있는 동네가 숨겨지지 못할 것이요 사람이 등불을 켜서 말 아래에 두지 아니하고 등경 위에 두나니 이러므로 집안 모든 사람에게 비치느니라. 이같이 너희 빛이 사람 앞에 비치게 하여 그들로 너희 착한 행실을 보고 하늘에 계신 너희 아버지께 영광을 돌리게 하라"는 말씀을 통해 그리스도인은 세상에 빛과 소금이 되기를 원하신다.

그러므로 그리스도인은 세상에 빛과 소금이다. 세상 곳곳에 한 줄기 빛이 되어 많은 사람에게 행복을 주고 있다. 세상은 이름도 빛도 없이 살아가는 그리스도인 때문에 희망이 있다. 지혜로운 사람은 자신만을 위해 살지 않는다. 세상에 빛이 되기 위해 수고한다. 그것이 그리스도인의 모습이기 때문이다.

2) 죽음 앞에 무용지물

전도서 2장 14~15절: "지혜 자는 그의 눈이 그의 머릿속에 있고 우매자는 어둠 속에 다니지만 그들 모두가 당하는 일이 모두 같으리라는 것을 나도 깨달아 알았도다. 내가 내 마음속으로 이르기를 우매자가 당한 것을 나도 당하리니 내게 지혜가 있었다 한들 내게 무슨 유익이 있으리요 하였도다 이에 내가 내 마음속으로 이르기를 이것도 헛되도다 하였도다"

지식은 세상을 바라보는 예리한 통찰력과 판단력 그리고 자신의 미래를 내다볼 수 있는 안목을 길러 준다. 이러한 지식이 사람들의 머릿속에 가득 저장되어 있다. 지식을 습득하는 이유는 세상을 살아가는 데 많은 도움을 주기 때문이다. 그런데 지식으로 가득한 사람이나 우매한 사람 모두 죽음 앞에서는 무용지물이다.

솔로몬은 이러한 세상 지식의 한계성을 깨닫고 "내가 내 마음속으로 이르기를 우매자가 당한 것을 나도 당하리니 내게 지혜가 있었다 한들 내게 무슨 유익이 있으리요 하였도다 이에 내가 내 마음속으로 이르기를 이것도 헛되도다"고 고백한 것이다.

인간은 마지막 죽음 앞에서는 세상 지식도 다 내려놓아야 한다. 히브리서 기자는 "한번 죽는 것은 사람에게 정하신 것이다"(히 9:27)고 했다.

인간이 죽음을 극복할 수 있는 비결은 무엇인가? 오직 믿음뿐이다.

예수님을 믿는 사람은 죽음 후에 다시 부활하기 때문이다. 그러므로 그리스도인의 죽음은 끝이 아니라 새로운 시작이다. 육체의 죽음을 당해야 영혼이 하나님 나라에 들어간다. 그리고 예수님 강림하실 때에 다시 무덤 문을 열고 육체가 부활하기 때문이다. 예수님은 요한복음 11장 25~26절을 통해 예수님 자신이 부활이요 생명이기 때문에 예수님을 믿는 자는 영원히 죽지 않는다고 하셨다.

"예수께서 이르시되 나는 부활이요 생명이니 나를 믿는 자는 죽어도 살겠고 무릇 살아서 나를 믿는 자는 영원히 죽지 아니하리니 이것을 네가 믿느냐"

사도 바울도 고린도전서 15장 51~52절의 말씀을 통해 그리스도 안에서 죽은 자들은 예수님께서 재림하시는 나팔소리를 듣는 순간 홀연히 다 변화하여 죽은 자들이 썩지 아니할 것으로 다시 살아난다는 부활을 증거하고 있다.

"보라 내가 너희에게 비밀을 말하노니 우리가 다 잠 잘 것이 아니요 마지막 나팔에 순식간에 홀연히 다 변화되리 나팔 소리가 나매 죽은 자들이 썩지 아니할 것으로 다시 살아나고 우리도 변화되리니라"

3) 헛된 삶

전도서 2장 17절: "이러므로 내가 사는 것을 미워하였노니 이는 해 아래에서 하는 일이 내게 괴로움이요 모두 다 헛되어 바람을 잡으려는 것이기 때문이로다"

솔로몬은 자신의 삶을 어떻게 정의했는가? 40년의 왕정 생활을 세 가지로 정리한다.

첫째는 자신이 살아온 삶을 미워했다.

둘째는 세상에서 행한 일로 괴로워했다.

셋째는 그 모든 삶이 헛된 바람과 같다.

한마디로 솔로몬은 너무나 비참한 고백을 하고 있다.

솔로몬은 40년 동안 살아온 삶을 미워하고, 왕으로 세상에서 행한 일로 괴로워하면서 그 모든 삶이 헛된 바람과 같다는 것이다.

왜 이런 결말을 가져왔는가? 하나님을 떠난 삶을 살았기 때문이다. 돈과 권력에 취해 살 때는 그것이 최고의 행복인 것 같았지만 오히려 그것이 자신의 삶을 좀먹게 했다. 지식과 재물과 권력이 우상이 되면 신앙생활에 걸림돌이 되어 하나님을 떠나게 되고 마지막에는 인생 그 자체가 헛된 바람처럼 허무함뿐이다.

잠언 기자는 "여호와를 경외하는 깃은 사람으로 생명에 이르게 하는 것이라 경외하는 자는 족하게 지내고 재앙을 당하지 아니하느니라"(잠 19:23)고 했다.

03
하나님을 떠난 자의 결말

1) 모든 수고가 무의미함

전도서 2장 18~20절: "내가 해 아래에서 내가 한 모든 수고를 미워하였
노니 이는 내 뒤를 이을 이에게 남겨 주게 됨이라 …… 이러므로 내가 해 아
래에서 한 모든 수고에 대하여 내가 내 마음에 실망하였도다"

솔로몬은 자신이 한평생 피땀 흘려 수고하여 이룬 모든 업적을 미
워했다. 그 이유 무엇인가? 아무 수고도 하지 않는 후대에 남겨주기
때문이다. 만약 후손들이 선조들의 업적을 물려받았다 해도 그것을
잘 관리하지 못하면 무슨 의미가 있겠는가? 실제로 솔로몬의 아들 르
호보암 때에 이스라엘은 남유다와 북이스라엘로 분열되어 모든 것이
허물어져 버렸다(왕상 12:6~24). 얼마나 무의미한 일인가?

오늘날의 부모도 마찬가지이다. 한평생 먹지도, 입지도, 써보지도
못하고 재물을 모아 자식들에게 남겨준다. 그런데 자식들이 그것을
끝까지 지키지 못하면 얼마나 무의미한 것인가? 그래서 재물은 자식
들에게 유산으로 남겨주지 말라고 했다.

재물을 자식들에게 유산으로 남겨주게 되면 무능한 자식은 그것으로 인생을 탕진하게 되며, 유능한 자식은 재물만 의지하다가 자신의 재능을 사용하지 않기 때문이다. 그러므로 재물을 어떻게 관리하고 가치 있게 사용할 줄 아느냐가 중요하다.

세상에서 가장 위대한 유산은 무엇인가? 믿음의 유산이다. 부모는 자녀에게 믿음의 유산을 물려주어야 한다. 믿음의 유산은 자식들을 바르고 건전한 사고(思考)를 하게 하며 성실한 자세로 세상을 살아가게 된다. 뿐만 아니라 하나님을 위해 무엇을 하며 살 것인가를 스스로 생각하며 살게 된다. 자녀가 믿음으로 바로 서 있게 되면 자녀의 미래는 하나님께서 보장하신다.

2) 모든 수고가 다른 사람에게 넘어감

전도서 2장 21~22절: "어떤 사람은 그 지혜와 지식과 재주를 다하여 수고하였어도 그가 얻은 것을 수고하지 아니한 자에게 그의 몫으로 넘겨주리니 이것도 헛된 것이며 큰 악이로다. 사람이 해 아래에서 행하는 모든 수고와 마음에 애쓰는 것이 무슨 소득이 있으랴"

사람들은 자신의 지혜와 지식과 재주를 다하여 많은 것을 얻기 위해 수고한다. 그런데 그 부를 자신을 위해 사용해 보지도 못하고 다른 사람들의 몫으로 넘어간다. 얼마나 허탈한가?

세상에는 이런 일이 너무나 많다. 한평생 지식을 쌓아 부를 얻기 위해 얼마나 노력을 하는가? 어려서부터 학원과 과외와 그것도 부족하여 외국 어학연수까지 간다. 그리고 대학을 졸업한 후 많은 재물을 모은다. 그런데 그렇게 쌓은 지식과 재능으로 모은 재물들이 나중에는 다른 사람들에게 넘어간다.

한평생 수고해서 모은 재산을 법정 싸움을 하면서 변호사에게 빼앗긴다. 결국은 다른 사람에게 모든 재산이 넘어간다.

그러므로 인생의 모든 것은 하나님이 지켜주셔야 한다. 하나님께서 내 생명과 건강과 재물과 자녀도 지켜주셔야 한다. 하나님이 지켜주시지 않으면 열심히 수고하며 마음을 다하여 애써 봐도 소득이 없다. 마치 구멍 뚫린 전대와 같다. 밑 빠진 독에 물을 부어보라! 구멍 뚫린 전대에 돈을 저축해 보라! 흔적도 없이 사라지고 없다.

하나님은 학개 선지자를 통해 하신 말씀이 무엇인가?

"너희가 많이 뿌릴지라도 수확이 적으며, 먹을지라도 배부르지 못하며, 마실지라도 흡족하지 못하며, 입어도 따뜻하지 못하며, 일군이 삯을 받아도 그것을 구멍 뚫어진 전대에 넣음이 되느니라"(학 1:6)

3) 일평생 슬픔뿐임

전도서 2장 23절: "일평생에 근심하며 수고하는 것이 슬픔뿐이라 그의 마음이 밤에도 쉬지 못하나니 이것도 헛되도다"

사람이 일평생 수고하며 사는 이유가 무엇인가? 행복한 삶을 살기 위함이다. 각자 나름대로 열심히 수고하여 정상의 자리에 오르게 된다. 그렇다면 정상에 오르게 되면 행복한가?

어떻게 하면 물질과 권력을 유지할까? 어디에 투자해야 더 많은 이윤을 남길까? 사업의 부도는 나지 않을까? 불의의 사고는 당하지 않을까? 하루도 편안할 날이 없다.

사람들은 마음의 불안을 제거하기 위해 각종 보험과 보안 장치를 한다. 그런 후에도 불면증과 우울증에 시달리며 약에 의존한다. 혹은 인생의 행복을 누려보지도 못하고 마지막 생을 포기하는 경우도 있다. 그래서 인생은 일평생 슬픔뿐이다.

행복한 삶을 원하는가?

마음의 욕심을 버리고 믿음으로 사는 길뿐이다. 행복하지 못한 이유는 지나친 욕심 때문이다. 야고보는 욕심이 잉태한즉 죄를 낳고 죄가 장성한즉 사망을 낳는다(약 1:15)고 했다.

잠언 15장 13절에도 "마음의 즐거움은 얼굴을 빛나게 하여도 마음의 근심은 심령을 상하게 하느니라"고 지적하고 있고, 잠언 17장 22절에도 "마음의 즐거움은 양약이라도 심령의 근심은 뼈를 마르게 하느니라"고 경고하고 있다.

행복의 조건은 사람들의 눈에 보이는 외형적인 조건에 있지 않다. 매일 산해진미로 먹고 산다 할지라도 가정에 싸움 소리가 가득하면 뭘 하겠는가? 마음에 근심과 슬픔이 떠나지 않으면 무슨 의미가 있는가? 마른 떡 한 조각만 있고도 화목하는 것이 육선이 집에 가득하고 다투는 것보다 나을 것이다.

잠언 17장 1절은 "마른 떡 한 조각만 있고도 화목하는 것이 제육이 집에 가득하고도 다투는 것보다 나으니라"고 말씀하고 있다.

비록 가진 것이 없다 할지라도 믿음으로 살면 그것이 최고의 행복이다. 믿음만 있으면 적은 것에도 감사하고 기뻐할 줄 알기 때문이다.

그렇다고 그리스도인에게 게으르고 무능하게 살라는 말이 아니다. 하나님은 모든 사람에게 성공할 수 있는 기회를 공평하게 주셨다. 그러므로 그리스도인은 불신자보다 더 열심히 노력해야 한다. 내가 다른 사람들 보다 더 노력하지 않으면 성공할 수 없다. 내가 노력하지 않고 하나님께 물질의 복만 달라고 기도 한다고 해서 물질의 복을 주지 않는다. 내가 공부하지 않고 시험에 합격시켜 달라고 기도한다고 해서 합격시켜주지 않는다. 하나님은 열심히 노력한 자에게 복을 주신다. 그리고 하나님께서 주신 복으로 선한 일을 할 때에 최고의 행복을 경험하게 될 것이다.

04
하나님 앞에서의 기쁨

1) 마음의 기쁨

전도서 2장 24절: "사람이 먹고 마시며 수고하는 것보다 그의 마음을 더 기쁘게 하는 것은 없나니 내가 이것도 본즉 하나님의 손에서 나오는 것이로다"

사람들의 보편적인 관심은 어디 있는가? 의식주(衣食住)에 있다. 의식주는 사람이 살아가는데 있어서 가장 중요한 구성 요소이다. 옷을 입지 않고는 사회 활동을 할 수 없다. 먹지 않고는 힘이 없어 일을 할 수 없다. 거주할 집이 없으면 육체가 편히 쉴 수가 없다.

사람들은 의식주 문제를 해결하기 위해서 산다고 해도 틀린 말은 아닐 것이다. 더 좋은 옷을 입기 위해서, 더 좋은 음식을 먹기 위해서, 더 좋은 집을 소유하기 위해서 경제활동을 한다. 그러나 화려한 옷을 입고 다닌다고 해서 마음의 기쁨이 가득한가? 비싼 음식을 먹고 산다고 해서 행복한가? 호화로운 집에서 산다고 마음의 근심과 걱정이 없는가? 실상은 그렇지 못하다. 왜냐하면 마음의 기쁨은 의식주에서 오지 않기 때문이다.

그렇다면 마음의 기쁨은 어디서 오는가? 하나님의 손에서 나온다. 하나님의 손은 능력의 손이다. 인간의 생사화복을 주관하시는 손이며, 사랑과 기쁨을 주는 손이다.

하나님의 그 손에 붙잡힘을 당할 때에 사람들의 마음에 기쁨을 누릴 수 있다.

이사야 41장 10절은 "두려워 말라 내가 너와 함께 함이니라 놀라지 말라 나는 네 하나님이 됨이니라 내가 너를 굳세게 하리라 참으로 너를 도와주리라 참으로 나의 의로운 오른손으로 너를 붙들리라"고 했다.

인간의 손은 어떤 손인가? 인간의 손은 탐욕의 손이다. 모든 것을 움켜쥐는 손이다. 한번 쥐면 더 이상 펴지 않는다. 죽는 순간까지 세상의 모든 것을 움켜쥐는 놓지 않으려고 한다. 그렇기 때문에 마음에 기쁨과 평안을 누리지 못한다.

마음의 기쁨과 평안을 누리기 원하는가? 움켜쥐고 있던 손을 펴라! 그리고 하나님의 능력과 사랑의 손에 붙잡히라! 그러면 마음의 참된 평안과 기쁨을 충만히 누리게 될 것이다.

시편 138편 7절에 보면 "내가 환난 중에 다닐지라도 주께서 나를 살아나게 하시고 주의 손을 펴사 내 원수들의 분노를 막으시며 주의 오른손이 나를 구원하시리이다"고 하셨다.

2) 기쁨을 받을 자와 노고를 받을 자

전도서 2장 26절: "하나님은 그가 기뻐하시는 자에게는 지혜와 지식과 희락을 주시나 죄인에게는 노고를 주시고 그가 모아 쌓게 하사 하나님을 기뻐하는 자에게 그가 주게 하시지만 이것도 헛되어 바람을 잡는 것이로다"

하나님은 그가 기뻐하는 자에게 무엇을 주시는가? 지혜와 지식과 희락을 선물로 주신다. 사람이 살아가는 데 가장 필요한 것이 있다면 지혜와 지식과 기쁨일 것이다. 그것을 값없이 받아 누리게 된다는 것이 얼마나 귀한 복인가?

하나님을 믿는 이유가 바로 여기에 있다. 바울은 이 기쁨을 경험하였기 때문에 사람을 기쁘게 하지 말고 각 사람의 마음을 감찰하시는 하나님을 기쁘시게 하라고 했다. 그래서

고린도후서 5장 9절 말씀을 통해 "그런즉 우리는 몸으로 있든지 떠나든지 주를 기쁘시게 하는 자가 되기를 힘쓰노라"고 했고, 에베소서 5장 10절에도 "주께 기쁘시게 할 것이 무엇인가 시험하여 보라"고 했다.

"오직 하나님께 옳게 여기심을 입어 복음을 위탁 받았으니 우리가 이와 같이 말함은 사람을 기쁘게 하려 함이 아니요 오직 우리 마음을 감찰하시는 하나님을 기쁘시게 하려 함이라"(살전 2:4)

하나님을 기쁘게 하는 삶은 무엇인가?

첫째, 하나님과 동행하는 삶이다.

에녹은 300년 동안 하나님과 동행했다. 그는 하나님과 함께 일하고 생활하면서 하나님이 기뻐하시는 삶을 살았다. 그 결과 육신의 죽음

을 당하지 않고 천국으로 올라갔다.

"믿음으로 에녹은 죽음을 보지 않고 옮겨졌으니 하나님이 그를 옮기심으로 다시 보이지 아니하였느니라 그는 옮겨지기 전에 하나님을 기쁘시게 하는 자라 하는 증거를 받았느니라"(히 11:5)

둘째, 믿음의 삶이다.

믿음이 없이는 하나님을 기쁘시게 할 수 없다. 오직 산을 옮길 만한 믿음이 있는 사람만이 하나님을 기쁘시게 할 수 있다. 믿음의 사람들은 오직 하나님을 기쁘시게 하기 위해 풀무 불에 던짐 받는 것도 두려워하지 않았다. 사자 굴에 던짐 받아 죽는 것도 두려워하지 않았다. 십자가에 거꾸로 매달려 죽는 것도 두려워하지 않는다.

하나님은 끝까지 믿음을 지키는 사람들을 통해 기뻐하신다.

히브리서 11장 6절을 보라! "믿음이 없이는 하나님을 기쁘시게 하지 못하나니 하나님께 나아가는 자는 반드시 그가 계신 것과 또한 그가 자기를 찾는 자들에게 상주시는 이심을 믿어야 할지니라"

죄인은 누구인가? 하나님을 믿지 않는 사람들이다. 세상을 살면서 선을 행하여도 하나님을 믿지 않으면 죄인이다. 그렇다면 하나님은 죄인에게 무엇을 주시는가? 노고를 주신다. 그들의 삶은 노고와 슬픔뿐이다.

아담은 왜 한평생 이마에 땀을 흘리는 수고를 했는가? 하와는 왜 출산의 고통을 당해야 했는가? 땅은 왜 가시와 엉겅퀴를 내야 했는가? 하나님께서 죄인에게 주신 노고 때문이다.

죄인들은 일평생 노고를 통해 재물을 모아 두어도 결국은 남의 것이 된다. 얼마나 허무한 일인가? 욥은 "은을 티끌같이 쌓고 의복을 진흙같이 준비할지라도 그 준비한 것을 의인이 입을 것이요 그 은은 죄 없는 자가 차지할 것이며 그가 지은 집은 좀의 집 같고 파수꾼의 초막 같을 것이며 부자로 누우려니와 다시는 그렇지 못할 것이요 눈을 뜬즉 없으리라"(욥 27:16~19)고 했다.

잠언 13장 22절에도 "선인은 그 산업을 자자손손에게 끼쳐도 죄인의 재물은 의인을 위하여 쌓이느니라"고 했고, 잠언 28장 8절에도 "중한 변리로 자기 재산을 늘리는 것은 가난한 사람을 불쌍히 여기는 자를 위해 그 재산을 저축하는 것이니라"고 말씀하셨다.

그러므로 죄인의 삶에서 벗어나는 방법은 무엇인가? 예수 그리스도를 믿는 것이다. 주님과 함께 동행 하며 믿음의 삶을 살 때에 슬픔과 노고는 사라지고 지혜와 지식과 희락이 충만하게 될 것이다.

제3장
하나님이 정하신 때

천하만사의 때

1) 하나님의 법칙

전도서 3장 1절: "범사에 기한이 있고 천하만사가 다 때가 있나니"

하나님의 법칙은 범사에 기한이 있고 모든 목적을 이룰 때가 있다. 그러므로 모든 인류 역사와 인간은 하나님의 시간표 속에 진행되어 간다. "범사"는 '전체', '모든 것'이란 뜻으로 인간의 삶 가운데 전개되는 모든 상황 및 활동을 말한다. "기한"은 '정해진 시간', '예정된 시간', '한정된 시간'을 뜻한다.

인간은 자신의 의지대로 살 수 없다. 인간이 철저한 계획을 세울지라도 그 계획대로 되지 않는 일들이 얼마나 많은가? 만약 인간의 계획대로 된다면 실패할 사람이 어디 있겠는가? 모든 사람은 다 출세하고 성공할 것이다. 그러나 인간은 계획대로 되지 않는다. 왜냐하면 범사에 기한이 있고 천하만사가 다 때가 있기 때문이다.

그렇다면 하나님의 때를 이루기 위해서는 어떻게 해야 하는가?

첫째, 때를 준비하라.

평소 시간이 있을 때에 철저히 준비해야 한다. 때를 이룰 수 있는 기회가 언제 올지 모르기 때문이다. 때는 평소에 준비하는 사람에게 온다. 준비하지 못한 사람은 때가 와서 그저 지나가고 만다. 버스 지난 뒤에 손을 흔들어 보아도 아무 소용이 없다.

종말의 때를 살아가는 성도들도 마찬가지이다. 평소에 주님의 재림하실 때를 준비해야 한다. 돈과 권력만 있으면 살기 좋은 세상이라고 안주하지 말라. 편안하다 안전하다고 할 때에 주님은 도둑같이 오신다.

슬기로운 다섯 처녀와 미련한 다섯 처녀들을 보라! 슬기로운 다섯 처녀들은 언제 어느 때에 오실지 모르는 신랑을 위해 항상 등과 기름을 준비했다. 그러나 미련한 다섯 처녀들은 등만 가지고 다녔다. 평소에 등과 기름을 준비한 슬기로운 다섯 처녀들은 신랑이 왔을 때에 혼인잔치에 참석했다. 그러나 평소에 준비하지 못한 미련한 다섯 처녀들은 등에 기름이 떨어짐으로 혼인잔지에 참석하지 못하고 버림받았다(마 25:8~13).

슬기로운 다섯 처녀와 미련한 다섯 처녀들 모두 신앙인들이다. 다 같이 교회 다니면서 때에 따라서 봉사하고 믿음 생활하는 사람들이다. 그런데 등과 기름을 준비하며 믿음 생활하는 신앙인들은 예수님이 재림하실 때에 혼인잔치에 참석한다. 그러나 평소에 기름을 준비하지 못한 미련한 신앙인들은 버림받는다는 것을 기억해야 한다. 그러므로 교회만 다닌다고 해서 구원받는 것은 아니다. 오직 등과 기름을 준비한 사람만이 구원받게 된다.

예수님은 교회만 다니면서 주여 주여 하는 사람은 구원받을 수 없음을 분명히 말씀해 주셨다.

"나더러 주여 주여 하는 자마다 다 천국에 들어갈 것이 아니요 다만 하늘에 계신 내 아버지의 뜻대로 행하는 자라야 들어가리라. 그날에 많은 사람이 나더러 이르되 주여 주여 우리가 주의 이름으로 선지자 노릇 하며 주의 이름으로 귀신을 쫓아내며 주의 이름으로 많은 권능을 행하지 아니하였나이까 하리니, 그때에 내가 그들에게 밝히 말하되 내가 너희를 도무지 알지 못하니 불법을 행하는 자들아 내게서 떠나가라 하리라"(마 7:21~23)고 하셨다.

둘째, 때를 아끼라.

기회를 놓치지 않기 위해서는 세월을 헛되이 보내지 말라. 한번 지나간 세월은 다시 돌아오지 않는다. 사도 바울은 "세월을 아끼라"(엡 5:16)고 했다. 과거나 미래의 일들은 현재에 충실한 사람들에게만 의미가 있다. 과거에만 집착하면 진전이 없고, 미래에만 매달리면 내실이 없다. 지금 해야 할 일을 다 할 때 내일을 기대할 수 있고 과거를 돌아볼 때에 보람을 느끼게 된다.

셋째, 때를 놓치지 말라.

때를 놓치면 다시는 그때가 오지 않는다. 농부가 파종할 때를 놓치면 1년 농사는 기대할 수 없는 것과 같다. 그러므로 때를 놓치지 말라. 학생이 배움의 때를 놓치면 평생 후회하게 된다. 젊었을 때에 준비하지 않으면 나이 들어 후회한다. 맹수가 한 번의 기회로 먹이 감을 사냥함 같이 평소에 준비하고 세월을 아끼는 사람만이 때를 놓치지 않는 법이다.

신앙생활도 마찬가지이다. 믿음의 때를 놓치면 믿음 생활을 할 수 없다. 예배 생활할 때를 놓치면 예배 생활할 수가 없다. 기도할 때를 놓치면 기도 생활할 수 없다. 선교할 때를 놓치면 선교할 수 없다. 물질생활의 때를 놓치면 물질생활을 할 수 없다. 봉사의 때를 놓치면 봉사 할 수 없다. 재림 준비할 때를 놓치면 어린양의 혼인 잔치에 참여할 수 없다.

노아 시대 사람들을 보라! 노아는 사람들에게 평소에 방주를 지으며 홍수 심판을 준비하라고 했다. 그런데 누구 한 사람 홍수 심판의 때를 준비하지 않았다. 하나님은 심판의 때가 되자 방주의 문을 굳게 닫았다. 그들은 결국 노아방주 문이 닫히는 시기를 놓치고 말았다. 뒤늦게 후회하며 방주 주변에 몰려들어 애원하며 통곡해 보지만 무슨 의미가 있는가? 한 번 닫힌 구원의 문, 천국의 문은 아무도 열 수가 없다. 그러므로 구원의 문이 열려있을 때에 그때를 놓치지 말고 부지런히 들어가야 한다.

2) 때와 기한

전도서 3장 2~8절: "날 때가 있고 죽을 때가 있으며, 심을 때가 있고 심은 것을 뽑을 때가 있으며, 죽일 때가 있고 치료할 때가 있으며……"

(1) 날 때가 있으면 죽을 때가 있음

인간은 출생할 때가 있으면 반드시 죽을 때가 있다. 이것은 인간의 유한성을 말한다. 죽음의 한계를 뛰어 넘을 수 없다. 불사약을 먹어도 소용이 없다. 언젠가는 반드시 죽음을 당한다.

(2) 심을 때가 있으면 심은 것을 뽑을 때가 있음

인간도 "날 때가 있으면 죽을 때"가 있듯이, 자연역시 "심을 때가 있으면 심은 것을 뽑을 때"가 있다. 자연 역시 영원하지 못하다. 봄에 씨를 뿌리면 가을에 뽑아야 한다. 이것이 자연의 법칙이다. 천하의 모든 것은 영원한 것이 없다.

지구의 멸망의 날은 언제인가?

예수님께서 재림하셔서 세상을 심판하시는 날이다. 그날에는 하늘도 큰 소리로 사라지고, 우주의 구성 요소들이 뜨거운 불에 녹아내리며, 땅과 그 중에 있는 모든 것이 타버릴 것이다.

베드로후서 3장 10~13절에 보면 "그러나 주의 날이 도둑같이 오리니 그날에는 하늘이 큰 소리로 사라지고 우주의 구성 요소들이 뜨거운 불에 녹아내리며 땅과 그 중에 있는 모든 것이 타버릴 것이라. 그때 이 모든 것이 녹아지리니 너희가 어떠한 사람이 되어야 마땅하냐 거룩한 행실과 경건함으로 하나님의 날이 임하기를 바라보고 간절히 사모하라 그날에 하늘이 불에 타서 녹아버리고 우주의 구성 요소들도 뜨거운 불에 녹아지려니와 우리는 그의 약속대로 의에 거하는 새 하늘과 새 땅을 바라보도다"고 했다.

요한계시록 16장에 보면 예수님은 일곱 대접으로 세상을 철저하게 심판하신다. 그 심판은 누구도 피할 수 없다.

① 첫째 천사가 가서 그 대접을 땅에 쏟으매 짐승의 표를 받은 사람들과 그 우상에게 경배하는 자들에게 악하고 독한 종기가 나더라.

② 둘째 천사가 그 대접을 바다에 쏟으매 바다가 곧 죽은 자의 피

같이 되니 바다 가운데 모든 생물이 죽더라.

③ 셋째 천사가 그 대접을 강과 물 근원에 쏟으매 피가 되더라.

④ 넷째 천사가 그 대접을 해에 쏟으매 해가 권세를 받아 불로 사람들을 태우니 사람들이 크게 태움에 태워진지라.

⑤ 다섯째 천사가 그 대접을 짐승의 왕좌에 쏟으니 그 나라가 곧 어두워지며 사람들이 아파서 자기 혀를 깨물고 아픈 것과 종기로 말미암아 하늘의 하나님을 비방하고 그들의 행위를 회개하지 아니하더라.

⑥ 여섯째 천사가 그 대접을 큰 강 유브라데에 쏟으매 강물이 말라서 동방에서 오는 왕들의 길이 예비되었더라.

⑦ 일곱째 천사가 그 대접을 공중에 쏟으매 번개와 음성들과 우렛소리가 있고 또 큰 지진이 있어 얼마나 큰지 사람이 땅에 있어 온 이래로 이같이 큰 지진이 없었더라 큰 성이 세 갈래로 갈라지고 만국의 성들도 무너지니 큰 성 바벨론이 하나님 앞에 기억하신바 되어 그의 맹렬한 진노의 포도주 잔을 받으매 각 섬도 없어지고 산악도 간 데 없더라.

(3) 죽일 때가 있고 치료할 때가 있음

첫째, 죽일 때이다.

죽을 때란 인간들이 하나님으로부터 징벌을 받아 육체가 죽음을 당하는 때를 말한다. 인간들의 잘 못으로 인하여 하나님의 진노를 받아 "질병", "전쟁", "재앙" 그리고 "사고"로 인하여 육체의 죽음을 당한다. 그러므로 육체의 죽음은 죄의 결과이다.

바울도 죽음에 대한 결론으로 "죄의 삯은 사망이요 하나님의 은사는 그리스도 예수 우리 주 안에 있는 영생이니라"(롬 6:23)고 했다.

애굽이 하나님의 열 가지 재앙을 받은 이유가 무엇인가? 하나님의 말씀을 거역하고 불순종한 결과 장자의 죽음까지 당했다. 세상이 왜 불 심판을 받는가? 하나님의 말씀을 외면하고 세속적인 것만 취하며 살기 때문이다.

둘째, 치료할 때이다.

치료할 때란 그 징벌의 상태에서 벗어나 하나님의 위로를 받고 회복되는 때를 말한다. 하나님은 치료의 하나님이시다. 하나님은 어떤 사람을 치료하시는가? 하나님의 말씀에 순종하고, 하나님 보기에 의를 행하며, 말씀을 지키며 사는 사람들을 치료하신다.

출애굽기 15장 26절에 보면 "이르시되 너희가 너희 하나님 나 여호와의 말을 들어 순종하고 내가 보기에 의를 행하며 내 계명에 귀를 기울이며 내 모든 규례를 지키면 내가 애굽 사람에게 내린 모든 질병 중 하나도 너희에게 내리지 아니하리니 나는 너희를 치료하는 여호와임이라"고 하셨다.

말라기 4장 2절 말씀에도 "내 이름을 경외하는 너희에게는 공의로운 해가 떠올라서 치료하는 광선을 비추리니 너희가 나가서 외양간에서 나온 송아지같이 뛰리라"고 하셨다.

하나님이 행하신 일

1) 인간의 노고(勞苦)

전도서 3장 10절: "하나님이 인생들에게 노고를 주사 애쓰게 하신 것을 내가 보았노라"

사람은 한평생 노고(勞苦)에서 벗어날 수가 없다. 그 노고는 아담이 선악과를 따먹은 죄의 결과이다. 그러므로 한 사람의 잘못으로 그의 후손들은 한평생 노고의 멍에를 벗어버릴 수가 없다.

인생의 노고란 무엇인가? 생계의 문제, 자녀 양육의 문제, 건강의 문제, 노후문제 그리고 죽음의 문제이다. 피조물인 인간은 이러한 노고에서 자유로울 수 있는 사람이 어디 있겠는가?

많은 사람은 노고로 인하여 슬퍼하며 괴로워한다. 내 인생에 노고가 없으면 행복할 것이라고 말한다. 그러나 사람들에게 노고가 없다면 누가 자신의 재능을 개발하며 열심히 살겠는가? 누가 가정과 자녀를 책임지겠는가? 노고는 세상을 열심히 살아가게 하는 힘이다.

2) 하나님이 하신 일은 측량할 수 없음

전도서 3장 11절: "하나님이 모든 것을 지으시되 때를 따라 아름답게 하셨고 또 사람들에게는 영원을 사모하는 마음을 주셨느니라 그러나 하나님이 하시는 일의 시종을 사람으로 측량할 수 없게 하셨도다"

(1) 창조주 하나님

세상은 우연히 생겨난 것도 진화된 것도 아니다. 우주만물은 하나님의 창조 작품이다. 하나님은 창세기 1장 1절을 통해 "태초에 하나님이 천지를 창조하시니라"고 말씀하고 있다. 즉 무에서 유를 창조하신 것이다. 그러므로 하나님은 창조주 하나님이시다.

창세기 1장을 보면 천지만물을 육일 동안 창조하신 창조 내용이 나온다.

첫째 날은 우주와 빛을 창조하시면서 빛을 낮으로 어둠을 밤으로 나누셨다.

둘째 날은 궁창을 창조하시면서 궁창을 하늘이라 부르셨다. 지구의 대기권 설정 및 생명체의 힘인 수분 형성이 되었다.

셋째 날은 땅과 바다와 식물을 창조하셨다. 지구를 생물 생존의 가능지로 만드셨다.

넷째 날은 해와 달과 별을 창조하셨다. 지구가 우주 질서의 중심이다.

다섯째 날은 새와 물고기를 창조하셨다.

여섯째 날은 짐승과 사람을 창조하셨다. 인간 중심의 세계가 된 것이다.

솔로몬도 "하나님이 모든 것을 지으시되"라며 천하의 모든 것은 하나님께서 창조하셨음을 말하고 있다. 그런데 사람들은 창조론을 거부하고 사탄의 지식인 인본주의에 오염되어 진화론을 믿고 있다.

타임지가 진화론을 비판한 글의 내용을 보면 다음과 같다.

Time지는 최근 세 차례 진화론을 특집으로 다루었다. 한 번은 생의 기원에 대해서, 또 한 번은 진화에 대해, 그리고 한 번은 인류의 조상에 대해 각각 표지를 장식하는 특집기사를 보도했다. Time지는 세계 누구나 그 권위를 인정하는 시사주간지이다. 이러한 Time지가 다윈의 진화론은 과학적 근거가 희박하고 이제 폐기될 수밖에 없는 이론이라는 결론을 내리고 있다. 아래에서는 이 세 기사를 중심으로 세계 유명 시사주간지에 조명된 진화론의 현주소를 소개하고자 한다.

1993년 10월 11일자 Time지의 표지기사는 "생의 기원"이다. 1871년 다윈은 첫 생명이 물속에서 나왔을 것이라는 가설을 제시하였다. 그리고 1953년 미국 시카고 대학에서 Miller라는 대학원생이 유리관 속에 물, 암모니아 가스, 메탄가스 등을 넣고 전기 스파크를 일주일 동안 가해보니까 소량의 아미노산이 검출되었다. (아미노산들은 다시 결합하여 단백질을 이룬다.) 이때 사람들은 '생의 기원' 논쟁이 끝난 것으로 생각했다. 그리고 모든 사람이 하나님을 서둘러 떠나기 시작했다. 이윽고 1963년 미국 케네디 대통령은 중고등학교에서 기도와 예배를 금지하는 법안을 통과시킨다. (이 케네디 대통령은 그 일가가 계속적인 비극에 휩싸이는 사건으로도 유명하다.)

그러나 1994년 스페인에서 개최된 '생의 기원' 주제 세계학술대회에서 Miller 실험은 의미가 없다는 주장이 강력히 제기되었다. 그 이유로는 첫째, 지구상 대기가 암모니아 가스등으로 뒤덮인 적이 없다는 사실이 확인되었기 때문이다. 둘째, 현대 과학이 밝혀낸 바에 의하면 생명체 내의 모든 단백질은 DNA/RNA 지령에 의해서만 만들어지므로 Miller 가 만든 방식의 아미노산은 생명체와 관련이 없다는 것이다. (신비는 여기서 그치지 않는다. 최근 밝혀진 바에 의하면 DNA/RNA 자신이 생성되려면 다시 단백질이 필요하게 된다. 그러면 단백질을 만들라는 지령은 DNA/RNA가 내리는데, DNA/RNA를 만들기 위해 필요한 단백질은 누가 어떻게 만드는가라는 근본적인 문제가 제기된다. 이것은 마치 닭과 달걀과 같은 수수께끼이다.) 셋째, 최근 지구상에서 확인되는 모든 화석 층에서는 거의 대부분의 종들이 다 한꺼번에 출현된다. (이 기사에 대해서는 아래에서 다시 다룬다.) 마지막으로 첫 생명체는 단순한 아미노산이어서는 안 된다. 이 개체는 처음부터 "완전한 번식능력"을 가지고 생겨나야만 한다. 번식능력을 갖추지 않고 생겨난 생물체는 후세로 이어지지 않은 생물체이다. 번식능력이 없이 생겨나 자신 한 세대만 살다 가버린 생물체는 우리와 아무런 관계가 없는 생물체이고 우리와 관계가 있는 모든 생물체는 첫 세대부터 번식을 통해 우리에게까지 전달된 것들뿐이다. 그러니 생명체는 생겨난 첫 대부터 자신과 동일한 종을 재생산해야만 한다. 그러려면 처음부터 매우 정교한 생식기능, 유전자 등을 가지고 태어나야만 한다. 그렇지 않고서는 돌연변이도 적자생존도 시작될 수가 없다. 그런데 진화연습을 시작해보기도 전에 어떻게 이러한 복잡하고 정교한 기능을 갖출 수 있는가?

첫 생명이 물과 번개에서 나왔을 것이라는 가설이 위와 같이 무너지자 진화론자들은 생명의 기원에 대해서 여러 개의 새로운 가설들을 제안하고 있다. 첫 번째 주장은 바다 속 깊은 곳에서 화산이 폭발하면서 첫 생명이 탄생되었다는 주장이다. 지상에서는 Miller 실험과 같은 환경이 갖추어진 일이 없었다는 사실이 밝혀지자 그러한 환경이 있었을 법한 곳을 찾아 바다 속 화산을 지목한 것이다. 그곳은 화산 용암이 분출하면서 암모니아 가스 등이 나올 수 있기 때문이다. 그러나 이 가설은 섭씨 120 도가 넘는 뜨거운 곳에서는 모든 생물이 다 죽는다는 데 어떻게 거꾸로 생명이 생겨날 수가 있는가라는 질문 등에 대해 잘 설명을 못하므로 아직 과학적 정설로 인정받지 못하고 있다. 바다 속 화산근처에 생명체가 있다면 그것은 거기에서 생긴 것이 아니라 거꾸로 주변에서 이민해간 것이라는 설이 더 유력하다. 두 번째 주장은 유성 등이 대기 중으로 떨어지며 타들어 가는 순간 암모니아 가스 등이 발생되고 여기서 생명이 탄생되었다는 주장이다. 그러나 그 연소 기간은 수 분 밖에 안 되어 너무나 짧고, 태어나야 할 생명체는 너무 복잡하여 이 역시 설득력이 모자란다. 셋째 주장은 외계의 생명체가 우주 먼지 등에 묻어 지구로 왔다는 주장이다. 외계에 생명이 존재한다는 주장은 그곳에 안 가본 사람(?)은 반박해 볼 수도 없다. 그러나 생명체가 우주 먼지를 타고 지구로 이민해올 수 있는지 여부도 큰 의문이다. 지구까지 오려면 엄청나게 긴 세월 동안 엄청나게 비친화적인 환경(온도, 유해 우주선 등)을 견뎌야 하는데 그것이 과연 가능한 것인지 의문투성이다. 물론 이것도 증명은 안 된 것이다. 최근에는 화성 생물 탐사에 엄청나게 많은 돈을 쓰고 있고, 인터넷을 통해 외계로부터 전파를 받는다고 야단들이다. 화성의 생명체를 탐사하려고 엄청난 돈을 쓴다는 것은 곧 바꾸어 말하면 "지구에서는 생명이 스스로 우연히 생길 수 없습니다"를 시인하는 것과 하나도 다를 것이 없는 것이다. 결론으로 Time지는 오늘 현재 "생의 기원"에 대해서는 다만 서너 개의 설익은 주장만이 난립해 있다고 보도하고 있다.

인류의 조상에 대해서는 Time지가 1994년 3월 14일에 표지기사로 실었다. 여기서는 그 기사 중 가장 중심 부분인 네안데르탈인에 대한 글을 소개한다. 네안데르탈인 화석을 처음 조사한 과학자는 프랑스인 Boule이었다. Time지에 의하면 그는 그 시대를 풍미하던 다윈의 진화론에 매우 부담을 느낀 것 같다고 알려진다. 그래서 그는 네안데르탈인을 인류와 원숭이 사이의 연결고리라고 결론을 내렸다는 것이다.

Boule의 보고에 의하면 "네안데르탈인은 (그 모양이 마치 현대인과 원숭이의 중간처럼 보여서) 원숭이처럼 발을 곧바로 펴지를 못했었다.

원숭이처럼 발로 물건을 쥘 수 있었다,

원숭이처럼 척추를 곧게 펴지 못했었다,

원숭이처럼 턱이 앞으로 나왔다"라고 주장했다.

그러나 1957년 미, 영 과학자들이 Boule이 조사했던 바로 그 화석을 재조사해 보니 정반대의 결론이 나왔다. 재조사에 의하면 네안데르탈인은 발을 곧바로 폈었다. (Boule이 조사한 화석은 관절염 때문에 굽었었다)

발로 물건을 쥘 수 없었다.

척추가 곧바로 뻗었다.

더욱더 수상한 것은 네안데르탈인의 두뇌는 우리의 두뇌보다 더 컸는데 이 중요한 사실을 Boule은 보고서에서 일부러 누락시켰다는 것이다. 1957년 이후로도 계속 네안데르탈인에 대한 연구가 진행되고 있지만 연구가 되면 될수록 인류와 네안데르탈인들은 완전한 다른 종임이 입증되고 있을 뿐이다. 1997년 12월 17일 CNN은 영국 과학자들이 네안데르탈인의 DNA를 조사해 본 결과 네안데르탈인은 인류와 무관한 종으로 나타났다고 보도하고 있다. 그런데도 국내 교과서는 오늘날까지도 네안데르탈인을 인류의 조상으로 고집하고 있다.

네안데르탈인뿐이 아니라 1996년 6월 3일자 Time지는 Piltdown Man에 대해서도 기사를 내보내었다. Piltdown Man은 1912년 영국에서 발견되어 한때 원숭이와 현대인 사이의 연결고리로 각광을 받았었다. 그러다가 1950년대에 그것이 가짜인 것으로 밝혀졌었다. 누군가가 사람의 두개골에 원숭이의 턱을 일부러 끼워 넣고 그것을 오래된 것처럼 보이게 하려고 페인트칠을 하고 줄칼로 민 사실이 정밀분석 결과 밝혀진 것이다. 1996년 Time지는 그것이 누구 짓인지를 밝혀낸 것이다. 그는 바로 영국 박물관의 동물학부 책임자로 일하던 Hinton이라는 사람이었다. 그 증거로는 Hinton씨가 생전에 소유하고 있던 여러 뼈들의 유전자를 조사해봄으로써 쉽게 알아낼 수 있었다. Time지는 인류의 조상에 대한 특집을 마감하며 이 분야를 다음 한 문장으로 요약하고 있다. **"현재로서는 원숭이가 진화되어 사람이 되었다는 주장은 사실 데이터에 입각한 과학적 주장이 아니라 한낱 상상에 불과하다."** 이러한 결론은 진화론을 주장하는 '과학자'들에게는 말할 수 없는 모욕이다. 또한 그것은 그들의 생업에도 큰 지장을 줄 수 있다. 과학이 아닌 상상 따위로 알려지면 더 이상 연구비, 교수 승진 등을 기대할 수 없게 되기 때문이다. 그럼에도 불구하고 그 이후 Time지 독자란에 아무런 항의도 없는 것을 보면 이러한 모욕적인 기사에 대해 별달리 항의할 근거도 없는 것 같다.

1995년 12월 4일 Time지는 화석과 진화에 대해 다루고 있다. 지구에서 발견되는 여러 가지 지층 중에 캄브리아기(Cambrian)는 매우 유명하다. 캄브리아기는 수 km의 화석층을 이루는데 거기에서는 척추동물을 제외한 거의 대부분의 종이 한꺼번에 다 발견된다. 캄브리아층은 영국에서도 많이 발견되고 다윈 시대에도 이미 널리 알려진 사실이었다. 그래서 다윈에게 "진화론이 사실이라면 어떻게 캄브리아층에서는 모든 생명체가 다 한꺼번에 어우러져 발견되느냐"고 물으면 그들은 "캄브리아기 밑 어딘가 진화를 증명하는 지층이 숨겨져 있을 것이다"라고 주장해왔다. 그러나 그러한 주장은 이제 더 이상 설득력이 없게 되었다. 왜냐하면 다윈 이후 130년간 지구의 지층을 조사해왔고 이제는 그 조사가 다 끝났기 때문이다. 1987년 이후 그린란드, 중국, 시베리아, 그리고 최근 나미비아까지 모든 지층이 보여주는 바에 의하면 전 세계 지층들은 동일한 시간대에 동일하게 발전했음을 보여주고 있고 또 캄브리아기 위로는 거의 모든 종이 한꺼번에 갑자기 출현하지만 캄브리아기 밑으로는 생물이 전혀 발견되지 않는다는 사실을 확인하여 주고 있다. 캄브리아기 밑으로는 아메리카, 아프리카, 호주 등이 대양을 사이에 두고 서로 멀어지며, 육지와 바다와 히말라야 산들이 형성되던 흔적과, 엄청난 화산, 지진 등의 흔적과, 도저히 생명이 살수 없는 환경 이였음을 알려줄 뿐이다. 더욱 충격적인 사실은 만일 캄브리아기의 생명체들이 진화해서 생긴 것이라면 그 진화에 소요된 기간은 아무리 길어야 500~1,000만 년 정도로 확인되었다는 사실이다. Time지는 이러한 현상을 "Biology Big Bang" 또는 "초음속 진화"라고 부른다고 소개하고 있다. 이 기사에서 취재대상이 된 하버드, MIT 교수들은 이러한 발견이 동료 생물교수들에게 매우 큰 충격을 줄 것이라고 말하고 있다. 생물학자들은 모든 종이

500만 년에 다 진화되었다는 사실을 어떻게 설명할 도리가 없다는 것이다. 하버드, MIT 교수들은 "우리가 과거 추정하던 것보다 훨씬 더 빨리 종들이 생겨났습니다. 엄청나게 이상한 일입니다……. 이 결과는 생물학자들이 불안해할 정도입니다……." Time지는 이 기사 끝 부분에서 "**다윈의 진화론은 이제 화석에 나타난 현상들을 더 이상 설명할 수가 없다. 다윈의 설보다 훨씬 더 빠른 속도로 진행되는 진화론이 나오지 않으면 안 된다**"고 맺고 있다. (그러면서도 끝까지 창조론은 시인하지 않는다.)

결론적으로 Time지는 생의 기원문제에 대한 다윈과 Miller 가설은 이제 완전히 폐기되었고 새 이론은 검증된 것이 없으며, 현재 화성 등 외계에서 생의 기원을 찾는 중이라는 말로 맺고 있다. 이는 곧 지구상에서는 생명체가 스스로 우연히 생겨날 수 없음을 시인하는 말이다. Time은 **인류의 조상을 연구하는 분야는 과학이 아니라 상상에 불과한 분야라고 결론 짓고 있다. 마지막으로 화석은 이제 거의 탐사가 끝난 상태이고 그 결과는 다윈 진화론의 폐기라고 보도하고 있다. 즉 모든 종은 한꺼번에 나타난다는 것이다.** 그리고 그 모든 종이 진화에 의해 생겨난 것이라면 그 진화 시기는 아무리 길어도 500~1,000만 년이라고 적고 있다. 그러므로 **Time지는 공공연히 다윈 진화론이 죽었음을 보도하고 있다.** 이러한 수차례의 도전적인 기사에 대해 진화론자들은 단 한 번의 반론도 제기하지 못하고 있다.

지난 200년간 과학은 실로 눈부시게 발전하였다. 그러나 이와는 대조적으로 하나님께 정면으로 도전하는 진화론은 단 한 치의 진전도 없었다. 너무나 큰 대조이다. 나를 놀라게 하는 것은 Time지 보도보다도 그것을 대하는 사람들의 태도이다. 국내 언론들이 오늘도 UFO 같은 글들은 대문짝하게 다루면서도 위에서 소개한 기사는 한 번도 제대로 다루는 것을 보지 못하였다. 그 모든 과학 섹션기사들은 왜 이러한 중요한 보도를 외면하는가? Miller가 실험 결과를 발표할 때. 다윈이 진화론을 발표할 때에는 모든 사람이 그렇게도 난리법석을 떨며 하나님을 서둘러 떠나고, 헌법까지 고치고 했는데, 막상 그 진화론의 정정기사가 나가니, 이제 아무도 서둘러 이를 알려고 하는 사람도 없고, 서둘러 전하려 하는 사람도 없다. 참으로 희한한 일이다. 과학이라는 이유로 하나님을 성급히 떠난 사람들이 왜 이제는 과학이라는 이유로 하나님 앞으로 성급히 되돌아오지 않는가? 왜 아무도 이 기사들을 보도조차 않는가? 그것은 아마도 과학이나 이성의 문제가 아니고 죄의 본성 문제 때문일는지도 모른다.

Time지는 매주 표지 기사마다 그 편집후기를 Time지 맨 앞 쪽에 게재한다. 1994 3월 14일 Time지에는 (인류의 조상을 표지기사로 내보내었던 때이다) 수석부사장이 표지기사 편집 후기를 쓰고 있다. 거기서 수석부사장은 그 기사를 취재했던 기자의 소감을 그대로 적고 있다. "인류의 조상을 취재했던 기자는 기자가 되기 전 테네시 고등학교에서 과학 선생님을 하셨습니다. 이제 그는 고등학교에서 가르쳤던 모든 진화론 내용이 엉터리라는 사실을 고백하고 있습니다. 물론 다른 모든 학교도 마찬가지로 엉터리를 가르쳐왔습니다. 이러한 사실이 최근 몇 차례의 Time 진화론 특집기사로 밝혀졌습니다. 이제 진화론에 대해 잘못 알고 계시던 분들은 그러한 생각을 바로 잡으시기 바랍니다."

진화론의 허구가 밝혀지기 시작하면서 사람들의 인식도 서서히 바뀌고 있다. 1998년 4월 27일 Time지는 미국 중고등학교에서의 종교

활동 상황에 대해 보도하고 있다. 앞에서 케네디 대통령을 언급하며 설명한 것과 같이 1963년 미국은 학교에서 종교 활동을 금지하는 법안을 통과시켰고 그 후 공립학교에서는 일체의 예배가 금지되어 왔다. 요즈음 미국 법정은 이 문제를 다시 다루기 시작하였고 판결이 아직 나지도 않았는데 공립학교 중 상당수가 이미 학교에서 기도와 예배를 부활시켰다. 최근에는 십계명까지 다시 교실에 걸기 시작하였다. 98년 당시 Time 지가 통계 낸 바에 의하면 미국 공립학교의 4분의 1이 이미 위와 같은 신앙 활동을 부활시켰다. 정부의 재정지원으로 살아가야 하는 공립학교가 헌법에서 금지한 예배를 교정에서 부활시켰다는 것은…… 그것도 준법정신이 유달리 강한 미국에서는 극히 이례적인 현상이라 아니할 수 없다. 또 최근 캔자스 주에서는 학교에서 진화론을 **"검증이 안 된 가설로만 가르칠 것"**, **"진화론을 사실로 입증된 것처럼 가르쳐서는 안 될 것"** 등을 요구하고 있다. 또 **"진화론은 일제 시험에 못 낸다"**고 못 박았고 다른 주들에서도 비슷한 조치를 검토 중이다.

많은 사람은 최근 미국 고등학교에서 계속적으로 총기사고가 일어나는 근본원인을 미국 교육현장에서 기독교 교육을 없앴기 때문이라고 생각하고 있다. 진화론의 가장 큰 문제는 "진화론은 우리 사회와 역사를 죄악으로 몰아간다"는 데에 있다. 당연한 결과이다.

"이는 하나님을 알 만한 것이 저희 속에 보임이라. 하나님께서 이를 저희에게 보이셨느니라 창세로부터 그의 보이지 아니하는 것들 곧 그의 영원하신 능력과 신성이 그 만드신 만물에 분명히 보여 알게 되나니 그러므로 저희가 핑계치 못할지니라"(롬 1:19~20)

(2) 때를 따라 아름답게 창조하심

하나님은 천지 만물을 창조하신 후에 모든 것을 때를 따라 아름답게 만드셨다. 세상 어느 것 하나 부족함이 전혀 없는 완벽한 상태였다. 하나님께서는 그 창조 작품을 만드신 후에 어떻게 평가하셨는가? "모든 것이 하나님 보기에 좋았더라"고 했다(창1:4). 하나님이 보실 때에 아름다웠으니 우주만물이 얼마나 아름다웠겠는가?

때를 따라 꽃이 피고 열매를 맺는 사계절이 얼마나 아름다운가? 계절마다 자연의 독특한 매력은 사람의 언어로 표현할 수가 없다.

(3) 영원을 사모하는 마음을 주심

사람은 누구나 영원을 사모하는 마음이 있다. 그 이유는 하나님께서 사람을 창조하실 때에 영원을 사모하는 마음을 주셨기 때문이다. 창세기 1장 27절에 보면 "하나님이 자기 형상 곧 하나님의 형상대로 사람을 창조하시되 남자와 여자를 창조하셨다"고 말씀하신다. 하나님은 다른 피조물과 달리 사람을 하나님의 형상, 즉 하나님의 인격체로 창조하신 것이다. 그러므로 모든 사람은 하나님과 더불어 영적 교제를 나누며 영원한 생명을 사모하게 되었다.

(4) 사람이 측량할 수 없는 능력의 하나님

시종(始終)이란 "처음과 끝", "처음부터 끝까지"를 뜻한다. 피조물인 인간은 하나님께서 하시는 모든 일들을 처음부터 끝까지 알 수가 없다. 인간은 하나님의 비공유적 속성을 가지고 있지 않기 때문에 비공유적 속성을 가지고 계시는 하나님께서 하시는 모든 일의 시종을 측량할 수도 없다.

하나님에게는 두 가지 속성을 가지고 계신다.

첫째, 공유적 속성

"공유적 속성"은 피조물의 속성과 유사점을 가지고 있는 속성이다. 이것은 하나님의 지혜와 지식, 선과 사랑 그리고 인내와 거룩하심 등이다.

둘째, 비공유적 속성

"비공유적 속성"은 피조물 중에서 그 유사점을 전혀 찾아 볼 수 없는 신적 완전성을 의미한다.

비공유적 속성은 무엇인가?

① 하나님의 독립성(사존싱)이다.

하나님은 피조물처럼 외부의 어떤 영향을 받아 존재하지 않고 필연적으로 존재하신다.

② 하나님의 불변성이다.

하나님은 영원히 동일하시기 때문에 그의 존재, 완전성, 목적 그리고 약속에 있어서 변화하지 않는다.

③ 하나님의 영원성이다.

하나님은 시간과 관련하여 생각할 때에 영원성(永遠性)이다. 하나님은 시간과 공간을 초월하신 영원하신 분이다. "영원"은 하나님만이 가지신 비공유적인 속성으로 '시간적 무한성'을 말한다.

공유적 속성을 지닌 인간이 어떻게 비공유적 속성을 지니신 하나님께서 하시는 일을 알 수 있겠는가? 인간은 하나님의 오묘하고 깊은 세계를 알 수가 없다. 하나님께서 하신 일을 측량할 수 있다면 그 사람이 바로 하나님일 것이다.

바울은 "깊도다 하나님의 지혜와 지식의 부요함이여 그의 판단은 측량치 못할 것이며 그의 길은 찾지 못할 것이로다"(롬11:33)고 했고, 욥도 "하나님은 크고 측량할 수 없는 일을 행하시며 기이한 일을 셀 수 없이 행하시나니"(욥5:9)라고 했다.

3) 가장 행복한 삶

전도서 3장 12절: "사람들이 사는 동안에 기뻐하며 선을 행하는 것보다 더 나은 것이 없는 줄을 내가 알았고"

사람들의 기쁨은 어디서 오는가? 선을 행할 때이다. 마음의 기쁨은 물질과 출세와 성공에서 오는 것이 아니다. 물론 그것은 일시적인 기쁨이 될 수 있다. 그러나 영원토록 기쁨을 주지 못한다. 선을 행하면 자신뿐만 아니라 다른 사람에게도 기쁨을 준다. 그러므로 오직 선을 행할 때에 기쁨을 경험할 수 있다.

그렇다면 선은 어디서 나오는가? 마음에서 나온다. 마음이 선하면 선한 행동을 하게 되고, 악하면 악한 행동을 하게 된다. 예수님도 "선한 사람은 그 쌓은 선에서 선한 것을 내고 악한 사람은 그 쌓은 악에서 악한 것을 내느니라"(마 12:35)고 했다. 선을 행한다는 것은 그 사람의 인격이요 열매이다. 그러므로 바울은 갈라디아서 6장 9절의 말씀을 통해 "우리가 선을 행하되 낙심하지 말지니 피곤하지 아니하면 때가 이르매 거두리라"고 했다.

"우리 각 사람이 이웃을 기쁘게 하되 선을 이루고 덕을 세우도록 할찌니라"(롬 15:2)

"우리가 하나님께서 너희로 악을 조금도 행하지 않게 하시기를 구하노니 이는 우리가 옳은 자임을 나타내고자 함이 아니라 오직 우리는 버림받은 자 같을지라도 너희는 선을 행하게 하고자 함이라"(고후 13:7)

"삼가 누가 누구에게든지 악으로 악을 갚지 말게 하고 서로 대하든지 모든 사람을 대하든지 항상 선을 따르라"(살전 5:15)

4) 하나님의 선물

전도서 3장 13절: "사람마다 먹고 마시는 것과 수고함으로 낙을 누리는 그것이 하나님의 선물인 줄도 또한 알았도다"

하나님께서 사람들에게 어떤 선물을 주셨는가? 사람마다 먹고 마시는 것과 수고함으로 낙을 누리는 선물을 주셨다. 먹고 마시며 누리는 것처럼 기쁘고 행복한 순간이 어디 있겠는가? 사람은 하루만 먹고 마시지 않으면 아무것도 할 수 없다.

그렇다면 어떻게 먹고 마시며 누려야 하는가? 예수님 안에서 먹고 마시며 누려야 한다. 그럴 때에 선물로 주신 하나님께 감사와 영광을 돌릴 수 있다.

바울은 "먹든지 마시든지 무엇을 하든지 다 하나님의 영광을 위하여 하라"(고전 10:31)고 했다. 그리스도인은 먹고 마시는 것까지도 다 하나님의 영광을 나타내야 한다.

예수님을 떠나서 먹고 마시며 누리게 되면 방종에 빠지게 된다. 그것은 멸망의 길이며 사탄이 준 선물이다. 사탄의 선물은 그 순간은 달콤하지만 그 결과는 영원한 사망이다.

5) 하나님께서 행하신 일

전도서 3장 14절: **"하나님께서 행하시는 모든 것은 영원히 있을 것이라 그 위에 더 할 수도 없고 그것에서 덜 할 수도 없나니 하나님이 이같이 행하심은 사람들이 그의 앞에서 경외하게 하려 하심인 줄을 내가 알았도다"**

(1) 하나님께서 행하시는 모든 것은 영원히 있을 것임

하나님께서 행하시는 모든 것은 영원히 존재한다. 하나님은 영원 전부터 영원까지 온 우주 안에서 발생하는 모든 일을 미리 작정하시고 계획하신다. 그뿐 아니라 한번 계획하신 것은 절대 취소하거나 변경하지 않으시고 완벽하게 성취해 나가신다.

하나님께서 역사를 주관하시는 것을 보라! 이스라엘이 애굽에서 400년 동안 거주한 후 출애굽하게 된 것이 우연한 사건이며, 바벨론 느브갓네살 왕에게 멸망당하는 사건이 우연한 사건인가? 그리고 이스라엘이 로마에 멸망당하는 것이 우연한 사건인가? 모든 것이 하나님께서 행하신 일들이다. 즉 하나님께서 이스라엘 백성들을 지키시고 보호하시는 하나님의 은총의 막대기와 연합의 막대기를 부러뜨렸기 때문이다.

마지막 이 세상 멸망도 하나님께서 행하시는 일 가운데 하나가 될 것이다. 세상의 모든 일들이 성경에서 말씀한 그대로 진행되고 있지 않는가?

마태복음 24장에 보면 종말 때에 일어날 일들에 대해 미리 말씀하고 계신다. 예수님께서 종말의 징조를 다 알려주신 목적은 무엇인가? 모든 사람이 종말을 준비하여 구원받게 하기 위함이다. 그러므로 성도들은 종말의 징조를 알고 영적으로 깨어있는 믿음 생활을 해야 한다.

종말의 징조는 무엇인가?

① 너희가 사람의 미혹을 받지 않도록 주의하라. 많은 사람이 내 이름으로 와서 이르되 나는 그리스도라 하여 많은 사람을 미혹한다.

② 난리와 난리 소문이 있겠고, 민족이 민족을, 나라가 나라를 대적하는 일이 일어난다.

③ 곳곳에 기근과 지진과 전염병이 일어난다.

④ 사람들이 너희를 환난에 넘겨주겠으며 너희를 죽이리니 너희가 내 이름 때문에 모든 민족에게 미움을 받는다.

⑤ 거짓 선지자가 많이 일어나 많은 사람을 미혹한다.

⑥ 불법이 성하므로 많은 사람의 사랑이 식어진다.

⑦ 이 천국 복음이 모든 민족에게 증언되기 위하여 온 세상에 전파되리니 그제야 끝이 온다.

⑧ 그때에 큰 환난이 있는데 이 환난은 창세로부터 지금까지 이런

환난이 없었고 후에도 없다.

⑨ 거짓 그리스도들과 거짓 선지자들이 일어나 큰 표적과 기사를 보여 할 수만 있으면 택하신 자들도 미혹한다.

⑩ 번개가 동편에서 나서 서편까지 번쩍임 같이 인자의 임함도 그러하다.

⑪ 그날 환난 후에 즉시 해가 어두워지며 달이 빛을 내지 아니하며 별들이 하늘에서 떨어지며 하늘의 권능들이 흔들린다.

⑫ 그때에 인자의 징조가 하늘에서 보이겠고 그때에 땅의 모든 족속들이 통곡하며 그들이 인자가 구름을 타고 능력과 큰 영광으로 오는 것을 본다.

⑬ 그가 큰 나팔소리와 함께 천사들을 보내리니 그들이 그의 택하신 자들을 하늘 이 끝에서 저 끝까지 사방에서 모은다.

⑭ 무화과나무의 비유를 배우라 그 가지가 연하여지고 잎사귀를 내면 여름이 가까운 줄을 알라. 이와 같이 너희도 이 모든 일을 보거든 인자가 가까이 곧 문 앞에 이른 줄 알라.

⑮ 노아의 때와 같이 인자의 임함도 그러하다. 홍수전에 노아가 방주에 들어가던 날까지 사람들이 먹고 마시고 장가들고 시집가고 있으면서 홍수가 나서 그들을 다 멸하기까지 깨닫지 못하였으니 인자의 임함도 이와 같으리라.

⑯ 그때에 두 사람이 밭에 있으매 한 사람은 데려가고 한 사람은 버려둠을 당할 것이요 두 여자가 맷돌질을 하고 있으매 한 사람은 데려가고 한 사람은 버려둠을 당할 것이다.

(2) 그 위에 더 할 수도 없고 덜 할 수도 없음

인간은 하나님께서 행하신 모든 일에 더 할 수도 없고 덜 할 수도 없다. 인간이 하나님과 동등한 관계라면 하나님께서 하시는 일에 대해 더하거나 덜 하도록 간섭할 것이다. 그러나 인간은 하나님의 피조물이기 때문에 하나님께서 하시는 일에 간섭할 수 없다. 바울이 지적한 것처럼 하나님의 미련한 것이 사람보다 지혜 있고 하나님의 약한 것이 사람보다 강하기 때문이다(고전 1:25).

하나님께서 바벨론을 통해 이스라엘을 멸망시키시는 일을 인간이 어떻게 막을 수 있겠는가? 로마 디도 장군에 의해 멸망한 것과 독일의 히틀러에 의해 600만 명이 죽어가는 것을 어떻게 막을 수 있겠는가? 마지막 7년 대환난 날을 어떻게 더 하거나 덜 할 수 있겠는가? 하나님께서 하시는 일은 아무도 더 할 수도 없고 덜 할 수도 없다.

(3) 사람들이 그의 앞에서 경외하게 하려 하심

하나님은 천지를 창조하시고, 천하에 범사가 기한과 모든 목적을 이룰 때를 주셨다. 그리고 인생에게 노고와 영원을 사모하는 마음을 주셨다. 그 이유는 무엇인가? 오직 하나님만 "경외"하라는 것이다. 그러므로 모든 피조물이 하나님께 해야 할 일은 무엇인가? 하나님을 경외하는 것이다.

하나님을 경외하는 사람들은 누구인가?
첫째, 아브라함이다.
아브라함은 자신의 목숨 같은 독자 이삭까지 하나님께 드리는 경외의 삶을 살았다. 그는 오직 하나님만 경외하게 되자 하나님은 독자까지 아끼지 않는 믿음을 보시고 아들 대신 수양을 준비하신 후에 "내가 네게 큰 복을 주고 네 씨가 크게 번성하여 하늘의 별과 같고 바닷가의 모래와 같게 하리니 네 씨가 그 대적의 성문을 차지하리라. 또 네 씨로 말미암아 천하 만민이 복을 받으리라"는 복을 주었다.

"사자가 이르시되 그 아이에게 네 손을 대지 말라 그에게 아무 일도 하지 말라 네가 네 아들 네 독자라도 내게 아끼지 아니하였으니 내가 이제야 네가 하나님을 경외하는 줄을 아노라"(창 22:12)

둘째, 요셉이다.

요셉은 하나님을 경외하는 삶을 살았기 때문에 형제들의 생명을 보호해 주었다.

"사흘 만에 요셉이 그들에게 이르되 나는 하나님을 경외하노니 너희는 이같이 하여 생명을 보전하라"(창 42:18)

셋째, 이스라엘 산파들이다.

산파들은 하나님을 경외하는 믿음으로 바로의 명령을 거역하고 아들들의 생명을 지켰다. 오직 하나님만 경외하는 믿음을 보시고 산파와 아들들의 생명을 지켜주셨다.

"그 산파들은 하나님을 경외하였으므로 하나님이 그들의 집을 흥왕하게 하신지라"(출 1:21)

넷째, 이스라엘 백성들이다.

홍해 바다 앞에서는 모세를 비방하며 믿지 못한 백성들이 홍해의 기적을 경험하게 되자 여호와를 경외하며 여호와와 그 종 모세를 믿었다.

"이스라엘이 여호와께서 애굽 사람들에게 행하신 그 큰 능력을 보

았으므로 백성이 여호와를 경외하며 여호와와 그 종 모세를 믿었더라"(출 14:31)

다섯째, 욥이다.

욥은 온전하고 정직하여 악에서 떠난 가운데 하나님만 경외하였다. 절망적인 상황에서도 입술로 하나님께 죄를 범하지 않고 경외하는 삶을 통해 갑절의 복을 받았다.

"우스 땅에 욥이라 불리는 사람이 있었는데 그 사람은 온전하고 정직하여 하나님을 경외하며 악에서 떠난 자더라"(욥1:1)

여섯째, 고넬료이다.

고넬료는 경건한 신앙생활을 통해 온 가족들이 함께 하나님만 경외하였다.

"그가 경건하여 온 집과 더불어 하나님을 경외하며 백성을 많이 구제하고 하나님께 항상 기도하더니"(행 10:2)

의인과 악인의 심판

1) 악의 존재

전도서 3장 16절: "또 내가 해 아래에서 보건대 재판하는 곳 거기에도 악이 있고 정의를 행하는 곳 거기에도 악이 있도다"

악은 세상 어디든지 존재한다. 정의를 행하는 곳도 존재한다. 정의를 행하는 곳은 어디인가? 사법기관이다. 사법기관은 최고의 권위를 가지고 인간의 갈등 문제를 최종 판결하는 곳이다. 그런데 사법기관도 돈과 권력에 영향을 받으면 공정한 판결을 기대하기 어렵다. 세상은 힘의 논리에 지배되기 때문에 그곳에도 '악'이 존재한다. 하나님이 떠난 곳에는 어디든지 악하다. 그러므로 세상은 공평할 수 없다.

성경에서 악한 자들이 누구인가?

첫째, 서기관들이 악하다.

서기관들은 예수님께서 침상에 누운 중풍병자에게 "작은 자야 안심하라 네 죄 사함을 받았느니라"고 하신 말씀을 듣고 신성 모독을 했다면서 비방한다. 그러자 예수님은 서기관들에게 악한 자라고 책망했다.

"어떤 서기관들이 속으로 이르되 이 사람이 신성을 모독하도다 예수께서 그 생각을 아시고 가라사대 너희가 어찌하여 마음에 악한 생각을 하느냐"(마 9:3,4)

둘째, 바리새인들이 악하다.

바리새인들은 예수님께서 귀신들린 자를 고쳐주시는 모습을 보고 귀신 왕 바알세불의 힘으로 쫓아냈다고 생각한다. 예수님은 바리새인들에게 성령을 모독하는 것은 사하심을 받지 못한다면서 독사의 자식들아 너희는 악하다고 책망했다.

"독사의 자식들아 너희는 악하니 어떻게 선한 말을 할 수 있느냐 이는 마음에 가득한 것을 입으로 말함이라"(마 12:34)

셋째, 귀신들이 악하다.

귀신들은 악하기 때문에 모든 것을 파괴한다.

"이에 가서 저보다 더 악한 귀신 일곱을 데리고 들어가서 거하니 그 사람의 나중 형편이 전보다 더욱 심하게 되느니라 이 악한 세대가 또한 이렇게 되리라"(마 12:45)

넷째, 이윤을 남기지 못한 자가 악하다.

예수님은 이윤을 남기도록 각자의 재능대로 달란트를 주셨다. 다섯 달란트 받은 자와 두 달란트 받은 자는 즉시 가서 배의 이윤을 남김으로 착하고 충성된 종이라는 칭찬을 받았다. 그런데 한 달란트 받은 자는 그것을 땅에 묻어버렸다. 예수님은 이윤을 남기지 못한 한 달란트 받은 자에게 악하고 게으른 종이라고 책망하셨다.

"그 주인이 대답하여 가로되 악하고 게으른 종아 나는 심지 않은 데서 거두고 헤치지 않은 데서 모으는 줄로 네가 알았느냐"(마 25:26)

2) 죽음 이후에 대한 심판

전도서 3장 17절: " 내가 내 마음속으로 이르기를 의인과 악인을 하나님이 심판하시리니 이는 모든 소망하는 일과 모든 행사에 때가 있음이라 하였으며"

하나님은 어떤 분이신가? 의인과 악인을 심판하시는 분이시다. 히브리서 기자는 "한번 죽는 것은 사람에게 정하신 것이요 그 후에는 심판이 있으리니"(히 9:27)라고 했다. 결국 사람은 죽음과 함께 모든 것이 끝나는 것이 아니다. 죽음 이후에는 하나님 앞에 심판을 받는다. 하나님의 심판은 의인에게는 천국 심판이지만, 악인에게는 지옥 심판이다.

3) 하나님은 믿음의 사람들을 시험하심

전도서 3장 18절: "내가 내 마음속으로 이르기를 인생들의 일에 대하여 하나님이 그들을 시험하시리니 그들이 자기가 짐승과 다름이 없는 줄을 깨닫게 하려 하심이라 하였노라"

"시험"은 '밝게 하다', '깨끗하게 하다', '시험하다', '입증하다'는 뜻으로 금속을 도가니에 넣어 가열함으로써 불순물을 제거하는 행위를 말한다.

시험하신 이유는 무엇인가?

첫째, 사람이 짐승과 다름이 없는 줄을 깨닫게 하기 위함이다.

사람은 짐승이 살아가는 모습을 보고 의미 없는 삶이다, 보잘 것 없는 삶이다고 말한다. 그러나 하나님을 떠난 삶은 자신의 모습이 곧 짐승과 같다. 그런데 사람들은 이 진리를 깨닫지 못한다. 이 진리를 깨닫는 방법은 금속을 도가니에 넣은 것처럼 하나님의 시험을 받아야만 비로소 깨닫게 된다.

둘째, 불순물을 제거하기 위함이다.

세상을 살다보면 자신도 모르게 불순물이 쌓이게 된다. 그러한 불순물을 제거하는 방법은 금속 도가니 속에 들어가야 제거된다. 불순물이 제거되면 새로운 재품으로 태어나듯이 세속적인 것을 버리고 하나님의 사람으로 거듭나게 하기 위함이다.

04
인생의 결말

1) 인간의 죽음

전도서 3장 19절: "인생이 당하는 일을 짐승도 당하나니 그들이 당하는 일이 일반이라 다 동일한 호흡이 있어서 짐승이 죽음 같이 사람도 죽으니 사람이 짐승보다 뛰어남이 없음은 모든 것이 헛됨이로다"

인생의 결말은 무엇인가? 육체의 죽음이다. 때가 되면 짐승이 죽음을 당한 것처럼 사람도 죽음을 당한다. 죽음 앞에서는 사람이나 짐승이나 다 똑 같다. 모든 생명체는 죽음을 피할 수가 없다. 그러나 인간의 죽음은 육체와 영혼의 분리이다.

2) 육체는 흙으로 돌아감

전도서 3장 20절: "다 흙으로 말미암았으므로 다 흙으로 돌아가나니 다 한 곳으로 가거니와"

사람이 죽으면 육체는 어디로 가는가? 흙으로 돌아간다. 하나님은 흙으로 각종 들짐승과 공중의 각종 새를 지으실 뿐 아니라(창2:19), 사람 역시 흙으로 지으셨다(창2:7). 사람과 짐승은 육신을 이루고 있는 물질적인 요소가 "흙"으로 동일하기 때문에 육체가 죽으면 흙으로 돌아간다. 그래서 육체의 고향은 흙이다.

하나님은 아담에게 "네가 얼굴에 땀이 흘러야 식물을 먹고 필경은 흙으로 돌아가리니 그 속에서 네가 취함을 입었음이라 너는 흙이니 흙으로 돌아갈 것이니라"(창3:19)고 했다.

3) 영혼은 위로 올라감

전도서 3장 21절: "인생들의 혼은 위로 올라가고 짐승의 혼은 아래 곧 땅으로 내려가는 줄을 누가 알랴"

인생의 영혼은 어디로 가는가? 하나님의 나라로 올라간다. 하나님은 사람을 하나님의 형상으로 만드셨기 때문에 영혼(창1:26)이 있다. 그러나 짐승은 영혼이 없다. 그래서 짐승의 혼은 땅으로 내려가 소멸되지만 인간의 영혼은 하나님의 나라로 올라간다. 그러므로 사람은 육체의 죽음으로써 모든 것이 끝이 아니다. 육체는 땅으로 돌아가 한 줌의 흙으로 소멸되지만, 영혼은 하나님 나라에 가서 천국과 지옥에 대한 심판을 받게 된다.

사람은 무엇을 위해 살아야 하는가? 죽으면 하늘나라에서 심판이 있음을 생각하고 썩을 양식만 위해 일할 것이 아니라 영원한 양식을 위해 일해야 한다. 썩을 육신만을 위해 일하게 되면 짐승처럼 허무한 결말을 맺게 되지만, 영원한 삶을 위해 일하게 되면 영생 복락을 누리게 된다. 그러므로 할 수만 있으면 영생의 양식을 위해 일해야 한다.

예수님은 "썩을 양식을 위하여 일하지 말고 영생하도록 있는 양식을 위하여 하라 이 양식은 인자가 너희에게 주리니 인자는 아버지 하나님의 인치신 자니라"(요 6:27)고 하셨다.

제4장
인간이 허무한 이유

01
위로 자가 없는 허무

1) 학대받는 자들에게 위로 자가 없음

전도서 4장 1절: "내가 다시 해 아래에서 행하는 모든 학대를 살펴보았도다. 보라 학대 받는 자들의 눈물이로다. 그들에게 위로 자가 없도다. 그들을 학대하는 자들의 손에는 권세가 있으나 그들에게는 위로 자가 없도다."

"학대"는 '압제', '억압', '고압적인 불평', '무례한 이기심"의 의미로 자신의 이익을 위해 타인의 모든 권리나 이익을 부당한 방법을 통해 억압하고 학대하는 것을 말한다. 인간이 모여 사는 곳에는 어느 시대, 어느 나라 할 것 없이 나타나는 현상이다. 오늘날 외국인 근로자와 이주 여성들이 얼마나 많은 학대를 받고 있는가? 가정폭력이 얼마나 심각한가? 학대받는 그들에게는 위로 자가 없다. 오직 슬픔과 공포 속에 고통의 상처만 깊어갈 뿐이다.

하나님은 이방인이나 가난한 자나 약한 자를 학대하지 말라고 했다. 이스라엘 백성들도 과거에 애굽 땅에서 나그네 된 삶을 살았기 때문이다(출 22:21).

잠언 14장 31절 말씀을 보면 "가난한 사람을 학대하는 자는 그를 지으신 이를 멸시하는 자요 궁핍한 사람을 불쌍히 여기는 자는 주를 존경하는 자니라"고 했다.

그렇다면 참된 위로 자는 누구인가? 하나님뿐이다. 하나님만이 우리의 참된 위로 자가 되신다. 그러므로 그리스도인은 서로 연약한 자를 위로하며 격려해 주어야 한다. 사도 바울은 히브리서 10장 24절을 통해 "서로 돌아보아 사랑과 선행을 격려하며"고 권면하고 있다.

"찬송하리로다 그는 우리 주 예수 그리스도의 하나님이시요 자비의 아버지시요 모든 위로의 하나님이시며, 우리의 모든 환난 중에서 우리를 위로하사 우리로 하여금 하나님께 받는 위로로써 모든 환난 중에 있는 자들을 능히 위로하게 하시는 이시로다. 그리스도의 고난이 우리에게 넘친 것 같이 우리가 받는 위로도 그리스도로 말미암아 넘치는도다. 우리가 환난 당하는 것도 너희가 위로와 구원을 받게 하려는 것이요 우리가 위로를 받는 것도 너희가 위로를 받게 하려는 것이니 이 위로가 너희 속에 역사하여 우리가 받는 것 같은 고난을 너희도 견디게 하느니라. 너희를 위한 우리의 소망이 견고함은 너희가 고난에 참여하는 자가 된 것 같이 위로에도 그러할 줄을 앎이라"(고후1:3~7)

2) 복된 자

(1) 죽은 자가 복

전도서 4장 2절: "그러므로 나는 아직 살아있는 산 자들보다 죽은 지 오랜 죽은 자들을 더 복되다 하였으며"

살아있는 사람보다 죽은 사람이 더 복되다는 말의 의미는 세상의 불합리한 삶에 대한 회의적인 표현이다. "산 자"는 불평등한 사회 구조적인 모순에서 갖가지 모양의 학대를 받지만, "죽은 자"는 최소한 그런 학대를 받지 않는다. 그런 의미에서 죽은 자가 복되다는 것이다. 한마디로 학대받는 삶이 얼마나 고통스러운 것인가를 잘 나타내고 있다.

(2) 출생하지 않는 자가 복

전도서 4장 3절: "이 둘보다도 아직 출생하지 아니하여 해 아래에서 행하는 악한 일을 보지 못한 자가 더 복되다 하였노라"

"아직 출생하지 않는 자"는 어머니 뱃속에서 낙태된 태아를 가리킨다. 낙태된 자를 결코 행복한 자로 보지 않는다(6:4). 그럼에도 불구하고 낙태된 자가 '더 복되다'는 것은 인간이 사는 동안 겪어야 하는 권력의 학대로 인한 심각한 불합리와 사회 구조적인 모순으로 인하여 당하게 되는 고초를 지적하기 위함이다. 권력의 횡포로 인하여 당하는 극심한 학대로 절망적인 삶을 살게 되는 사람들의 처절한 심정을 표현한 것이다.

02

안식이 없는 허무

1) 이웃에게 시기 받음

전도서 4장 4절: "내가 또 본즉 사람이 모든 수고와 모든 재주로 말미암아 이웃에게 시기를 받으니 이것도 헛되어 바람을 잡는 것이로다"

사람들의 마음에는 누구나 시기와 질투심이 자리 잡고 있다. 시기와 질투심 때문에 성공하기도 하고 때로는 다른 사람들에게 고통을 주기도 한다. 상대방이 나보다 더 잘되고 출세하면 시기와 질투의 대상이 된다. 그래서 그 사람을 비방하고 공격한다. 시기심의 원인은 무엇인가? 지나친 경쟁의식과 비교 의식 때문이다.

성경에서 시기와 질투로 고통을 받았던 사람들은 누구인가?

첫째, 아벨이다.

아벨은 형 가인에게 시기를 받았다. 가인은 하나님께서 자신이 드린 예배를 받지 않게 되자 동생을 시기하고 미워한 결과 살해하게 된다(창4:2~8).

둘째, 이삭이다.

이삭도 블레셋 사람들에게 시기를 받았다. 이삭은 하나님께 백배의 복을 받게 되자 창대하고 왕성하여 거부가 되었고, 양과 소가 떼를 이루며 종이 심히 많았다. 그러자 블레셋 사람들은 이삭이 거부가 된 것을 보고 시기심이 가득하여 이삭이 판 우물을 흙으로 메우면서 다른 곳으로 떠나라고 했다(창 26:12~16).

셋째, 야곱이다.

야곱도 형 에서의 시기를 받았다. 에서와 야곱은 쌍둥이로서 태중에서부터 서로 싸웠다. 태어날 때도 보면 서로 먼저 태어나기 위해 싸움을 하다가 야곱은 에서의 발꿈치를 잡고 동시에 태어났다. 그래서 에서는 형이 되고 야곱은 동생이 되었다. 그 후에 에서는 야곱에게 팥죽 한 그릇에 장자권을 빼앗기게 되자 야곱을 시기하여 죽이려고 했다(창27:41). 결국 야곱은 형의 시기심을 피해 부모를 떠나 삼촌 라반 집에서 20년 동안 종살이를 한다.

넷째, 요셉이다.

요셉도 형들의 시기를 받았다. 요셉은 자신이 꾼 꿈 내용을 형들에게 말한다. 밭에 곡식 단을 묶더니 내 단은 일어서고 당신들의 단은 내 단을 둘러서서 절하더이다. 또 한 번은 해와 달과 열한별이 내게 절하더이다. 형들은 그 말을 듣고 요셉을 미워하며 시기했다. 요셉은 아버지의 심부름을 하기 위해 세겜 땅에서 양치는 형들에게 갔다. 형들은 동생 요셉이 오는 것을 보고 구덩이에 던져 죽이려고 한다. 르우벤의 도움으로 죽음을 면한 요셉은 은 이십에 이스마엘 사람에게 노예로 팔려 애굽으로 갔다(창37:28).

다섯째, 예수님이다.

예수님도 유대인들의 시기를 받았다. 유대인들은 예수님을 시기하여 바나바를 풀어주고 예수님을 대신 십자가에 못 박혀 죽게 했다.

마 27:18 "이는 그가 그들의 시기로 예수를 넘겨 준 줄 앎이더라"

2) 우매자의 행동

전도서 4장 5절: "우매 자는 팔짱을 끼고 있으면서 자기의 몸만 축내는도다"

우매자는 누구인가? 게으른 자이다. 게으른 자는 팔짱만 끼고 있으면서 아무 일도 하지 않고 자기 몸만 축 낸다. 게으름은 악이다. 평생 궁핍에서 벗어나지 못한다. 게으름에 빠져 살면서 먹고 살기 힘들다고 말할 수 있는가? 사람은 일을 통해 삶의 보람을 찾아야 한다.

오늘날 사회복지 제도가 너무나 잘 되어 있다. 복지는 사회의 소외 계층을 위해서 반드시 필요한 제도이다. 그러나 복지제도 때문에 많은 사람이 일할 수 있음에도 경제활동을 하지 않는 경우도 있다. 이것은 개인과 국가도 큰 손실이다. 소외 계층을 일방적으로 지원만 할 것이 아니라 일할 수 있는 사람에게는 일할 수 있도록 지원해 주는 복지가 되어야 한다.

예수님도 자기의 재능을 땅에 묻어버리고 아무것도 하지 않는 게으른 자에게 악하고 무익한 종이라고 책망했다. 그러면서 한 달란트를 빼앗고 바깥 어두운 데로 내쫓아 버렸다.

"그 주인이 대답하여 이르되 악하고 게으른 종아 나는 심지 않은 데서 거두고 헤치지 않은 데서 모으는 줄로 네가 알았느냐 그러면 네가 마땅히 내 돈을 취리하는 자들에게나 맡겼다가 내가 돌아와서 내 원금과 이자를 받게 하였을 것이니라 하고 그에게서 그 한 달란트를 빼앗아 열 달란트 가진 자에게 주라 무릇 있는 자는 받아 풍족하게 되고 없는 자는 그 있는 것까지 빼앗기리라 이 무익한 종을 바깥 어두운 데로 내쫓으라. 거기서 슬피 울며 이를 갈리라 하니라"(마 25:26~30).

사도 바울 역시 "자기 일을 하고 너희 손으로 일하기를 힘쓰라"(살전 4:11)고 말씀하시면서, "누구든지 일하기 싫어하거든 먹지도 말게 하라"(살후 3:10)고 경고했다.

하나님은 우매자에게 어떤 경고의 말씀을 하셨는가?

① 개미에게 가서 그 지혜를 배우라.

"게으른 자여 개미에게로 가서 그 하는 것을 보고 지혜를 얻으라. 개미는 두령도 없고 감독자도 없고 통치자도 없으되 먹을 것을 여름 동안에 예비하며 추수 때에 양식을 모으느니라."(잠 6:6~8)

② 잠에서 깨어 일어나 활동하라.

"게으른 자여 네가 어느 때까지 누워있겠느냐 네가 어느 때에 잠이 깨어 일어나겠느냐 좀 더 자자, 좀 더 졸자, 손을 모으고 좀 더 누워 있자 하면 네 빈궁이 강도같이 오며 네 곤핍이 군사같이 이르리라"(잠 6:9~11)

③ 게으른 자가 되지 말라.

"게으른 자는 그 부리는 사람에게 마치 이에 식초 같고 눈에 연기 같으니라"(잠 10:26)

④ 게으른 자는 부림을 받는다.

"부지런한 자의 손은 사람을 다스리게 되어도 게으른 자는 부림을 받느니라"(잠 12:24)

⑤ 부귀는 부지런한 자의 것이다.

"게으른 자는 그 잡을 것도 사냥하지 아니하나니 사람의 부귀는 부지런한 것이니라"(잠 12:27)

⑥ 게으른 자는 마음으로 원하여도 얻지 못한다.

"게으른 자는 마음으로 원하여도 얻지 못하나 부지런한 자의 마음은 풍족함을 얻느니라"(잠 13:4)

⑦ 게으른 자의 길은 가시울타리 같다.

"게으른 자의 길은 가시울타리 같으나 정직한 자의 길은 대로니라"(잠 15:19)

⑧ 게으른 자는 아무것도 하려고 하지 않는다.

"게으른 자는 그 손을 그릇에 넣고도 입으로 올리기를 괴로워하느니라"(잠 19:24)

⑨ 게으른 자는 구걸해도 얻지 못한다.

"게으른 자는 가을에 밭 갈지 아니하나니 그러므로 거둘 때에는 구걸할지라도 얻지 못하리라"(잠 20:4)

⑩ 게으른 자는 생각만 할 뿐 자기 손으로 일하기를 싫어한다.

"게으른 자의 욕망이 자기를 죽이나니 이는 자기의 손으로 일하기를 싫어함이니라"(잠 21:25)

⑪ 게으른 자는 이 핑계 저 핑계로 게으름을 합리화 시킨다.

"게으른 자는 말하기를 사자가 밖에 있은즉 내가 나가면 거리에서 찢기겠다 하느니라"(잠 22:13)

⑫ 게으른 자는 편안한 생활만 원하고 생산적인 활동은 하지 않는다.

"문짝이 돌쩌귀를 따라서 도는 것같이 게으른 자는 침상에서 도느니라"(잠 26:14)

⑬ 게으른 자는 충고를 받지 않고 스스로 지혜롭다고 여긴다.

"게으른 자는 사리에 맞게 대답하는 사람 일곱보다 자기를 지혜롭게 여기느니라"(잠 26:16)

3) 탐욕의 마음

전도서 4장 6절: "두 손에 가득하고 수고하며 바람을 잡는 것보다 한 손에 만 가득하고 평온함이 더 나으니라"

(1) 두 손의 의미

두 손의 의미는 무엇인가? 세상의 모든 것을 두 손으로 움켜쥐는 것을 말한다. 즉 탐욕이다. 사람들은 두 손으로 재물과 권력을 꽉 쥐고서 놓지 않는다. 죽을 때까지 재물과 권력을 유지하기 위해 두 손으로 붙잡고 있다. 사람의 욕심은 끝이 없기 때문이다. 그래서 바울은 "탐심은 우상 숭배이다"(골3:5)고 했다.

톨스토이 작품 중에 "사람은 얼마만큼의 땅이 필요한가?"라는 내용이 있다. 그 작품의 내용은 다음과 같다.

소작인 바흠의 꿈은 자기 소유의 땅을 갖는 것이다. 그는 가난한 소작농으로 열심히 일하여 자기 땅을 조금씩 늘려가게 된다. 땅을 얻기 위해서는 먼 길을 마다하지 않고 이사를 하고 돈을 모아 사기도 한다. 그런데 어느 날 한 마을의 촌장으로부터 파격적인 제안을 받는다. 천 루블을 내기만 하면 해가 떠서 질 때까지 걸어서 표시할 수 있는 모든 땅을 자신에게 주겠다는 것이다.

바흠은 촌장의 제안을 흔쾌히 받아들이고 다음날 일찍 부푼 꿈을 안고 출발했다. 되도록 많은 땅을 소유하기 위해 중간에 쉬지도 않고 물도 먹지도 않고 달린다. 앞으로 가면 갈수록 비옥한 땅이 끝없이 펼쳐져 계속 앞으로 나아갔다. 그러다가 문득 눈을 들어 해를 바라보니 서산을 향해 떨어지고 있었다.

마음이 급해진 바흠은 부리나케 발걸음을 돌려 출발점을 향해 달리기 시작했다. 숨은 점점 가빠오고 다리의 힘은 점점 풀려간다. 바흠은 숨이 목에 차오를 때까지 달리고 달려서 해가 지기 직전에 출발지점에 가까스로 도착한다.

그는 촌장으로부터 "이제 많은 땅을 가지게 되었습니다"라는 말을 듣는 순간 그 자리에서 피를 토하고 쓰러져 죽었다. 결국 그는 2미터도 채 안 되는 무덤에 묻히게 된다.

예수님은 탐욕에 사로잡혀 사는 사람들에게 어떤 경고의 말씀을 하고 계시는가?

① 부자는 하나님의 나라에 들어가기가 어렵다.
"낙타가 바늘귀로 들어가는 것이 부자가 하나님의 나라에 들어가는 것보다 쉬우니라"(눅 18:25)

② 인간은 먹을 것과 입을 것이 있은즉 족한 줄로 알라.
"우리가 세상에 아무것도 가지고 온 것이 없으매 또한 아무것도 가지고 가지 못하리니 우리가 먹을 것과 입을 것이 있은즉 족한 줄로 알 것이니라"(딤전 6:7,8)

③ 돈을 사랑함은 일만 악의 뿌리가 된다.
"부하려 하는 자들은 시험과 올무와 여러 가지 어리석고 해로운 욕심에 떨어지나니 곧 사람으로 파멸과 멸망에 빠지게 하는 것이라 돈

을 사랑함이 일만 악의 뿌리가 되나니 이것을 탐내는 자들은 미혹을 받아 믿음에서 떠나 많은 근심으로써 자기를 찔렀도다"(딤전 6:9,10)

④ 부는 풀의 꽃과 같이 지나간다.

"부한 자는 자기의 낮아짐을 자랑할지니 이는 그가 풀의 꽃과 같이 지나감이라. 해가 돋고 뜨거운 바람이 불어 풀을 말리면 꽃이 떨어져 그 모양의 아름다움이 없어지나니 부한 자도 그 행하는 일에 이와 같이 쇠잔하리라"(약 1:10~11)

⑤ 부로 인하여 울고 통곡한다.

"들으라 부한 자들아 너희에게 임할 고생으로 말미암아 울고 통곡하라 너희 재물은 썩었고 너희 옷은 좀먹었으며 너희 금과 은은 녹이 슬었으니 이 녹이 너희에게 증거가 되며 불같이 너희 살을 먹으리라 너희가 말세에 재물을 쌓았도다"(약 5:1~3)

(2) 한 손의 의미

"한 손"은 무엇을 의미하는가? 베푸는 손을 말한다. 성실한 삶을 통해 얻은 적은 소득으로도 움켜쥐지 않고 손바닥을 편다. 거기에 기쁨이 있고 행복이 있다.

손바닥을 편다는 것은 두 가지 의미가 있다.
첫째, 자족할 줄 알라.
사람은 어떤 상황에서도 자족할 줄 알아야 한다. 자족할 줄 모르면 아무리 많은 것을 소유해도 행복하지 못하다. 그래서 바울은 내가 궁핍하므로 말하는 것이 아니라 어떠한 형편에든지 나는 자족하기를 배웠노라고 했다. 자족할 줄 아는 사람은 경건 생활에 큰 이익이 된다.

"내가 궁핍하므로 말하는 것이 아니니라 어떠한 형편에든지 나는 자족하기를 배웠노니, 나는 비천에 처할 줄도 알고 풍부에 처할 줄도 알아 모든 일 곧 배부름과 배고픔과 풍부와 궁핍에도 처할 줄 아는 일체의 비결을 배웠노라. 내게 능력주시는 자 안에서 내가 모든 것을 할 수 있느니라"(빌 4:11~13)

아굴의 기도를 보라! 얼마나 감동적인가? 그는 세상에 대한 욕심을 부리지 않고 오직 필요한 양식만 달라고 기도하고 있다. 그 이유는 무엇인가? 내가 배불러서 하나님을 모른다 여호와가 누구냐고 교만하지 않기 위함이요, 가난하여 도둑질하므로 내 하나님의 이름을 욕되게 할까 두렵기 때문이다. 한마디로 자족할 줄 아는 믿음이다.

"내가 두 가지 일을 주께 구하였사오니 내가 죽기 전에 내게 거절하지 마시옵소서 곧 헛된 것과 거짓말을 내게서 멀리하옵시며 나를 가난하게도 마옵시고 부하게도 마옵시고 오직 필요한 양식으로 나를 먹이시옵소서 혹 내가 배불러서 하나님을 모른다 여호와가 누구냐 할까 하오며 혹 내가 가난하여 도둑질하고 내 하나님의 이름을 욕되게 할까 두려워함이니이다"(잠 30:7~9)

둘째, 나눔의 삶을 살라.

마음의 평안은 어디서 오는가? 두 손으로 움켜쥐는 것을 놓을 때 온다. 그때에 큰 기쁨과 평안을 경험하게 된다. 사람이 재물을 움켜쥐고 저축만 한다고 해서 부자가 되는 것이 아니다. 재물은 내가 사용하지 않으면 다른 사람이 대신 사용하게 된다. 그러므로 베풀 수 있을 때에 베풀 줄 아는 사람이 더욱 부유하게 된다.

잠언 11장 24절에 보라! "흩어 구제하여도 더욱 부하게 되는 일이 있나니 과도히 아껴도 가난하게 될 뿐이니라"

재물이란 움켜쥐면 쥘수록 불행하게 되지만 쥐는 것을 펴면 펼수록 행복해지고 삶이 윤택해진다. 초대 교회 공동체 생활을 보라! 얼마나 아름다운 모습인가? 내 것을 내 것이라고 하지 않고 서로 물건을 나누며 공동체 생활을 했다. 그 결과 가난한 사람들이 없었다.

"믿는 무리가 한마음과 한뜻이 되어 모든 물건을 서로 통용하고 자기 재물을 조금이라도 자기 것이라 하는 이가 하나도 없더라 …… 그 중에 가난한 사람이 없으니 이는 밭과 집 있는 자는 팔아 그 판 것의 값을 가져다가 사도들의 발 앞에 두매 그들이 각 사람의 필요를 따라 나누어 줌이라"(행 4:32~35)

03
혼자된 허무

1) 불행한 노고

전도서 4장 8절: "어떤 사람은 아들도 없고 형제도 없이 홀로 있으나 그의 모든 수고에는 끝이 없도다 또 비록 그의 눈은 부요를 족하게 여기지 아니하면서 이르기를 내가 누구를 위하여는 이같이 수고하고 나를 위하여는 행복을 누리지 못하게 하는가 하여도 이것도 헛되어 불행한 노고로다"

사람이 살아가는 데 있어가 가장 큰 고통은 무엇인가? 외로움이다. 사람이 혼자 사는 것처럼 외로운 것이 없다. 외딴 섬에서 대궐 같은 집을 짓고 혼자 살라고 하면 살 수 있겠는가? 한평생 먹을 것과 입을 것 다 갖추고서 혼자 살라고 하면 살겠는가? 혼자서 살기 위한 수고는 불행한 노고이다.

2) 두 사람이 한 사람보다 나음

(1) 함께 수고하면 더 좋은 유익 얻음

전도서 4장 9절: "두 사람이 한 사람보다 나음은 그들이 수고함으로 좋은 상을 얻을 것임이라"

사람은 서로 더불어 살아야 한다. 혼자서 무슨 일을 할 때에는 지루하고, 재미없고 한계에 도달한다. 그러나 두 사람이 함께하면 쉽고, 재미있고, 능률적이며 한계가 없다.

신앙생활도 마찬가지이다. 혼자서는 할 수 없다. 서로 지지하고 격려하고 끌어주는 믿음의 동역자의 역할이 필요하다. 혼자서 기도하는 것보다는 두세 사람이 함께 기도하는 것이 큰 힘이 된다. 혼자서 봉사하는 것보다 두세 사람이 함께 하는 것이 더 쉽다. 혼자서 예배드리는 것보다 10사람, 100사람이 함께 모여 예배드릴 때에 더욱 감동적이다. 예수님은 "두세 사람이 내 이름으로 모인 곳에는 나도 그들 중에 있느니라"(마 18:20)고 했다.

모세에게도 함께하는 믿음의 동역자들이 있었다. 그들이 바로 아론과 훌 그리고 여호수아와 갈렙이다. 이스라엘이 아말렉과 싸울 때에 모세가 손을 들면 이스라엘이 이기고 손을 내리면 아말렉이 이겼다. 모세의 팔이 피곤하여 내려오게 되자 아론과 훌이 돌을 가져다가 모세의 아래에 놓아 그 위에 앉게 했다. 그리고 하나는 이편에서 하나는 저편에서 모세의 손을 붙들어 올렸더니 그 손이 해가 지도록 내려오지 아니했다(출 17:12).

다윗에게도 자기 생명과 같은 좋은 벗인 요나단이 있었다. 요나단은 다윗을 자기 생명 같이 사랑하여 더불어 언약을 맺었다. 그리고 자기의 입었던 겉옷을 벗어 다윗에게 주고 그 군복과 칼과 활과 띠도 주었다(삼상 18:1~4). 사울 왕이 다윗을 죽이려고 할 때에 요나단은 내 아버지 사울이 너를 죽이기를 꾀한다면서 은밀한 곳에 숨으라고 알려준다.

바울도 마찬가지이다. 바울에게는 믿음의 동역자인 아굴라와 브리스길라가 있었다. 그들은 바울의 전도 여행에 큰 힘이 되어 주었을 뿐 아니라, 바울을 위해서는 자기들의 목숨까지도 내놓았다.

"너희가 그리스도 예수 안에서 나의 동역자들인 브리스가와 아굴라에게 문안하라. 저희는 내 목숨을 위하여 자기의 목이라도 내어놓았나니 나뿐 아니라 이방인의 모든 교회도 그들에게 감사하느니라" (롬 16:3,4)

(2) 힘들 때 의지가 되고 어려울 때 위로가 됨

전도서 4장 10절: "혹시 그들이 넘어지면 하나가 그 동무를 붙들어 일으키려니와 홀로 있어 넘어지고 붙들어 일으킬 자가 없는 자에게는 화가 있으리라"

팔레스틴과 같은 거친 사막과 광야 지역을 여행할 때는 예상치 못한 화를 당할 수 있다. 넘어져 다치기도 하고, 길을 잃고 헤매기도 하며 도둑을 만나 목숨이 위험에 빠질 수도 있다. 이때 동행하는 친구가 있으면 그로부터 위로와 도움을 받고 용기를 얻게 된다.

선한 사마리아 사람을 보라! 어떤 사람이 혼자 예루살렘에서 여리고로 내려가다가 강도를 만나 옷을 벗기고 폭행을 당해 죽음의 위기에 있었다. 이때 선한 사마리아 사람은 그곳을 지나다가 위기에 처한 사람을 보고 응급처치를 한다. 그런 후에 자기 짐승에 태워 주막으로 데리고 가서 돌보아 주었다. 이튿날에 주막 주인에게 두 데나리온을 주면서 이 사람을 돌보아 주라 비용이 더 들면 내가 돌아올 때에 갚겠다(눅 10:35)고 했다. 강도 만난 사람은 선한 사마리아 사람의 도움으로 위기에서 목숨을 건지게 된 것이다.

(3) 슬픔과 기쁨을 함께 나눌 수 있음

전도서 4장 11절: "또 두 사람이 함께 누우면 따뜻하거니와 한 사람이면 어찌 따뜻하랴"

팔레스틴 지역을 여행하다보면 낮에는 기온이 높으나 밤에는 기온이 급강하하여 매우 춥다. 추위를 이기기 위해서는 야영할 때 두 사람이 바싹 붙어서 자면 한결 따뜻함을 느끼게 된다.

우리의 도움은 어디서 오는가? 가족에게서 오는가? 가족도 도와줄 수 없는 것이 너무 많다. 내 몸이 병들어 있을 때에 가족들이 대신 아파줄 수 없다. 부도 위기에 있을 때에 외면한다. 친구에게서 오는가? 친구도 마찬가지이다. 자신에게 손해가 될 일은 하지 않는다. 재물인가? 재물도 죽음 앞에서는 아무 쓸모가 없다.

탈무드에 보면 "세 친구"에 대한 이야기가 나온다.

"어느 날, 왕이 한 사람에게 전령을 보내어 즉시 대령할 것을 명령

했다.

그런데, 이 사람에게는 세 명의 친구가 있었는데, 그는 첫 번째 친구를 가장 소중히 여기면서 그 친구가 자기의 가장 좋은 친구라고 했다.

두 번째 친구 역시 사랑하고 있으나 첫 번째 친구처럼 소중하게 여기고 있지는 않았으며,

세 번째 친구도 친구이기는 했지만 별로 큰 관심은 가지고 있지 않았다.

왕의 부름을 받자 그는 자기가 어떤 나쁜 짓이라도 하여 벌을 받는 것이 아닌가 하여 무서웠다.

그래서 세 명의 친구들에게 함께 가달라고 부탁을 했다.

그는 먼저 제일 소중히 여기고 있는 친구에게 함께 가줄 수 없겠느냐고 부탁했지만, 그 친구는 아무 이유도 말하지 않고 거절했다.

그래서 두 번째 친구에게 부탁하였더니, 궁전 문 앞까지는 함께 가줄 수 있지만 그 이상은 갈 수 없다고 거절하였다.

다음 세 번째 친구에게 부탁하자.

"그러지, 내가 함께 가주겠네, 자네는 아무런 나쁜 짓도 하지 않았으니 조금도 두려워할 것이 없네, 내가 함께 가서 임금님께 잘 말씀드려 주겠네" 하고 쾌히 응해 주었다.

왜 세 명의 친구들은 각기 그렇게 말했을까?

첫 번째 친구란 곧 "재산"을 말하는 것이다. 사람이 아무리 돈을 소중히 여기고 사랑하더라도 죽을 때에는 그대로 남겨두고 가야하는 것이다.

두 번째 친구란 "친척과 친구"를 말하는 것이다. 친척과 친구는 무덤까지도 따라가 주지만 그를 그곳에 혼자 남겨두고 돌아가 버린다.

세 번째 친구는 "선행"을 말하는 것이다. 선행은, 평소에는 별로 눈에 띄지 않지만 죽은 뒤에는 영원히 그와 함께 남아 있기 마련이다.

그렇다면 진정한 도움은 어디서 오는가? 시편기자는 그 해답을 정확히 해주고 있다. 우리의 도움은 바로 하나님께로부터 온다. 하나님은 우리를 영원토록 지켜주시고 보호해 주신다.

"내가 산을 향하여 눈을 들리라 나의 도움이 어디서 올까? 나의 도움은 천지를 지으신 여호와에게서로다. 여호와께서 너를 실족하지 아니하게 하시며 너를 지키시는 이가 졸지 아니하시리로다. 이스라엘을 지키시는 이는 졸지도 아니하시고 주무시지도 아니하시리로다. 여호와는 너를 지키시는 이시라 여호와께서 네 오른쪽에서 네 그늘이 되시나니 낮의 해가 너를 상하게 하지 아니하며 밤의 달도 너를 해치지 아니하리로다. 여호와께서 너를 지켜 모든 환난을 면하게 하시며 또 네 영혼을 지키시리로다. 여호와께서 너의 출입을 지금부터 영원까지 지키시리로다"(시 121:1~8)

(4) 세 겹줄은 쉽게 끊어지지 않음

전도서 4장 12절: "한 사람이면 패하겠거니와 두 사람이면 맞설 수 있나니 세 겹줄은 쉽게 끊어지지 아니하느니라"

한 사람은 여행 중에 강도의 표적이 될 수 있지만 둘 이상이 여행하면 능히 이겨낼 수 있다. 그래서 세 겹줄은 쉽게 끊어지지 아니한다. "세 겹줄"은 세 가닥의 삼으로 꼰 밧줄로 튼튼한 줄을 말한다.

"삼"의 숫자는 완전수를 상징한 것으로서 세 겹줄이란 그 단결된 힘의 온전함을 나타내는 말이다.

세 겹줄의 의미는 무엇인가?

신앙의 경주를 잘 마치기 위해서는 세 겹줄의 신앙이 되라는 것이다. 신앙생활은 세 겹줄로 서로 연결되어 협력해야 한다. 세 겹줄의 신앙이 될 때에 환난을 이겨낼 수 있다.

첫째, 말씀의 세 겹줄이 되어야 한다. 말씀이 한 줄이면 환난 앞에 끊어지지만 세 겹줄은 환난이 올수록 더욱 강해진다.

둘째, 기도의 세 겹줄이 되어야 한다. 기도가 한 줄이면 쉽게 무너지지만 세 겹줄은 무너지지 않는다.

셋째, 감사와 찬송의 세 겹줄이 되어야 한다. 감사와 찬송은 삶의 환경을 변화시키는 힘이다.

제5장

믿음으로 허무 극복

01
믿음 생활의 자세

1) 예배자의 자세

전도서 5장 1절: "너는 하나님의 집에 들어갈 때에 네 발을 삼갈지어다 가까이 하여 말씀을 듣는 것이 우매한 자들이 제물 드리는 것보다 나으니 그들은 악을 행하면서도 깨닫지 못함이니라"

"하나님의 전에 들어가는 것"은 성전 예배의 참여를 말한다. "삼가라"는 "조심하다, 신중히 행하다, 준수하다, 보호하다"는 뜻이다. 하나님께 예배드리기 위해 성전에 들어갈 때는 하나님의 거룩함과 위엄을 인정하여 거룩하고 경건한 마음으로 드려야 한다.

(1) 예배란 무엇인가?

예배란 헬라어로 프로스퀴네오(προσκυνέω)인데 이것은 "~에게 키스하다", "~에게 경위를 표하다", "엎드려 절하다"는 뜻이다. 예배는 하나님께 존경과 경외감을 갖고 그분 앞에 엎드려 절한다는 것이다.

(2) 예배의 대상은 누구인가?

예배의 대상은 하나님이다. 청중이 예배의 대상이 될 수 없다. 오직 전능하신 하나님께 영광을 돌리는 예배가 되어야 한다. 하나님은 아브라함과 언약을 맺을 때에 "나를 위하여 삼 년 된 암소와 삼 년 된 암염소와 삼 년 된 숫양과 산비둘기와 집비둘기 새끼를 가져오라"고 했다. 이것은 예배의 대상이 누구이며, 예배를 어떻게 드려야 하는지를 분명히 말하고 있다. 예배는 하나님을 위해 드려져야 한다.

창세기 15장 9절을 보면 "여호와께서 그에게 이르시되 나를 위하여 삼 년 된 암소와 삼 년 된 암염소와 삼 년 된 숫양과 산비둘기와 집비둘기 새끼를 가져올지니라"

오늘날 예배의 대상은 누구인가? 하나님이 아니라 청중들이다. 교회에 가면 친절한 안내와 편안한 의자 그리고 웅장하고 화려한 분위기가 압도한다. 완벽한 프로그램으로 예배를 진행하는 가운데 청중들의 마음을 상하지 않기 위한 위로와 평안과 복을 강조하는 설교가 청중들의 마음에 큰 감동을 준다. 그리고 그런 교회에는 수많은 사람이 몰려든다.

예배가 하나님 중심이 아니라 사람 중심이 되어가고 있고, 하나님을 기쁘게 하는 예배가 아니라 사람을 기쁘게 하는 예배로 변질되고 있다.

바울은 갈라디아 교회를 향해 말씀하시기를 하늘로부터 온 천사라도 우리가 너희에게 전한 복음 외에 다른 복음을 전하면 저주를 받을 것이다. 내가 사람들에게 좋게 하랴 하나님께 좋게 하랴 사람들에게 기쁨을 구하랴 내가 지금까지 사람들의 기쁨을 구하였다면 그리스도의 종이 아니다(갈 1:8~10)라고 했다.

예배가 청중들의 감정을 움직이기 위한 쇼가 되어서는 안 된다. 비록 교회가 크고 화려하지 않는다 할지라도, 화려한 오케스트라로 구성된 찬양대가 없다 할지라도, 교회 안에 카페와 문화 공간 그리고 체육시설이 없다 할지라도, 진리의 말씀을 사모하고 그 말씀 앞에 굴복하고, 믿음의 고백을 통해 머리되신 예수님을 높이는 예배야 말로 하나님이 주인이 되시는 영광스런 예배일 것이다.

(3) 예배의 장소는 어디인가?

예배의 장소는 교회이다. 예수님께서 십자가의 피로 값 주고 사신 교회가 되어야 한다. 오직 교회를 통해서만 하나님의 말씀을 들을 수 있다.

하나님은 모세에게 성막을 만들게 하셨다. 그 이유는 두 가지이다.

첫째, 하나님은 성막에서 드리는 예배를 기쁨으로 받기 위함이다. 제사장들이 성막에서 제사드릴 때에 하나님의 영광이 성막에 충만했다. 하나님은 예배를 기쁨으로 받으신다. 제사는 예배이다.

"구름이 회막에 덮이고 여호와의 영광이 성막에 충만하매 모세가 회막에 들어갈 수 없었으니 이는 구름이 회막 위에 덮이고 여호와의 영광이 성막에 충만함이었으며"(출 40:34~35)

둘째, 하나님은 성막을 통해 지성소에 친히 임재 하셔서 백성들을 만나주시고 백성들에게 하나님께서 행하실 모든 일을 알려주신다. 성도들은 교회 예배를 통해 하나님을 만날 수 있고 설교를 통해 하나님의 말씀을 듣게 된다.

"거기서 내가 너와 만나고 속죄소 위 곧 증거궤 위에 있는 두 그룹 사이에서 내가 이스라엘 자손을 위하여 네게 명할 모든 일을 네게 이르리라"(출 25:22)

(4) 예배자의 자세는 어떻게 해야 하는가?

예배하는 자는 준비된 마음과 경건한 자세로 예배에 임해야 한다. 예배는 하나님이 주인이 되시기 때문이다. 그래서 하나님은 준비된 예배를 원하신다.

그런데 오늘날 예배는 너무나 형식적으로 변질되어 가고 있다. 단순히 예배에 참석하는 것으로 만족하고 있다. 성경과 찬송가도 가지고 나오지 않는다. 의복도 단정하게 입고 나오지 않는다. 예배를 통해서 하나님을 만난다는 감동과 설렘도 없다.

세상 모임에는 얼마나 예의와 격식을 갖추는가? 결혼식에 가면 미리 축의금을 준비하고 의복을 단정히 입고 간다. 장례식도 마찬가지이다. 대통령을 만나러 간다면 평소의 모습대로 갈 수 있겠는가? 그렇다면 하나님께 예배드리는 것이 결혼식과 장례식에 참석하는 것보다 더 못한가? 대통령을 만나는 것보다 더 못한가?

예배는 나의 온 마음과 정성을 하나님께 드리는 것이다. 하나님은 어떤 예배를 원하시는가? 신령과 진리로 드려진 예배이다. 그런 예배자를 찾으신다.

요한복음 4장 23~24절에 보면 "아버지께 참되게 예배하는 자들은 영과 진리로 예배할 때가 오나니 곧 이 때라 아버지께서는 자기에게 이렇게 예배하는 자들을 찾으시느니라. 하나님은 영이시니 예배하는 자가 영과 진리로 예배할지니라"고 했다.

사도 바울도 "너희 몸을 하나님이 기뻐하시는 거룩한 산 제물로 드리라 이는 너희의 드릴 영적 예배니라"고 했다(롬 12:1).

(5) 하나님은 어떤 예배를 받지 않으시는가?

첫째, 기복적인 예배는 받지 않으신다.

예배는 사람들이 하나님께 복을 받기 위해 드리는 것이 아니다. 예배를 통해 복을 달라고 한다고 해서 복을 받는가? 복도 사람이 빌어서 받는 것이 아니라 하나님께서 내려 주셔야 한다. 그래서 축복(祝福)이 아니라 강복(降福)이다.

둘째, 변질된 형태의 예배는 받지 않으신다.

하나님은 우상이나 형상으로 전락시켜 예배하는 것을 받지 않으신다. 모세가 하나님께 율법을 받기 위해 시내 산에 올라갔을 때에 산 밑에 백성들은 아론을 중심으로 금송아지를 만들어 예배하려고 했다. 금송아지는 하나님을 상징한다. 그들은 하나님을 하나의 형상으로 전락시켜 예배했다.

모세는 시내 산에서 내려와 백성들의 모습을 보고 매우 화를 내며 십계명의 돌 판을 내던져 깨뜨려 버렸다. 하나님은 변질된 형태의 예배를 드린 백성들에게 진노하여 즉석에서 3천 명이 죽음을 당했다. 시대의 흐름에 따라 예배의 본질이 변질되어서는 안 된다.

셋째, 인본주의 예배는 받지 않으신다.

아론의 두 아들인 나답과 아비후는 제사장으로서 하나님께 예배드릴 때에 하나님께서 명하지 않는 다른 불을 담아 예배드리다가 죽임을 당했다. 하나님의 방식에서 벗어나 인본적인 방법으로 드린 예배는 원치 않으신다.

넷째, 위선적이고 형식적인 예배는 받지 않으신다.

예배가 시대에 따라서 형식적으로 변질되어 가고 있다. 입술로는 하나님을 경배하며, 찬양하며 그리고 하나님을 사랑한다면서도 마음에서는 하나님을 섬기는 마음을 찾아 볼 수 없다.

1부 예배를 드린 후에는 사업장, 결혼식장, 각종 모임, 여행 등 세상으로 나가서 육신을 즐겁게 하는 일을 한다. 주일 날 예배 한 번 드리는 것이 주일을 거룩히 지키고, 예배를 온전히 드렸다고 말 할 수 없다. 주일 자체를 하나님께 예배드리는 삶으로 살아야 한다.

말라기 시대는 백성들이 눈멀고 병들고 쓸모없는 것을 하나님께 제물로 드렸다. 그러자 하나님은 예배드리지 못하도록 너희 중에 성전 문을 닫을 자가 있었으면 좋겠다. 내가 너희를 기뻐하지 아니하며, 너희가 손으로 드리는 예배를 받지도 아니하겠다고 하셨다.

"그것을 너희 총독에게 드려 보라 그가 너를 기뻐하겠으며 너를 받아주겠느냐고 책망하시면서 너희가 내 제단 위에 헛되이 불사르지 못하게 하기 위하여 너희 중에 성전 문을 닫을 자가 있었으면 좋겠도다 내가 너희를 기뻐하지 아니하며 너희가 손으로 드리는 것을 받지도 아니하리라"(말 1:8~10)

이사야선지자도 마찬가지이다. 헛된 예배는 교회 마당만 밟을 뿐만 아니라 하나님께 무거운 짐만 되며, 기도를 해도 듣지 아니하겠다고 하였다.

"여호와께서 말씀하시되 너희의 무수한 제물이 내게 무엇이 유익하뇨 나는 숫양의 번제와 살진 짐승의 기름에 배불렀고 나는 수송아지나 어린 양이나 숫염소의 피를 기뻐하지 아니하노라. 너희가 내 앞에 보이러 오니 이것을 누가 너희에게 요구하였느냐 내 마당만 밟을 뿐이니라. 헛된 제물을 다시 가져오지 말라 분향은 내가 가증히 여기는 바요 월삭과 안식일과 대회로 모이는 것도 그러하니 성회와 아울러 악을 행하는 것을 내가 견디지 못하겠노라. 내 마음이 너희의 월삭과 정한 절기를 싫어하나니 그것이 내게 무거운 짐이라 내가 지기에 곤비하였느니라. 너희가 손을 펼 때에 내가 내 눈을 너희에게서 가리고 너희가 많이 기도할지라도 내가 듣지 아니하리니 이는 너희의 손에 피가 가득함이라"(사 1:11~15)

아모스선지자도 마찬가지이다. 하나님은 절기를 미워하며 예배를 드려도 받지 않으실 뿐 아니라 찬양과 악기 소리도 듣지 않겠다고 하였다.

"내가 너희 절기들을 미워하여 멸시하며 너희 성회들을 기뻐하지 아니하나니 너희가 내게 번제나 소제를 드릴지라도 내가 받지 아니할 것이요 너희의 살진 희생의 화목제도 내가 돌아보지 아니하리라. 네 노랫소리를 내 앞에서 그칠지어다 네 비파 소리도 내가 듣지 아니하리라"(암 5:21~23)

예수님도 위선적인 바리새인과 서기관들을 향해 회칠한 무덤이라고 했다.

"화 있을진저. 외식하는 서기관들과 바리새인들이여 회칠한 무덤 같으니 겉으로는 아름답게 보이나 그 안에는 죽은 사람의 뼈와 모든 더러운 것이 가득하도다"(마 23:27)

2) 기도의 자세

전도서 5장 2절: "너는 하나님 앞에서 함부로 입을 열지 말며 급한 마음으로 말을 내지 말라 하나님은 하늘에 계시고 너는 땅에 있음이니라 그런즉 마땅히 말을 적게 할 것이라"

(1) 잘못된 기도

하나님은 함부로 입을 열어 기도하지 말라고 했다. "함부로 입을 연다"는 것은 사람을 의식해서 진심이 담겨있지 않은 형식적인 기도를 말한다. 이것은 사람들에게 과시하려는 기도요 자신의 욕심만을 채우기 위한 기도이다.

바리새인들은 사람들에게 과시하기 위해 회당과 큰 거리 어귀에 서서 기도하기를 좋아했다. 사람들에게 기도생활 많이 한다는 칭찬을 받기 위함이다. 하나님은 잘 못된 기도는 응답하지 않으신다.

"구하여도 받지 못함은 정욕으로 쓰려고 잘못 구하기 때문이라"(약 4:3)

(2) 참된 기도

"기도하라"는 원어 동사 프로스유코마이(προσεύχομαι)는 "~을 향하여"의 프로스(προσ)와 "기도하다, 간구하다"의 유코마이(εύχομαι)와의 합성어로 "하나님을 향하여 기도하다"는 뜻이다. 기도는 믿음을 가지고 끝까지 인내하면서 하나님께 좋은 내용으로 간절히 구하는 것이다.

하나님은 솔로몬이 하나님께 일천번제를 드리게 되자 "내가 네게 무엇을 주기 원하느냐고 했다. 그때에 솔로몬은 자기 자신을 위해 장수와 세상 부귀영화를 요구하지 않고 오직 백성들을 올바르게 다스릴 수 있는 지혜를 구했다. 하나님은 그 기도를 들으시고 내 마음에 맞는 것을 구했노라 하시면서 구하지도 아니한 부와 영광도 주셨다 (왕상 3:6~13).

하나님은 이미 구하기 전에 우리의 마음의 소원을 아시고 계시기 때문에 고성을 지르며 억지 부린다고 해서 응답받는 것이 아니다. 하나님 마음에 합당한 내용으로 기도할 때에 구하지 않는 것도 더하여 주신다.

(3) 기도의 대상

기도의 대상은 누구인가? 하나님이시다. 기도의 대상이 하나님이시면 진실한 기도를 하게 되지만, 사람이면 외식적인 기도를 하게 된다. 혼자서 기도할 때는 하나님을 생각하면서 진지하게 기도한다. 그러나 여러 사람들이 모이면 하나님을 의식하기 보다는 사람을 의식한다. 사람을 의식하게 되면 청중들에게 "기도에 은혜 받았다"는 말을 듣기 위해 각종 미사여구를 꾸미며 목청을 돋우어 기도하게 된다. 이런 기도는 위선적인 기도이다. 그러므로 성도들은 혼자 기도하든 청중들 앞에서 기도하든 항상 하나님을 의식하는 기도를 해야 한다.

바리새인과 세리의 기도 차이점은 무엇인가?

바리새인들은 사람들에게 인정과 칭찬을 받기 위한 기도였다. 그래서 그들은 사람에게 보이려고 회당과 큰 거리 어귀에 서서 기도하기를 좋아했고, 이레에 두 번씩 금식하고 또 소득의 십일 조하는 것을 자랑했다. 한마디로 바리새인들의 기도는 외식적인 기도요 하나님과 관계없는 기도이다.

"또 너희는 기도할 때에 외식하는 자와 같이 하지 말라 그들은 사람에게 보이려고 회당과 큰 거리 어귀에 서서 기도하기를 좋아하느니라 내가 진실로 너희에게 이르노니 그들은 자기상을 이미 받았느니라 너희는 기도할 때에 네 골방에 들어가 문을 닫고 은밀한 중에 계신 네 아버지께 기도하라 은밀한 중에 보시는 네 아버지께서 갚으시리라"(마 6:5~6)

세리의 기도는 어떠한가? 세리는 기도의 대상이 하나님 이였다. 그래서 그는 자신을 돌아보며 "하나님이여 불쌍히 여기옵소서 나는 죄인이로소이다"라며 참회 기도를 할 수 있었다. 하나님이 원하시는 기도는 세리와 같은 기도이다.

"세리는 멀리 서서 감히 눈을 들어 하늘을 우러러 보지도 못하고 다만 가슴을 치며 가로되 하나님이여 불쌍히 여기옵소서 나는 죄인이로소이다 하였느니라"(눅 18:13)

3) 하나님과 약속 이행

(1) 걱정하지 마라

전도서 5장 3절: "걱정이 많으면 꿈이 생기고 말이 많으면 우매한 자의 소리가 나타나느니라"

사람은 누구나 걱정하며 산다. 세상에 걱정이 없는 사람은 한 사람도 없을 것이다. 생계 걱정, 취직 걱정, 건강 걱정, 자식 걱정, 승진 걱정 그리고 노후 걱정 등 걱정할 일이 너무 많다. 어쩌면 무덤에 갈 때까지 걱정하며 사는지도 모른다.

부모가 자식을 걱정하는 마음도 끝이 없다. 자식을 공부시키면 대학 진학 문제로 걱정이고, 대학에 진학하면 취업문제로 걱정하고, 취업하면 결혼 문제로 걱정하고, 결혼하면 끝까지 이혼하지 않고 잘 살 것인가? 걱정이다. 그러나 걱정한다고 해서 문제가 해결된다면 얼마나 좋겠는가? 아마도 모든 사람이 아무것도 하지 않고 걱정만 하고 있을 것이다. 그렇지만 걱정의 90%는 나와 아무런 관계가 없다고 한다. 앞으로 일어나지 않는 일에 대해 지나친 걱정을 하다보면 우매한 자와 같이 불평과 원망의 소리만 나온다.

걱정에서 벗어날 수 있는 방법은 무엇인가? 내가 할 수 있는 일에 최선을 다한 후에 모든 결과는 하나님께 맡기는 것이다. 베드로는 "너희 염려를 다 주께 맡기라 이는 그가 너희를 돌보심이라"(벧전 5:7)고 했다. 걱정만 한다고 해서 사람의 키를 한자나 더 자라게 할 수도 없고, 상황을 바꾸지도 못하기 때문이다.

예수님도 먹을 것 입을 것을 위해 염려하지 말고 너희는 먼저 그의 나라와 그의 의를 구하라 그리하면 이 모든 것을 너희에게 더하시리라고 했다.

"내가 너희에게 이르노니 목숨을 위하여 무엇을 먹을까 무엇을 마실까 몸을 위하여 무엇을 입을까 염려하지 말라 목숨이 음식보다 중하지 아니하며 몸이 의복보다 중하지 아니하냐? 공중의 새를 보라 심지도 않고 거두지도 않고 창고에 모아들이지도 아니하되 너희 하늘

아버지께서 기르시나니 너희는 이것들보다 귀하지 아니하냐? 너희 중에 누가 염려함으로 그 키를 한 자라도 더할 수 있겠느냐? 또 너희가 어찌 의복을 위하여 염려하느냐 들의 백합화가 어떻게 자라는가 생각하여 보라 수고도 아니하고 길쌈도 아니하느니라. 그러나 내가 너희에게 말하노니 솔로몬의 모든 영광으로도 입은 것이 이 꽃 하나만 같지 못하였느니라. 오늘 있다가 내일 아궁이에 던져지는 들풀도 하나님이 이렇게 입히시거든 하물며 너희일까 보냐 믿음이 작은 자들아! 그러므로 염려하여 이르기를 무엇을 먹을까 무엇을 마실까 무엇을 입을까 하지 말라. 이는 다 이방인들이 구하는 것이라 너희 하늘 아버지께서 이 모든 것이 너희에게 있어야 할 줄을 아시느니라. 그런즉 너희는 먼저 그의 나라와 그의 의를 구하라 그리하면 이 모든 것을 너희에게 더하시리라. 그러므로 내일 일을 위하여 염려하지 말라 내일 일은 내일 염려할 것이요 한 날의 괴로움은 그날로 족하니라"(마 6:25~34)

"아무것도 염려하지 말고 오직 모든 일에 기도와 간구로, 너희 구할 것을 감사함으로 하나님께 아뢰라"(빌 4:6)

(2) 하나님께 서원 것을 갚으라

전도서 5장 4,5절: "네가 하나님께 서원하였거든 갚기를 더디게 하지 말라 하나님은 우매한 자들을 기뻐하지 아니하시나니 서원한 것을 갚으라 서원하고 갚지 아니하는 것보다 서원하지 아니하는 것이 더 나으니"

서원은 자기의 입술을 통해서 하나님께 자신을 바치는 행위를 말한다. 사람이 하나님께 서원한 것은 반드시 지키며 갚아야 한다. 이것은 행함의 신앙이다. 서원하고 갚지 못할 것 같으면 처음부터 서원하지 않는 것이 더 낫다.

우리는 하나님과 서원을 한 후에 상황에 따라 변한다. 하나님께서 내 불치병을 고쳐 주시면 평생토록 주님의 일을 하며 살겠다고 서원한다. 그러나 병이 치료되면 그 서원약속을 지키지 않는다. 화장실 들어갈 때의 마음과 나올 때의 마음이 다른 것과 같다.

한나는 하나님과의 서원 기도를 철저히 지켰다. 한나는 아들을 얻지 못하게 되자 하나님께 서원기도를 했다. 그녀의 서원기도 내용을 보면 "만군의 여호와여 만일 주의 여종의 고통을 돌보시고 나를 기억하사 주의 여종을 잊지 아니하시고 주의 여종에게 아들을 주시면 내가 그의 평생에 그를 여호와께 드리고 삭도를 그의 머리에 대지 않겠나이다"는 것이다.

하나님은 한나의 서원 기도를 들으시고 그녀에게 아들을 주었다. 한나는 아들을 낳은 후에 그 서원한 대로 하나님께 드렸다.

"그러므로 나도 그를 여호와께 드리되 그의 평생을 여호와께 드리나이다 하고 그가 거기서 여호와께 경배하니라"(삼상 1:28)

"너는 그에게 기도하겠고 그는 들으실 것이며 너의 서원을 네가 갚으리라"(욥 22:27)

불평등한 세상

1) 권력의 횡포

전도서 5장 8절: "너는 어느 지방에서든지 빈민을 학대하는 것과 정의와 공의를 짓밟는 것을 볼지라도 그것을 이상히 여기지 말라 높은 자는 더 높은 자가 감찰하고 또 그들보다 더 높은 자들도 있음이니라"

모든 사람은 법 앞에 평등하다고 말하지만 실상은 그렇지 않다. 과연 모든 사람이 법 앞에 평등한가? 민주주의와 사회주의가 평등하며, 상류층과 하류층이 평등하며, 장애인과 비장애인이 평등하며, 천재적인 두뇌를 가지고 태어난 사람과 그렇지 못한 사람이 평등하며 그리고 남성과 여성이 평등한가? 세상은 평등한 사회를 말하지만 세상 어느 곳을 보아도 평등하지 못하다. 세상은 불평등한 요소들이 너무 많다.

성경에도 보면 불평등한 사회구조를 잘 보여주고 있다. 라반은 힘의 논리로 야곱에게 줄 품삯을 20년 동안 주지 않았다. 이세벨도 나봇의 포도원을 빼앗기 위해 왕의 권력을 이용하여 그를 죽이고 포도원을 착취했다.

그러나 세상 권력의 횡포를 보고도 이상히 여기지 말라는 것이다. 높은 자는 더 높은 자가 감찰하고 또 그들보다 더 높은 자들이 있기 때문이다. 결국은 하나님께서 세상 권력자들을 감찰하고 그에 대한 심판을 하시기 때문이다.

2) 자기 소산에 만족

전도서 5장 9절: "땅의 소산물은 모든 사람을 위하여 있나니 왕도 밭의 소산을 받느니라"

나라를 다스리는 왕도 국민들이 내는 세금으로 권력을 유지한다. 국민들이 세금을 내지 않으면 국가는 유지될 수 없다. 그러므로 권력자들은 자신들의 권력을 이용하여 약자에게 돌아갈 부를 착취하지 말고 자기 소유에 만족할 줄 알아야 한다.

"상전들아 너희도 그들에게 이와 같이 하고 위협을 그치라 이는 그들과 너희의 상전이 하늘에 계시고 그에게는 사람을 외모로 취하는 일이 없는 줄 너희가 앎이라"(엡 6:9)

3) 재물의 폐단

(1) 만족이 없는 재물

전도서 5장 10절: "은을 사랑하는 자는 은으로 만족하지 못하고 풍요를 사랑하는 자는 소득으로 만족하지 아니하나니 이것도 헛되도다"

사람이 살아가는 데 있어서 가장 필요한 것이 재물이다. 재물이 없으면 사람이 생존할 수 없고, 기본적인 도리도 할 수 없다. 그래서 재물은 삶의 에너지이다.

그런데 문제는 무엇인가? 사람들은 재물에 만족하지 못한다. 마치 마시면 마실수록 갈증만 일으키는 바닷물처럼 더 많은 것을 소유하려고 한다. 그래서 본문은 "은을 사랑하는 자는 은으로 만족하지 못하고 풍요를 사랑하는 자는 소득으로 만족하지 아니하나니 이것도 헛되도다"고 했다.

(2) 재물이 많으면 나가는 곳도 많음

전도서 5장 11절: "재산이 많아지면 먹는 자들도 많아지나니 그 소유주들은 눈으로 보는 것 외에 무엇이 유익하랴"

재산이 많아지면 어떻게 되는가? 재산을 유지하기 위해 많은 인력과 부대비용이 들어가며 소비량도 증가된다. 그래서 재산이 많아지면 먹는 자들도 많아지고 소유주는 눈으로 보는 것 외에 유익한 것이 없다. 예를 들어 수백만 평의 야산을 소유하고 있다고 할지라도 소유주가 바라보고 즐기는 것이나, 일반 사람들이 산행하며 즐기는 것이나 눈으로 보는 것은 다 같다.

(3) 재물이 많으면 밤에 잠을 편히 자지 못함

전도서 5장 12절: "노동자는 먹는 것이 많든지 적든지 잠을 달게 자거니와 부자는 그 부요함 때문에 자지 못하느니라"

부자는 부유함으로 밤에 잠을 자지 못한다. 많은 재산을 유지하기 위한 정신적인 압박감과 심리적 불안 때문이다. 그래서 재산을 지키기 위해 경비를 세우고, 보안 장치를 하고, CCTV까지 설치한다.

그러나 노동자는 먹는 것이 많든 적든 잠을 달게 잔다. 노동자는 하루 소득을 위해 열심히 일한 결과 육신이 피곤하기 때문이며, 재물이 많지 않아 재물에 대한 근심과 걱정이 없기 때문이다.

(4) 재물에 대한 큰 폐단

전도서 5장 13절: "내가 해 아래에서 큰 폐단 되는 일이 있는 것을 보았나니 곧 소유주가 재물을 자기에게 해가 되도록 소유하는 것이라"

"큰 폐단"은 문자적으로 '고통스러운 악'이다. 소유주는 악착같이 재물을 모아 쌓아두는 일만 하기 때문에 마지막에는 큰 고통을 당한다.

가정불화의 원인은 어디에 있는가? 재산 때문이다. 재산 때문에 부부싸움하고, 형제간에 싸움을 한다. 재물 때문에 악한 자들에게 목숨의 위협을 받기도 한다.

그러므로 재물에 큰 폐단을 없애기 위해서는 탐심을 물리쳐야 한다. 사람의 생명은 재물의 넉넉함에 있지 않을 뿐 아니라 하나님과 재물을 겸하여 섬길 수도 없기 때문이다.

예수님은 "삼가 모든 탐심을 물리치라 사람의 생명이 그 소유의 넉넉한 데 있지 아니하니라"(눅 12:15)고 하셨다. 누가복음 16장 13절에도 "집 하인이 두 주인을 섬길 수 없나니 혹 이를 미워하고 저를 사랑하거나 혹 이를 중히 여기고 저를 경히 여길 것임이니라 너희는 하나님과 재물을 겸하여 섬길 수 없느니라"고 말씀하신다.

(5) 재물은 재난을 통해 없어짐

전도서 5장 14절: "그 재물이 재난을 당할 때 없어지나니 비록 아들은 낳았으나 그 손에 아무것도 없느니라"

사람들은 열심히 수고하여 많은 재물을 모아 둔다. 그 재물이 많아지는 것을 보고 미래가 보장되었다며 행복해 한다. 그러나 재물이 많다고 해서 그 재물이 자신의 삶을 평생 보장해줄 수는 없다. 하루 동안에 무슨 일이 일어날지 아무도 모르기 때문이다. 하루 동안에 예고도 없이 불의의 사고를 당할 수도 있고, 천재지변이 일어나 모든 재산이 바람처럼 사라질 수도 있다.

잠언 기자는 "너는 내일 일을 자랑하지 말라 하루 동안에 무슨 일이 날는지 네가 알 수 없음이니라"(잠 27:1)고 했다.

인생의 갑작스런 재난을 당하게 되면 그동안 벌어서 모은 재산을 재난으로 모두 잃어버리게 되고 결국 아들에게 물려줄 재산상속마저 아무것도 없게 된다.

4) 빈손으로 태어나서 빈손으로 돌아감

전도서 5장 15, 16절: "그가 모태에서 벌거벗고 나왔은즉 그가 나온 대로 돌아가고 수고하여 얻은 것을 아무것도 자기 손에 가지고 가지 못하리니 이것도 큰 불행이라 어떻게 왔든지 그대로 가리니 바람을 잡는 수고가 그에게 무엇이 유익하랴"

(1) 인생은 공수래공수거(空手來空手去)이다

인생은 모태에서 벌거벗고 나와서 그가 나온 대로 벌거벗고 돌아간다. 욥은 인생을 어떻게 정의하고 있는가? "내가 모태에서 알몸으로 나왔으니 또한 알몸이 그리로 돌아가리라. 주신 이도 여호와시요 거두신 이도 여호와시오니 여호와의 이름이 찬송을 받으시리라"(욥 1:21)고 했다.

인생은 한평생 수고하여 얻은 것이라 해도 죽음 앞에서는 아무것도 가지고 가지 못한다. 죽을 때에 권력을 가지고 간 것을 보았는가? 전 재산을 가지고 간 것을 보았는가? 적신으로 태어나서 적신으로 돌아갈 뿐이다.

그리스와 이집트 페르시아 인도 등 당시 알려진 세상의 90%를 정복한 알렉산더 대왕이 당대의 철학자 디오게네스를 찾아갔다. 그는 당시 대표적인 금욕의 철학자이며 반문명적 생활을 하는 사람이었다.

아무것도 가진 게 없는 디오게네스에게 대왕이 말했다. "당신이 갖고 싶은 것이 있으면 뭐든지 말해 보시오." 그때 디오게네스의 대답은 "조금만 비켜주시오. 당신 때문에 햇빛이 들어오지 않습니다"였다.

이 일화는 후세에 많은 사람에게 교훈을 남겼다. 물론 알렉산더 대왕도 많은 깨달음을 얻었다. 채우는 것보다 더 중요한 것은 비우는 것이다. 욕심을 비운다는 것은 정말 힘든 일이다. 알렉산더 대왕은 죽을 때에 관에 구멍을 내어 자기 손을 밖으로 내어보였다. 사람은 결국 빈손으로 간다는 것이다. 사람은 살아서 흙을 밟고 다니지만 죽으면 흙이 전신을 덮는다. 그래서 인생의 마지막은 공수래공수거이다.

(2) 세상의 모든 것은 바람과 같다

바람은 흔적도 없이 왔다가 흔적도 없이 사라진 것처럼 세상의 모든 것은 바람과 같다. 사람이 부자로 태어났든 가난하게 태어났든, 부유하게 살든 가난하게 살든, 권력을 소유하든 권력을 소유하지 못하든 모두 죽음 앞에서는 마치 바람과 같다는 것이다. 그러므로 그리스도인은 세상을 살면서 네 가지의 가치관을 정립하며 살아야 한다.

네 가지의 가치관은 무엇인가?

첫째, 인생관을 정립하라. 한 번뿐인 인생을 어떻게 살 것인가?

둘째, 신앙관을 정립하라. 구원받은 이후에 신앙생활을 어떻게 할 것인가?

셋째, 재물관을 정립하라. 재물을 어떻게 관리하며 사용할 것인가?

넷째, 인사(人死)관을 정립하라. 죽음을 어떻게 맞이할 것인가?

5) 근심과 질병과 분노

전도서 5장 17절: "일평생을 어두운 데에서 먹으며 많은 근심과 질병과 분노가 그에게 있느니라"

일평생을 어두운 데에서 먹으며 많은 근심과 질병과 분노가 누구에게 있는가? 한평생 재물만 쌓는 자에게 있다. 수탈에 의해 재산을 모은 부자는 그의 죄로 인하여 어두운 감옥에서 먹으며 많은 근심과 질병과 분노로 세월을 보내게 된다.

재물이 많으면 행복할 것 같지만, 그 재물만 사랑하고, 그 재물에 과도하게 집착하게 되면 여러 가지 각종 부작용이 나타난다. 그 증상이 마음에 근심과 분노가 가득하고 그리고 육체에 질병을 일으키게 되며 결국은 옥살이까지 하게 된다.

제6장
삶의 풍요와 허무

01
행복하지 못한 삶

1) 사람의 마음을 무겁게 함

전도서 6장 1절: "내가 해 아래에서 한 가지 불행한 일이 있는 것을 보았나니 이는 사람의 마음을 무겁게 하는 것이라"

해 아래에서 한 가지 불행한 일은 무엇인가? 사람의 마음을 무겁게 한 것이다. 재물과 권력을 소유했다고 해도 마음이 무겁다. 그것을 관리하고 책임져야 하기 때문에 육체적, 정신적 고통이 많다. 마음에 평안과 기쁨은 물질과 권력에서 오는 것이 아니기 때문이다.

마음의 평안은 오직 그리스도를 아는 믿음에서 나온다. 예수님이 우리의 마음에 계실 때에만 부유하든 궁핍하든 항상 마음에 기쁨과 평안을 누릴 수 있다. 요한복음 15장 11절 말씀을 통해서 "내 기쁨이 너희 안에 있어 너희 기쁨을 충만하게 하려 함이라"고 하셨다.

2) 재물의 무용지물

전도서 6장 2절: "어떤 사람은 그의 영혼이 바라는 모든 소원에 부족함이 없어 재물과 부요와 존귀를 하나님께 받았으나 하나님께서 그가 그것을 누리도록 허락하지 아니하셨으므로 다른 사람이 누리나니 이것도 헛되어 악한 병이로다"

하나님은 모든 사람에게 일반 은총을 주셔서 땀 흘리는 만큼 재물과 부요를 얻게 된다. 그러나 하나님께서 그것을 누리도록 허락하지 않으면 모든 것이 무용지물이다. 그러므로 재물도 하나님이 지켜주셔야 한다. 하나님께서 전대를 흔들어 버리면 아무 소용이 없다. 마치 밑 빠진 독에 물 부은 것과 같다.

욥이 소유한 재물이 얼마나 많은가? 그의 소유물은 양이 칠천 마리요 낙타가 삼천 마리요 소가 오백 겨리요 암나귀가 오백 마리이며 종도 많이 있었으니 이 사람은 동방 사람 중에 가장 부자였다. 그런데 어느 날 주변 사람이 갑자기 나타나서 모든 재물들을 빼앗고 칼로 종들을 죽였다. 하나님의 불이 하늘에서 떨어져서 양과 종들을 살라 버렸다. 그것도 부족하여 자녀가 그들의 맏아들의 집에서 음식을 먹을 때에 거친 들에서 큰 바람이 와서 집 네 모퉁이를 치게 되자 집이 무너져 그들이 죽었다. 한순간에 모든 재물을 잃고 자녀들까지 죽임을 당했다.

인간의 모든 부귀영화도 하나님께서 그것을 누리도록 허락하셔야 한다. 인간의 생사화복(生死禍福)의 주권은 하나님께 있기 때문이다.

"내가 오늘 하늘과 땅을 불러 너희에게 증거를 삼노라 내가 생명과 사망과 복과 저주를 네 앞에 두었은즉 너와 네 자손이 살기 위하여 생명을 택하고 네 하나님 여호와를 사랑하고 그의 말씀을 청종하며 또 그를 의지하라 그는 네 생명이시요 네 장수이시니 여호와께서 네 조상 아브라함과 이삭과 야곱에게 주리라고 맹세하신 땅에 네가 거주하리라"(신 30:19, 20)

3) 행복의 조건

전도서 6장 3절: "사람이 비록 백 명의 자녀를 낳고 또 장수하여 사는 날이 많을지라도 그의 영혼은 그러한 행복으로 만족하지 못하고 또 그가 안장되지 못하면 나는 이르기를 낙태된 자가 그보다는 낫다 하나니"

사람들은 자녀가 많고 오래 살면 복 받았다고 한다. 그러나 백 명의 자녀를 낳고 장수하며 사는 날이 많을지라도 영혼이 행복을 누리지 못하면 불행한 삶이다. "가지 많은 나무에 바람 잘날 없다"는 말처럼 자식들이 부모의 마음을 속 썩게 한다거나, 불행한 일에 처하게 되면 부모의 마음은 비통할 것이다. 장수하면서 그 모습을 보고 사는 것이 어찌 행복한 일이겠는가?

또 하나는 죽어서 안장되지 못한 것이다. 이스라엘인들은 조상들이 대대로 묻힌 가족 무덤에 안장되는 것을 큰 영광임과 동시에 하나님의 복으로 여겼다(왕상 13:22). 반면에 매장되지 못한 채 시체가 방치되어 짐승들의 먹이가 되는 것을 가장 큰 저주로 생각했다(삼상 17:46).

"매장 되지 못했다"는 것은 사람이 죽었을 때 아무도 찾아온 사람이 없었다는 것이다. 평소에 존경받은 삶을 살았다면 가족뿐 아니라 많은 사람이 조문을 왔을 것이다. 그런데 장례식에 아무도 찾아오는 사람이 없었다는 것은 인생을 잘못 살았다는 증거이다. 가장 행복한 사람은 장례식장에서 그 사람의 업적을 기리며 아쉬워하는 사람들이 많을 때일 것이다.

4) 세상에서 가장 불행한 사람

전도서 6장 6절: "그가 비록 천 년의 갑절을 산다 할지라도 행복을 보지 못하면 마침내 다 한 곳으로 돌아가는 것뿐이 아니냐"

세상에서 가장 불행한 사람은 누구인가? 한마디로 지옥 가는 사람이다. 세상에서 가난하게 사는 것이 가장 불행한 것이 아니다. 세상에서 부귀영화를 누리며 천 년의 갑절을 산다 할지라도 죽어서 영혼이 지옥 간다면 그 사람은 가장 비참한 사람이다.

성경에도 보면 부자는 매일 자색 옷과 고운 베옷을 입고 호화롭게 즐기며 살았다.

그런데 그가 죽어서 그의 영혼은 지옥에 갔다. 부자는 지옥의 뜨거운 불 속에서 처절한 삶을 산다. 물 한 방울 마시고 싶어도 마실 수가 없고, 잠시 동안 쉬고 싶어도 쉴 수도 없고, 잠을 자고 싶어도 잘 수 없고, 죽고 싶어도 죽을 수 없는 고통을 당한다. 지옥 불의 열기가 너무 뜨거워 아브라함에게 나사로를 보내어 그 손가락 끝에 물을 찍어 내 혀를 서늘하게 하소서라고 호소해 보지만 거절당하고 말았다.

얼마나 처절한 모습인가? 세상에서 가장 불행한 사람이다. 만약 부자가 지옥이 존재하고, 그 지옥생활이 어떤 곳이라는 것을 알았다면 날마다 자색 옷과 고운 베옷을 입고 호화롭게 즐기며 살지는 않았을 것이다.

인생의 내세관이 없기 때문에 현실의 것만 추구하며 살려고 하는 사람들은 천년의 갑절을 산다고 해도 행복할 수 없다. 오직 예수님 믿는 천국이 보장된 사람만이 행복하다. 그러므로 어떤 일이 있더라도 지옥만큼은 가지 않도록 믿음 생활을 해야 한다.

지옥은 어떤 곳인가?

첫째, 불신자들과 생명책에 기록되지 못한 사람들이 들어가는 영원한 형벌 장소이다.

"누구든지 생명책에 기록되지 못한 자는 불 못에 던져지더라"(계 20:15)

둘째, 지옥의 불은 영원히 꺼지지 않는다.

만일 네 손이 너를 범죄하게 하거든 찍어버리라 장애인으로 영생에 들어가는 것이 두 손을 가지고 지옥 곧 꺼지지 않는 불에 들어가는 것보다 나으니라(막 9:43)

셋째, 죽고 싶어도 죽을 수 없다.

"거기에서는 구더기도 죽지 않고 불도 꺼지지 아니하느니라"(막 9:48)

넷째, 세세토록 고통을 당하는 곳이다.

"또 그들을 미혹하는 마귀가 불과 유황 못에 던져지니 거기는 그

짐승과 거짓 선지자도 있어 세세토록 밤낮 괴로움을 받으리라"(계 20:10)

다섯째, 긍휼이 없다.

"그가 음부에서 고통 중에 눈을 들어 멀리 아브라함과 그의 품에 있는 나사로를 보고 불러 이르되 아버지 아브라함이여 나를 긍휼히 여기사 나사로를 보내어 그 손가락 끝에 물을 찍어 내 혀를 서늘하게 하소서 내가 이 불꽃 가운데서 괴로워하나이다. 아브라함이 이르되 애 너는 살았을 때에 좋은 것을 받았고 나사로는 고난을 받았으니 이것을 기억하라 이제 그는 여기서 위로를 받고 너는 괴로움을 받느니라"(눅 16:23~25)

그림자 같은 인생

1) 욕구

전도서 6장 7절: "사람의 수고는 다 자기의 입을 위함이나 그 식욕은 채울 수 없느니라"

"입"은 육체적, 일시적 기쁨을 추구하는 욕구라면, "식욕"은 '호흡하는 생물', '영혼'을 의미한 것으로 영적 즐거움의 욕구를 말한다. 사람은 인간의 욕구를 채우기 위해 수고한다. 매슬로우는 인간의 욕구를 다섯 가지로 설명하고 있다.

매슬로우의 인간 욕구 다섯 가지는 다음과 같다.

첫째, 생리적 욕구

생리적 욕구는 삶 그 자체를 유지하기 위한 기초적인 인간의 욕구로 의식주에 대한 욕구와 같다. 이러한 기초적인 욕구들이 신체의 충분한 활동을 위해 필요한 정도로 만족 할 때까지 사람들의 행위는 생리적 욕구수준에 머물러 있을 것이고 다른 수준의 욕구는 거의 자극을 받지 못할 것이다.

둘째, 안전 욕구

일단 생리적 욕구가 어느 정도 충족되면 안전욕구가 나타난다. 이 욕구는 신체적 감정적인 위험으로부터 보호되고 안전해지기를 바라는 욕구이다.

셋째, 소속감과 애정욕구

일단 생리적 욕구와 안전욕구가 어느 정도 충족되고 나면 소속감이나 애정욕구가 나타난다. 인간은 사회적인 존재이므로 어디에든 소속되거나 다른 집단이 자신을 받아들이기를 원한다.

넷째, 존경욕구

인간은 소속욕구가 어느 정도 만족되면 집단의 구성원 이상이 되기를 원한다. 이는 내적으로는 자존 자율을 성취하려는 욕구 및 외적으로는 타인으로부터 주의를 받고 인정을 받으며 집단 내에서 어떤 지위를 확보하려는 욕구이다.

다섯째, 자아실현욕구

일단 존경욕구가 충족되면 자아실현욕구가 나타난다. 이는 자신이 이룰 수 있거나 될 수 있는 것을 성취하려는 욕구이다. 즉 계속적인 자기발전을 통한 성장과 잠재력 극대화를 통한 자아완성욕구이다.

매슬로우가 말한 대로 인간의 다섯 가지 욕구가 해결되면 영적인 욕구도 채워지는가? 실상은 그렇지 않다. 영적인 욕구는 인간의 욕구에 의해서 채워지는 것이 아니기 때문이다. 오직 예수 그리스도를 믿음으로 영적인 문제가 해결 될 때에만 채워진다.

삭개오를 보라! 그는 세리장으로 사회적 지위와 권세를 가지고 있을 뿐 아니라 물질도 많은 부자였다. 그는 인간의 기본적인 다섯 가지 욕구를 충족한 사람이다. 그런데 그가 무엇이 부족해서 예수님을 만나려고 했겠는가? 그것은 영적인 욕구가 해결되지 않았기 때문이다. 그는 영적인 욕구를 해결하기 위해 돌무화과나무에 올라가 지나가신 예수님을 만나려고 했다.

삭개오는 예수님을 만남으로 영적인 욕구가 해결되었다. 그는 영적인 욕구가 해결되자 자신의 소유 절반을 가난한 자들에게 주었으며 누구의 것을 속여 빼앗은 일이 있으면 네 배로 갚았다(눅19:2∼9).

인간의 영적인 욕구는 인간의 다섯 가지 욕구를 통해서 채워지는 것이 아니다. 오직 창조주 되시며 모든 기쁨과 만유의 근원되시는 하나님에 의해서만 진정으로 채워진다.

2) 눈으로 보는 즐거움

전도서 6장 9절: "눈으로 보는 것이 마음으로 공상하는 것보다 나으나 이것도 헛되어 바람을 잡는 것이로다"

인간의 눈은 어디를 보아야 하는가? 썩어질 물질만 바라보며 살 것이 아니라 영원한 하나님의 나라를 볼 줄 알아야 한다. 세상 물질만 바라보면 결국은 헛된 바람을 잡는 것과 같다. 세상이 멸망 하면 재물 역시 한순간에 소멸되고 만다.

이 말은 재물이 필요 없다는 것이 아니다. 성도들은 열심히 성실하게 살면서 많은 재물을 소유해야 한다. 아브라함도 재벌이었고, 욥도 재벌이었다. 재물이 많은 것은 죄가 아니다. 잠언에 보면 "지혜로운 자의 재물은 그의 면류관이요 미련한 자의 소유는 다만 미련한 것이니라"(잠 14:24)고 했고, "재물은 많은 친구를 더하게 하나 가난한즉 친구가 끊어지느니라"(잠 19:4)고 했다.

중요한 것은 그 재물을 어떻게 사용하느냐는 것이다. 그리스도인 은 하나님의 영광을 위해 사용할 줄 알아야 한다. 하나님께서 재물을 주신 목적은 하나님의 일을 하라는 것이다.

금세기 최고 부자로 미국의 석유 왕 록펠러는 재물을 어떻게 사용 했는가?

뉴욕타임즈에 의하면 '금세기 갑부 16인'에는 미국의 석유 왕으로 서 알려진 록펠러(1839~1937)가 1위이다. 록펠러는 33세 때 백만장자 가 되었으며 10년 후에는 세계에서 가장 큰 회사를 소유하게 되었다. 그리고 53세 때에는 세계 최고의 부자가 되었는데, 그 당시에는 억만 장자가 록펠러 혼자뿐이었으며 일주일 수입이 1백만 달러나 되었다.

록펠러가 세웠던 석유회사 스탠더드 오일은 독점기업으로 유명하 며, 산업 스파이 활동, 의원들과 공무원들을 향한 대대적인 뇌물 공 세, 경쟁자들을 고사시키는 약탈적인 가격 경쟁을 통해 자기 기업으 로 합병시켰다.

이런 록펠러에게도 생을 바꾸는 계기가 있었다. 53세 되는 나이에 그는 알로피셔(Alopecia)라는 치명적인 병에 걸리게 되었다. 이 병은 머리카락이 빠지고 눈썹도 빠지고 몸이 초췌하게 말라가는 병이다. 이 병으로 인하여 그가 먹을 수 있었던 음식은 우유 한 잔과 크래커 몇 조각뿐이었다. 담당 의사로부터 "이런 상태로는 1년을 견딜 수 없 다"는 최후통첩을 받은 록펠러는 이런 투병과정 중에서 그동안 열심 히 벌었던 돈의 의미를 생각하게 되었다. 그는 어느 날 밤중에 침대 에서 괴로워하다 벌떡 일어나더니 이렇게 외쳤다고 한다. "돈은 아무것도 아니다! 하나님은 모든 것이 되신다." 이후 하나님의 은혜로 병상에서 일어나게 된 록펠러는 온전히 자선 사업에만 전념하기 시작했다.

그가 그동안 모았던 불의의 재물로 미국의 명문 시카고 대학을 비롯해서 12개의 종합대학과 4,900여 개의 교회를 세우며 도왔다. 페니실린의 약제화, 결핵, 디프테리아 등 질병 치료에 그의 기부금은 절대적 공헌을 하였다. 유엔 건물의 땅도 록펠러 가문이 기증한 것이다. 록펠러는 "하나님에게서 돈을 버는 재능을 부여 받았기에 하나님이 명하는 대로 더 많은 돈을 주위 사람들에게 써야 한다"고 말하곤 했다. 록펠러는 자신을 위해서는 검소한 생활을 했다. 1937년 그의 나이 97세로 하나님의 부르심을 받았는데 그의 생활은 주변에 사는 다른 농부들과 조금도 다를 것이 없었다고 한다.

3) 그림자와 같은 삶

전도서 6장 12절: "헛된 생명의 모든 날을 그림자 같이 보내는 일평생에 사람에게 무엇이 낙인지를 누가 알며 그 후에 해 아래에서 무슨 일이 있을 것을 누가 능히 그에게 고하리요."

"그림자"는 실체가 없는 허상과 같은 존재이며 쉽게 사라진다. 인생이 곧 그림자와 같다. 7, 80평생을 돌아보면 그림자처럼 흔적도 없이 지나간 세월을 경험하게 된다. 많은 업적을 남기며 살았다고 생각하지만 무엇을 남겼는지 알 수가 없다. 그저 한 시대가 어제와 같을 뿐이다.

역대상 29장 15절에 보면 "우리는 우리 조상들과 같이 주님 앞에서 이방 나그네와 거류민들이라 세상에 있는 날이 그림자 같아서 희망이 없나이다"고 했다. 시편기자도 "진실로 각 사람은 그림자같이 다니고 헛된 일로 소란하며 재물을 쌓으나 누가 거둘는지 알지 못하나이다"(시 39:6)며 인생을 회고하고 있다.

자기 자신만을 위해 사는 삶이 곧 그림자와 같은 삶이다. 예수님처럼 사는 삶이야말로 최고의 아름다운 삶이다. 예수님은 자신의 목숨을 세상 모든 사람의 구원을 위해 십자가의 희생 제물이 되었다.

그리스도인은 예수님의 모습을 본받아 많은 사람에게 좋은 영향을 끼치고, 삶에 새로운 희망을 줄 때에 모든 사람에게 영원히 기억되는 삶이 될 것이다.

제7장
지혜의 유익과 가치

01
지혜자의 모습

1) 하나님께 인정받는 삶

　　전도서 7장 1절: "좋은 이름이 좋은 기름보다 낫고 죽는 날이 출생하는 날
보다 나으며"

　　"좋은 이름"은 인간 행위의 외형적 결과와 상관없이 일생의 삶을
통해 하나님께로부터 인정받는 것을 말한다면, "좋은 기름"은 세상의
많은 사람이 추구하는 세속적 가치인 재물, 명예, 권세 등을 말한다.
"출생하는 날"은 죄악과 고통과 염려와 수고가 끊이지 않는 세상의
삶을 시작하는 날이라면, "죽는 날"은 인생의 무거운 고통을 마침내
벗어버리고 안식하는 날이다.

　　인간에게 있어서 가장 중요한 것은 무엇인가? 하나님께 인정받는
것이다. 그리스도인이 사람들에게 인정받지 말라는 것이 아니다. 사
람들에게도 인정받아야 하지만 그보다 더 중요한 것은 하나님께 인
정받는 것이다.

　　사람들은 힘 있는 사람들에게 인정받기 위해 많은 노력과 희생을

제7장 지혜의 유익과 가치　171

한다. 사람들에게 인정을 받아야 국회의원과 대통령에 당선될 수 있고, 직장에서도 승진할 수 있기 때문이다.

그러나 하나님께 인정받기 위해서는 별로 노력하지 않는다. 하나님께 인정받는 방법은 무엇인가? 말씀과 기도와 경건 생활이다. 사도 바울은 고린도 교회를 향해 말씀하시기를 "불경스럽고 허탄한 신화를 버리고 경건에 이르도록 네 자신을 연단하라 육체의 연단은 약간의 유익이 있으나 경건은 범사에 유익하니 현재와 미래에 생명의 약속을 소유하게 되느니라"(딤전 4:7,8)고 했다.

하나님께 인정받는 것이야 말로 세상에서 가장 중요한 일이다. 하나님께 인정받아야 만이 영원한 천국에 들어갈 수 있으며, 땅에서도 형통한 복을 누릴 수 있기 때문이다. 성경에 수많은 믿음의 영웅들은 하나님께 인정을 받았다. 노아와 아브라함과 모세를 비롯한 많은 믿음의 사람들이 하나님께 인정받게 되자 그들은 한결같이 고난 가운데서도 믿음을 지키며 역경을 이겨내면서 한 시대를 이끌어가는 위대한 지도자들이 되었다.

그리스도인은 세상으로부터 외면을 당한다 할지라도 하나님께 인정받는 것을 최우선으로 여겨야 한다. 세상에서 사람들에게 인정받아 출세하고 성공했다 하더라도 하나님께 인정받지 못하여 지옥에 떨어지면 아무 소용이 없다. 그러므로 힘 있는 사람들에게 인정받기 위해 노력하듯이, 하나님께 인정받기 위해서도 더욱 주님의 일에 힘쓰는 삶이 되어야 한다.

바울도 고린도 교회 성도들에게 권면하기를 "내 사랑하는 형제들아 견실하며 흔들리지 말고 항상 주의 일에 더욱 힘쓰는 자들이 되라 이는 너희 수고가 주 안에서 헛되지 않은 줄 앎이라"(고전15:58)고 했다.

2) 잔칫집보다 초상집에 가는 삶

전도서 7장 2~4절: "초상집에 가는 것이 잔칫집에 가는 것보다 나으니
모든 사람의 끝이 이와 같이 됨이라 산 자는 이것을 그의 마음에 둘지어다.
슬픔이 웃음보다 나음은 얼굴에 근심하는 것이 마음에 유익하기 때문이라. 지
혜자의 마음은 초상집에 있으되 우매한 자의 마음은 혼인집에 있느니라"

사람은 누구나 한번 태어나면 반드시 죽음을 당한다. 죽음은 육신
적으로 최고의 슬픈 날이다. 그래서 초상집에 가는 것이 잔칫집에 가
는 것보다 낫다는 것이다.

지혜자의 마음이 초상집에 있어야 할 이유는 무엇인가?

① 슬픔에 잠긴 자들을 위로하라는 것이다.

사람은 절망과 위기에 빠진 사람들에게 위로 자가 되어야 한다. 그
들은 위로자로 하여금 절망과 슬픔을 이겨내고 다시 일어설 수 있기
때문이다. 그러므로 할 수만 있으면 위로자가 되어야 한다.

예수님도 질병과 죽음으로 절망과 고통에 빠져 있는 사람들을 위
로하시면서 용기와 희망을 주셨다. 이사야 41장 13절에 보면 "이는
나 여호와 너의 하나님이 네 오른손을 붙들고 네게 이르기를 두려워
하지 말라 내가 너를 도우리라 할 것임이니라"고 말씀하셨다.

바울과 실라도 감옥에서 나와서 루디아 집에 들어가 형제들을 위
로해 주었고(행16:40), 데살로니가 교회를 향해서는 종말의 시대를 살
아간 모든 성도들에게 주님께서 호령과 천사장의 소리와 하나님의
나팔 소리로 친히 하늘로부터 강림하시는 것과 그리스도 안에서 죽
은 자들이 먼저 부활하고, 그 후에 우리 살아남은 자들도 육체의 죽

음을 당하지 않고 그들과 함께 구름 속으로 끌어 올려 공중에서 주를 영접하게 된다는 말씀으로 서로 위로하라"고 했다.

"주께서 호령과 천사장의 소리와 하나님의 나팔 소리로 친히 하늘로부터 강림하시리니 그리스도 안에서 죽은 자들이 먼저 일어나고, 그 후에 우리 살아남은 자들도 그들과 함께 구름 속으로 끌어 올려 공중에서 주를 영접하게 하시리니 그리하여 우리가 항상 주와 함께 있으리라. 그러므로 이러한 말로 서로 위로하라"(살전 4:16~18)

종말의 시대를 살아간 그리스도인에게 있어서 최고의 위로의 말씀은 세 가지이다.

첫째, 예수님께서 호령과 천사장의 소리와 하나님의 나팔 소리로 친히 하늘로부터 강림하신다는 말씀이다.

둘째, 그리스도 안에서 죽은 자들이 먼저 부활한다는 말씀이다.

셋째, 그 후에 우리 살아남은 자들도 그들과 함께 구름 속으로 끌어 올려 공중에서 주님을 영접하게 된다는 말씀이다.

② 그 위로가 다시 나에게 돌아오기 때문이다.

인생은 한평생 먹고 마시며 즐기는 잔칫집처럼 살 수는 없다. 어느 날 갑자기 내 인생도 초상집의 주인공이 될 수 있다. 그때 나도 그들의 도움을 받게 된다. 내가 어려움에 있을 때에 위로 받기 위해서라도 열심히 위로 자가 되어야 한다.

③ 자신의 삶을 돌아보는 기회가 된다는 것이다.

평소 분주하게 살다보면 자신의 삶을 돌아보며 산다는 것은 쉽지 않다. 그래서 초상집을 통해서 내 인생의 끝도 이와 같다는 것을 알고, 내 인생에 남은 삶을 어떻게 살 것인가? 내 인생의 결말은 무엇인가를 생각하며 자신을 돌아보는 기회가 되라는 것이다.

3) 훈계를 들을 줄 아는 삶

전도서 7장 5절: "지혜로운 사람의 책망을 듣는 것이 우매한 자들의 노래를 듣는 것보다 나으니라"

사람들은 지혜로운 자의 책망보다는 우매자의 노래를 듣기 원한다. 우매자의 노래 소리는 들을 때에는 기쁘고 즐거움을 주는 것 같지만 뒤돌아서면 허무함뿐이다. 그래서 하나님은 "지혜로운 사람의 책망을 듣는 것이 우매한 자들의 노래를 듣는 것보다 나으니라"고 했다.

지혜자가 책망한 이유는 무엇인가? 상대로 하여금 잘못된 부분들을 깨닫고 올바른 삶을 살기 위함이다. 사람은 누구나 책망을 들을 때에는 감정이 상하지만 종국적으로는 잘못되고 우매한 길에서 벗어나게 된다. 그러므로 책망과 훈계는 영혼을 살리는 생명의 길이다.

하나님도 사랑하는 백성들을 징계하신다. 징계하신 이유는 무엇인가? 하나님의 백성들이 멸망의 길에서 벗어나 생명의 길로 가게 하기 위함이다. 그러므로 지혜로운 자는 훈계를 들을 줄 알지만 우매한 자는 훈계를 듣기 싫어한다. 하나님은 책망과 훈계를 듣지 않는 자를 향해 "사생자"라고 했다.

"내 아들아 여호와의 징계를 경히 여기지 말라 그 꾸지람을 싫어하지 말라. 대저 여호와께서 그 사랑하시는 자를 징계하시기를 마치 아비가 그 기뻐하는 아들을 징계함 같이 하시느니라"(잠 3:11,12)

"대저 명령은 등불이요 법은 빛이요 훈계의 책망은 곧 생명의 길이라"(잠 6:23)

"또 아들들에게 권하는 것 같이 너희에게 권면하신 말씀도 잊었도다 일렀으되 내 아들아 주의 징계하심을 경히 여기지 말며 그에게 꾸지람을 받을 때에 낙심하지 말라. 주께서 그 사랑하시는 자를 징계하시고 그가 받아들이시는 아들마다 채찍질하심이라 하였으니, 너희가 참음은 징계를 받기 위함이라 하나님이 아들과 같이 너희를 대우하시나니 어찌 아버지가 징계하지 않는 아들이 있으리요. 징계는 다 받는 것이거늘 너희에게 없으면 사생자요 친아들이 아니니라. 또 우리 육신의 아버지가 우리를 징계하여도 공경하였거든 하물며 모든 영의 아버지께 더욱 복종하며 살려 하지 않겠느냐"(히 12:5～9)

4) 우매자가 되지 않는 삶

전도서 7장 6절: "우매한 자들의 웃음소리는 솥 밑에서 가시나무가 타는 소리 같으니 이것도 헛되니라"

우매자의 웃음소리는 무엇으로 비유하고 있는가? 솥 밑에서 가시나무가 타는 소리라고 했다. "가시나무"는 쉽고 빠르게 요란한 소리를 내면서 타지만 쉽게 사그라져 꺼지고 만다. 그래서 가시나무가 타는 소리는 헛되고 요란할 뿐 실속이 없는 소리이다. 마치 우매자의 웃음소리가 이와 같다.

우매자의 웃음소리는 겉으로는 요란하지만 실속이 없다. 텅 빈 깡통과 같다. 우매자는 고통을 당한 사람들에게 위로와 용기와 힘을 주는 것처럼 보이지만 그 효과는 가시나무 타는 소리처럼 요란할 뿐이다.

우매한 자들의 웃음소리처럼 솥 밑에서 가시나무가 타는 소리처럼 되지 않기 위해서는 어떻게 해야 하는가? 삶을 깊이 생각하며 살아야 한다.

하나님께서 왜 나를 선택하셔서 구원하여 주셨는가?

하나님께서 나에게 요구하시는 것은 무엇인가?

하나님께서 어떻게 여기까지 나를 인도하셨는가?

하나님의 영광을 위해서는 어떤 삶을 살아야 하는가?

교회에 덕을 세우고 많은 사람에게 유익을 주기 위해서는 어떤 역할을 해야 하는가?

하나님의 나라에서 영광의 상급을 받기 위해서는 무엇을 해야 하는가?

날마다 깊이 생각하면서 신앙생활을 할 줄 알아야 한다.

인생의 마무리

1) 탐욕과 뇌물

전도서 7장 7절: "탐욕이 지혜자를 우매하게 하고 뇌물이 사람의 명철을 망하게 하느니라"

지혜자가 우매하게 된 것은 무엇인가? 탐욕 때문이다. 지혜자가 권세를 가진 후 탐욕에 눈이 멀면 권세를 이용하여 재물을 모으게 된다. 재물을 모으는 일에 빠져 들면 각종 뇌물을 받게 되고, 뇌물을 받다 보면 명철이 흐려지게 되어 각종 비리에 연루 된다. 그렇게 되면 지혜자는 우매자처럼 된다.

하나님은 권세 자들에게 뇌물을 받지 말라고 했다. 뇌물을 받게 되면 의로운 말을 할 수 없고, 재판을 굽게 하기 때문이다. 뇌물을 받아 잘못된 재판 결과로 얼마나 많은 사람의 피해를 보았는가는 과거 역사를 통해 잘 증명해 주고 있다.

"너는 뇌물을 받지 말라 뇌물은 밝은 자의 눈을 어둡게 하고 의로운 자의 말을 굽게 하느니라"(출 23:8)

"너는 재판을 굽게 하지 말며 사람을 외모로 보지 말며 또 뇌물을 받지 말라 뇌물은 지혜자의 눈을 어둡게 하고 의인의 말을 굽게 하느니라"(신 16:19)

"악인은 사람의 품에서 뇌물을 받고 재판을 굽게 하느니라"(잠 17:23)

2) 참는 마음

전도서 7장 8절: "일의 끝이 시작보다 낫고 참는 마음이 교만한 마음보다 나으니"

(1) 일의 끝이 시작보다 낫다

일이란 처음 시작도 중요하지만 중도에 포기하지 않고 끝까지 마무리하는 것이 더 중요하다. 사람들이 어떤 일을 계획하고 시작은 잘 하지만 끝까지 진행하여 결실을 맺는 경우는 많지 않다. 그러므로 일이란 시작과 함께 마무리도 잘 해야 한다. 모든 일들이 용두사미가 되면 아무것도 기대할 수 없다.

인생도 처음보다 끝이 더 아름다워야 한다. 젊었을 때는 화려하게 살았다 할지라도 노후가 초라하면 비극이다. "젊어서 고생은 사서도 한다"는 말이 있듯이 노후에 편안한 삶을 위해 젊었을 때에 열심히 살아야 한다. 때 늦은 후회는 소용이 없다.

신앙생활도 마찬가지이다. 처음에는 열심히 신앙생활 하다가 나중에는 믿음이 식어서 초보적인 신앙으로 돌아가면 안 된다.

에베소 교회의 문제는 무엇인가?

예수님에 대한 처음 사랑을 버렸다. 처음에는 예수님을 사랑하는 믿음이 뜨거웠다. 그래서 주님을 위해서 수고하며, 환난과 고통을 믿음으로 인내하면서 악한 자들을 용납하지 아니하였고, 자칭 사도라 하되 아닌 자들을 시험하여 그의 거짓된 것을 드러낸 일도 했다. 뿐만 아니라 모든 것을 참고 예수님의 이름을 위하여 견디고 게으르지도 않았다. 그런데 문제는 어느 순간에 예수님을 사랑했던 첫사랑을 잃어버리게 된 것이다. 그래서 에베소 교회는 예수님께 "너의 처음 사랑을 버렸느니라"는 책망을 받은 것이다.

우리도 처음 신앙생활할 때는 열심히 예배에 참석한다. 주일예배, 새벽예배, 수요예배, 기도회 모임 그리고 봉사 활동 등에 열심히 참석하여 일한다. 그런데 신앙의 연조가 깊어가면서 예수님을 사랑하던 그 뜨거운 믿음이 자신도 모르는 사이에 점점 쇠퇴해간다. 그리고 나중에는 신앙이 형식적으로 변질되어 버린다.

그러므로 그리스도인은 자신의 신앙을 진단하여 처음 사랑을 회복해야 할 뿐만 아니라 신앙 성장이 멈추지 않도록 노력해야 한다.

정원에 어린 묘목을 심었는데 10년, 50년이 지나도 그대로 성장하지 않고 멈춰있다면 그 나무는 뽑아버릴 것이다. 나무가 세월의 흐름 속에 지속적으로 성장하듯이, 신앙도 지속적인 성장을 통해 믿음으로 인생의 마무리를 잘 하여 영광의 나라에 그리스도와 함께 참여한 자가 되어야 한다.

"우리가 시작할 때에 확신한 것을 끝까지 견고히 잡고 있으면 그리스도와 함께 참여한 자가 되리라"(히 3:14).

(2) 참는 마음이 교만한 마음보다 낫다

인간관계 형성에 있어서 가장 중요한 것은 참는 마음이다. 참는 마음은 너그러운 마음이며 기다릴 줄 아는 마음이다. 그래서 참는 마음은 교만한 마음보다 낫다.

하나님은 지금까지 세상을 멸망시키지 않고 인내하고 계신 이유는 무엇인가? 세상 사람들이 아무도 멸망하지 않고 다 회개하여 구원받게 하기 위함이다. 베드로후서 3장 9절을 보면 "주의 약속은 어떤 이들이 더디다고 생각하는 것 같이 더딘 것이 아니라 오직 주께서는 너희를 대하여 오래 참으사 아무도 멸망하지 아니하고 다 회개하기에 이르기를 원하시느니라"고 했다.

만약 하나님께서 참고 인내하지 않았다면 세상은 이미 소돔과 고모라 성처럼 심판받아 멸망했을 것이다. 그러므로 하나님께서 기다리고 계실 때에 그 기회를 놓치지 말고 회개하고 믿어야 한다. 구원의 기회가 항상 있는 것이 아니다. 지금이 바로 은혜 받을만한 때이며 구원의 날이다.

"이르시되 내가 은혜 베풀 때에 너에게 듣고 구원의 날에 너를 도왔다 하셨으니 보라 지금은 은혜 받을 만한 때요 보라 지금은 구원의 날이로다"(고후 6:2)

3) 우매자의 분노

전도서 7장 9절: "급한 마음으로 노를 발하지 말라 노는 우매한 자들의 품

분노는 누구에게나 있다. 분노가 없는 사람이 어디 있겠는가? 그러나 지혜로운 사람은 분노를 조절하고 해결하지만, 우매한 사람의 분노는 사람의 마음을 상하게 할 뿐만 아니라 목숨까지 위험에 빠지게 한다.

가인은 아벨이 드린 예배는 하나님께서 받으시고 본인이 드린 예배는 받지 않게 되자 동생에 대한 분노로 가득했다. 가인은 자신의 분노를 다스리지 못하고 동생을 살해하게 된다(창 4:5~8). 그래서 욥기에 보면 "분노가 미련한 자를 죽이고 시기가 어리석은 자를 멸하느니라(욥 5:2)고 했다.

그리스도인은 분노 조절을 할 줄 알아야 한다. 분노를 오래 품고 있으면 마귀에게 미혹의 기회를 제공하여 죄를 범하게 된다. 그래서 바울은 "분을 내어도 죄를 짓지 말며 해가 지도록 분을 품지 말라"(엡 4:26)고 권면하였다.

"너희는 모든 악독과 노함과 분냄과 떠드는 것과 비방하는 것을 모든 악의와 함께 버리고, 서로 친절하게 하며 불쌍히 여기며 서로 용서하기를 하나님이 그리스도 안에서 너희를 용서하심과 같이 하라"(엡 4:31, 32)

"미련한 자는 당장 분노를 나타내거니와 슬기로운 자는 수욕을 참느니라"(잠 12:16)

"노하기를 속히 하는 자는 어리석은 일을 행하고 악한 계교를 꾀하는 자는 미움을 받느니라"(잠 14:17)

"노하기를 더디 하는 자는 크게 명철하여도 마음이 조급한 자는 어

리석음을 나타내느니라"(잠 14:29)

4) 미래지향적인 삶

전도서 7장 10절: 옛날이 오늘보다 나은 것이 어찜이냐 하지 말라 이렇게 묻는 것은 지혜가 아니니라"

사람은 미래 지향적으로 살아야 한다. 과거에 얽매여 살면 발전이 없다. 그래서 본문의 말씀도 "옛날이 오늘보다 나은 것이 어찜이냐 하지 말라"고 했다. 즉 과거의 향수에 빠져서 주어진 현실을 외면하지 말라는 것이다. 과거의 화려한 삶을 생각한다고 해도 그것이 현실이 될 수 없다. 과거는 과거일 뿐이다.

이스라엘 백성들이 광야생활 하던 중에 불평과 원망을 한 이유는 미래를 보지 못하고 과거의 향수만 그리워했기 때문이다. 그래서 그들은 먹을 것이 없으면 애굽에서는 고기도 많이 먹고 빵도 배불리 먹었는데 광야에서 주려 죽게 되었다(출 16:3)고 했고, 고기를 먹지 못하게 되면 애굽에 있을 때에는 값없이 생선과 오이와 참외와 부추와 파와 마늘을 먹었는데 이제는 우리의 기력이 다하여 이 만나 외에는 보이는 것이 아무것도 없다(민 11:4~6)고 불평하였다.

그러나 아브라함을 비롯한 모세, 여호수아, 갈렙, 다니엘, 바울 등은 미래지향적인 사람들 이였다. 그들은 고난과 역경이 있을 때 마다 불평과 원망 대신에 현실의 문제를 극복하고 미래를 바라보면서 새로운 세계를 만들어 갔다.

예수님도 모든 그리스도인이 미래 지향적인 삶을 살라는 의미로 "할 수 있거든 이 무슨 말이냐 믿는 자에게는 능히 하지 못할 일이 없느니라"(막 9:23)는 말씀을 하셨다. 그러므로 우매자처럼 과거만 그리워하며 살 것이 아니라 현실에 충실하며 미래를 향해 나가야 한다. 미래 지향적인 삶을 살 때에 희망이 있고 현실의 고난을 극복할 수 있다.

형통한 날과 곤고한 날

03

1) 지혜의 가치

전도서 7장 11절: "지혜는 유산같이 아름답고 햇빛을 보는 자에게 유익이 되도다"

솔로몬은 지혜를 무엇으로 비유하고 있는가? 부모가 자녀에게 물려주는 유산으로 비유하고 있다. 자식들이 유산이 많으면 물질에 어려움 없이 세상을 편하고 쉽게 살아갈 수 있다. 마찬가지로 지혜는 세상을 살아가는 힘이다. 돈이 많으면 돈으로 권력과 지혜를 살 수 있듯이, 지혜가 많으면 그 지혜로 많은 돈을 벌게 된다.

신앙생활에 있어서 가장 필요한 것이 지혜이다. 지혜가 없으면 온전한 믿음 생활을 할 수가 없다. 그래서 야고보는 "너희 중에 누구든지 지혜가 부족하거든 모든 사람에게 후히 주시고 꾸짖지 아니하시는 하나님께 구하라 그리하면 주시리라"(약 1:5)고 하시면서 기도로 하나님께 지혜를 구할 것을 가르쳐 주고 있다.

그리스도인이 신앙 생활하는 데 왜 지혜가 필요한가?

첫째, 지혜로운 자가 반석 같은 신앙생활을 하기 때문이다.

지혜로운 신앙인들은 하나님의 말씀을 듣고 순종하여 반석 같은 신앙생활을 한다. 반석위에 세운 집은 비가 오고 창수가 나고 바람이 불어도 무너지지 않듯이, 환난과 고난이 신앙을 무너지게 하지 못한다. 그러나 지혜롭지 못한 신앙인들은 하나님의 말씀을 듣고도 깨닫지 못한다. 그래서 쉽고 편안한 넓은 길만 선택하며 살다가 환난의 비가 내리고 창수가 나고 바람이 불면 한순간에 신앙은 흔적도 없이 사라지고 만다.

"그러므로 누구든지 나의 이 말을 듣고 행하는 자는 그 집을 반석 위에 지은 지혜로운 사람 같으리니 비가 내리고 창수가 나고 바람이 불어 그 집에 부딪치되 무너지지 아니하나니 이는 주초를 반석 위에 놓은 까닭이요. 나의 이 말을 듣고 행하지 아니하는 자는 그 집을 모래 위에 지은 어리석은 사람 같으리니, 비가 내리고 창수가 나고 바람이 불어 그 집에 부딪치매 무너져 그 무너짐이 심하니라"(마 7:24~27)

둘째, 지혜로운 자가 때를 따라 말씀을 전하기 때문이다.

충성되고 지혜 있는 목회자는 때를 따라 말씀을 나눠 준다. 시대가 주님이 오실 날이 얼마 남지 않음을 깨닫고 영적 각성을 위해 종말의 말씀을 전한다. 교인들이 말씀을 듣기 원하든 원치 않든 그들의 영혼을 살리기 위해 훈계와 권면과 때로는 채찍의 말씀도 가감하지 않고 전한다.

그러나 악한 종들은 예수님의 재림이 더디 올 것이라며 동료들을 때리며 술친구들과 더불어 먹고 마신다. 하나님의 말씀 보다는 화려한 언변술로 세상 지식과 교양과 철학과 정치와 경제 등을 교훈 삼아 설교한다. 교인들이 떠날 것을 두려워서 위로와 사랑의 메시지를 전하며, 흥미와 유머로 청중들의 마음을 사로잡아 교인들에게 인기만을 누리려고 한다.

"충성되고 지혜 있는 종이 되어 주인에게 그 집 사람들을 맡아 때를 따라 양식을 나눠 줄 자가 누구냐"(마 24:45)

셋째, 지혜로운 자가 등과 기름을 준비하기 때문이다.

슬기롭고 지혜로운 신앙인은 평소에 등과 기름을 준비하여 주님 오실 때에 혼인잔치에 참석하게 된다. 그러나 미련한 신앙인은 등만 준비하다가 주님이 오실 때에 혼인잔치에 참석하지 못하고 버림받게 된다. 오직 슬기롭고 지혜로운 사람만이 등과 기름을 준비하는 믿음생활을 할 수 있다(마 25:3~10).

넷째, 지혜로운 사람만이 666표를 받지 않기 때문이다.

7년 대환난 날에는 모든 자 곧 작은 자나 큰 자나 부자나 가난한 자나 자유인이나 종들에게 그 오른손에나 이마에 666표를 받게 한다. 누구든지 이 666표를 가진 자 외에는 매매를 할 수 없다. 그래서 모든 사람은 666표를 받는다. 그런데 문제는 666은 사탄의 숫자로 신앙인들이 받으면 절대 구원을 받을 수 없다는 것이다.

요한계시록 14장 9~11절에 보면 "또 다른 천사 곧 셋째가 그 뒤를 따라 큰 음성으로 이르되 만일 누구든지 짐승과 그의 우상에게 경배하고 이마에나 손에 표를 받으면 그도 하나님의 진노의 포도주를 마시리니 그 진노의 잔에 섞인 것이 없이 부은 포도주라 거룩한 천사들 앞과 어린 양 앞에서 불과 유황으로 고난을 받으리니 그 고난의 연기가 세세토록 올라가리로다 짐승과 그의 우상에게 경배하고 그의 이름표를 받는 자는 누구든지 밤낮 쉼을 얻지 못하리라 하더라"고 했고, 요한계시록 16장 2절에도 "첫째 천사가 가서 그 대접을 땅에 쏟으매 짐승의 표를 받은 사람들과 그 우상에게 경배하는 자들에게 악하고 독한 종기가 나더라"고 말씀하셨다.

요한계시록 19장 20절에도 "짐승이 잡히고 그 앞에서 표적을 행하던 거짓 선지자도 함께 잡혔으니 이는 짐승의 표를 받고 그의 우상에게 경배하던 자들을 표적으로 미혹하던 자라 이 둘이 산 채로 유황불 붙는 못에 던져진다"고 하시므로 666표를 받으면 영원한 지옥 불에 떨어짐을 말씀하고 있다.

그런데 미련한 신앙인은 매매(賣買) 때문에 666표를 이마와 손에 받지만, 지혜로운 신앙인은 죽음을 당한다 할지라도 666표를 받지 않는다.

"그가 모든 자 곧 작은 자나 큰 자나 부자나 가난한 자나 자유인이나 종들에게 그 오른손에나 이마에 표를 받게 하고, 누구든지 이 표를 가진 자 외에는 매매를 못하게 하니 이 표는 곧 짐승의 이름이나 그 이름의 수라. 지혜가 여기 있으니 총명한 자는 그 짐승의 수를 세어 보라 그것은 사람의 수니 그의 수는 육백육십육이니라"(계 13:16~18)

2) 지혜의 유익함

전도서 7장 12절: "지혜의 그늘 아래에 있음은 돈의 그늘 아래에 있음과 같으나, 지혜에 관한 지식이 더 유익함은 지혜가 그 지혜 있는 자를 살리기 때문이니라"

지혜는 세상을 살아가거나 신앙생활을 하는 데 매우 중요한 역할을 한다. 이러한 지혜는 마치 사람이 돈의 그늘 아래 있는 것 같이 지혜가 주는 유익함은 참으로 광범위하다.

지혜의 유익함은 무엇인가?

첫째, 지혜 있는 자가 사람을 살리기 때문이다.

솔로몬은 지혜로 많은 사람을 살리는 역할을 했다. 성경에 보면 솔로몬의 지혜로운 재판이 나온다. 두 여자가 한 아이를 놓고 서로 자기 아들이라고 주장한다. 솔로몬은 칼을 가져오라고 한 후에 그 칼로 아이를 둘로 나누어 반은 이 여자에게 주고, 반은 저 여자에게 주라고 한다. 그 판결을 들은 생모는 왕에게 산 아이를 그에게 주시고 죽이지 마옵소서라고 간청한다. 솔로몬은 아이의 생모가 누구인가를 알고, 그 아이를 생모에게 돌려주었다(왕상 3:16~28).

탈무드에도 보면 다음과 같은 솔로몬의 재판에 대한 이야기가 있다.

"안식일에 세 사람의 유태인이 예루살렘에 찾아왔다. 당시에는 은행이란 것이 없어서 세 사람은 가지고 있던 돈을 함께 땅에 묻었다. 그런데, 그들 가운데 한 사람이 몰래 땅 속에 묻어 놓은 돈을 몽땅 꺼내갔다. 이튿날 세 사람은 지혜로운 왕으로 널리 알려진 솔로몬을 찾아가 세 사람 가운데 누가 그 돈을 훔쳐 갔는지를 가려내 달라고 했다.

그러자, 솔로몬 왕은 '너희들 세 사람은 아주 현명하니, 우선 내가 판결에 곤란을 겪고 있는 어려운 문제를 먼저 풀어주면 너희들의 문제는 내가 해결해 주겠다'고 말하며 다음과 같은 이야기를 들려주었다.

어떤 처녀가 한 젊은이와 혼인하기로 약속을 하였다네. 그런데 그 처녀는 얼마 후 다른 남자와 사랑하게 되어 약혼자를 찾아 헤어지자고 했다네. 그 처녀는 약혼자에게 위자료를 지불하겠다고 자청했는데, 젊은이는 위자료는 필요 없다면서 처녀와의 약혼을 즉시 취소해 주었다네. 그런데, 그 아가씨는 남보다 많은 돈을 가지고 있었던 탓으로 어떤 노인한테 유괴당했지. 처녀는 노인에게, "나는 약혼했던 남자한테 파혼을 요청하자 그 남자는 위자료도 받지 않고 나의 부탁을 들어주었소. 노인장께서도 그 사람처럼 나를 자유롭게 풀어 주세요" 라고 말을 했다네.

그랬더니 노인은 그녀의 말대로 몸값을 받지 않고 처녀를 풀어주었지. 이 사람들 가운데서 가장 칭찬받을 만한 행동을 한 사람은 누구이겠는가?

첫 번째 사나이가 대답했다.

처녀가 약혼까지 했으면서도 파혼을 허락해주고 위자료도 받지 않은 남자가 칭찬을 받아 마땅합니다. 왜냐하면 그는 처녀의 의사를 무시하면서까지 결혼하려고 하지 않았으므로 게다가 위자료도 받지 않은 남자가 칭찬을 받아 마땅합니다.

두 번째 사나이가 말했다.

아닙니다. 그 처녀야말로 칭찬을 받아야 합니다. 그녀는 용기를 내어 약혼자에게 파혼을 요구했고, 진정으로 사랑하고 있는 남자와 결혼을 했습니다. 이것이야말로 칭찬을 받아 마땅합니다.

세 번째 사나이가 말했다

이야기가 너무 뒤죽박죽이어서, 저는 통 이해할 수가 없습니다. 먼저 처녀를 납치한 노인은 돈 때문에 그 처녀를 납치했는데, 돈도 받지 않고서 풀어 주다니, 이야기의 줄거리를 종잡을 수가 없습니다.

그러자 솔로몬 왕은 갑자기 호통을 치며 말했다.

이놈! 네가 바로 돈을 훔친 놈이다. 다른 사람들은 내 이야기를 듣고, 사랑이나 처녀와 약혼자 사이의 인간관계와 그 사이에 얽혀진 긴장된 감정에 마음을 쏟았는데 네놈은 돈밖에는 생각하고 있지 않았다. 틀림없이 네가 범인이다!

예수님은 제자들에게 뱀처럼 지혜로운 자가 되라고 했다. 제자들이 복음을 전할 때에 어리석은 자처럼 일방적으로 전할 것이 아니라 지혜롭게 전하여 많은 사람을 살리라는 것이다.

요즘 전철 안에나 공공장소에서 복음을 전하는 것을 종종 목격할 수 있다. 그런데 주변 사람들의 반응은 너무나 차갑다. 복음을 외면할 정도가 아니라 복음에 대해 배척하면서 기독교에 대해 부정적인 인식을 갖게 한다. 요즘 세상에 복음을 몰라서 믿지 못한 사람은 없을 것이다. 교회가 어떤 곳인가를 몰라서 교회 못 다니는 사람도 없을 것이다. 그렇다면 전도자들은 복음의 효과를 위해서 지혜롭게 전도할 때에 많은 사람의 영혼을 주님 품으로 인도하게 될 것이다.

둘째, 지혜는 무기보다 낫다.

"지혜가 무기보다 나으니라 그러나 죄인 한 사람이 많은 선을 무너지게 하느니라"(전 9:18)

무기는 많은 사람을 희생 시키지만, 지혜는 많은 사람을 살리는 역할을 한다. 그래서 무기보다 지혜가 더 월등하다. 최신형 첨단 무기로 전쟁을 한다 할지라도 지혜가 없으면 전쟁에서 승리하거나 나라를 위기에서 지키지 못한다. 그래서 지혜는 무기보다 나으며 나라를 위기에서 건져내기도 한다.

3) 하나님이 하신 일은 거역할 수 없음

전도서 7장 13절: "하나님께서 행하시는 일을 보라 하나님께서 굽게 하신 것을 누가 능히 곧게 하겠느냐"

인간이 뛰어난 능력과 지혜를 가지고 있다고 해도 하나님께서 하시는 일은 막을 수가 없다. 하나님께서 굽게 하신 것을 피조물인 인간이 곧게 할 수 없다. 하나님께서 굽게 하신 것을 곧게 하려고 한 것 자체가 교만이다.

예수님도 십자가에 죽으심을 피하기 위해 "내 아버지여 만일 할 만하시거든 이 잔을 내게서 지나가게 하옵소서 그러나 나의 원대로 마옵시고 아버지의 원대로 하옵소서"(마 26:39)라고 기도했다. 그러나 하나님께서 굽게 하신 것을 곧게 할 수 없음을 깨달은 예수님은 마태복음 26장 42절 말씀을 통해 "다시 두 번째 나아가 기도하여 이르시되 내 아버지여 만일 내가 마시지 않고는 이 잔이 내게서 지나갈 수 없거든 아버지의 원대로 되기를 원하나이다"라면서 십자가에 죽기까지 복종했다.

그래서 사도 바울은 빌립보서 2장 8절 말씀을 통해 "사람의 모양으로 나타나사 자기를 낮추시고 죽기까지 복종하셨으니 곧 십자가에 죽으심이라"고 했다.

하나님이 굽게 하신 재앙인 지진, 홍수, 가뭄, 전염병, 화산 폭발 그리고 세상 종말 심판 등을 곧게 할 수 없다. 그러므로 인간은 나약한 피조물임을 깨닫고 전능하신 하나님의 뜻에 순종하며 살아야 한다.

4) 인간에게 세 가지를 주신 하나님

전도서 7장 14절: "형통한 날에는 기뻐하고 곤고한 날에는 되돌아보아라. 이 두 가지를 하나님이 병행하게 하사 사람이 그의 장래 일을 능히 헤아려 알지 못하게 하셨느니라"

(1) 형통한 날에는 기뻐하라

인생을 살다보면 형통한 날도 있고 곤고한 날도 있다. 형통한 날이란 사업이 잘되고, 출세하고, 성공하고 그리고 어려운 문제가 해결되는 때를 말한다. 그럴 때에는 형통한 날을 주신 하나님께 감사할 줄 알아야 한다.

그런데 문제는 사람들은 사업이 잘되고 번성하게 되면 내 지식과 능력으로 된 것으로 생각하여 하나님을 떠나게 된다. 그러나 실상은 내 지식과 능력으로 출세하고 성공하여 재물을 모은 것이 아니다. 하나님께서 우리에게 번성하고 성공하여 재물을 얻을 수 있는 능력을 주셨기 때문이다. 그 능력으로 출세하고 성공하여 재물을 모으고 형통한 삶을 살게 된 것이다.

신명기 8장 18절에 보면 "네 하나님 여호와를 기억하라 그가 네게 재물 얻을 능력을 주셨음이라 이같이 하심은 네 조상들에게 맹세하신 언약을 오늘과 같이 이루려 하심이니라"고 했다.

그러므로 내 힘과 노력으로 성공하여 형통한 삶을 살 때에 교만하지 말고 그 모든 것이 하나님께서 재물을 얻을 수 있는 능력을 주신 결과임을 깨닫고 하나님께 돌려드리며 감사할 줄 알아야 한다.

(2) 곤고한 날에는 생각하라

"곤고한"은 '악한', '해로운', '슬픈'의 의미로 '역경', '고난'의 뜻이다. 하나님은 형통한 날도 주실 뿐 아니라 곤고한 날도 주신다. 인생이 곤고한 날이 있을 때에는 하나님이 곤고케 하신 목적과 이유가 무엇인지를 생각해 보아야 한다. 곤고한 날을 통해 하나님을 바로 알고 믿음을 굳게 하는 기회가 되기 때문이다.

(3) 장래의 일을 알지 못하리라

인간은 누구나 장래 일을 알지 못한다. 하나님은 인간들로 하여금 장래의 일을 알지 못하게 하셨기 때문이다. 만약 인간이 5년 혹은 10년 뒤에 불의의 사고로 죽게 된다는 것을 안다면 어떻게 하겠는가? 누가 승진 시험 준비를 하며, 힘들게 직장 생활하여 돈을 벌며, 거액을 투자하여 사업을 확장 하겠는가? 아마도 한 사람도 없을 것이다. 심한 스트레스로 인하여 정신병자가 되든지 아니면 심리적 불안과 공포로 인하여 하루도 못 살고 죽게 될 것이다.

하나님께서 인간들에게 장래 일을 알지 못하게 하신 것이 얼마나 행복한 일인가? 장래의 일을 알지 못하기 때문에 마지막 죽음의 순간까지 열심히 일하며 땀 흘리면서 살게 된다.

잠언 16장 3절에 보면 "너의 행사를 여호와께 맡기라 그리하면 네가 경영하는 것이 이루어지리라"고 했고, 시편 37편 5~6절에도 보면 "네 길을 여호와께 맡기라 그를 의지하면 그가 이루시고 네 의를 빛 같이 나타내시며 네 공의를 정오의 빛같이 하시리로다"고 하셨다.

가치 있는 삶

1) 유익한 삶을 살기 위한 조건

(1) 허무한 인생을 살지 말라

전도서 7장 15절: "내 허무한 날을 사는 동안 내가 그 모든 일을 살펴보았더니 자기의 의로움에도 불구하고 멸망하는 의인이 있고 자기의 악행에도 불구하고 장수하는 악인이 있으니"

"허무한 날"은 하나님을 떠나서 살았던 기간을 말한다. 인간이 하나님을 떠나서 자신의 의를 위해 열심히 살아도 허무한 일이며, 자신의 악을 위해 살아도 허무한 일이다. 하나님을 떠난 그 자체가 인생의 모든 것이 허무하며 헛된 것들이다.

(2) 패망의 삶을 살지 말라

전도서 7장 16절: "지나치게 의인이 되지도 말며 지나치게 지혜자도 되지 말라 어찌하여 스스로 패망하게 하겠느냐"

사람들은 자신의 의와 지혜를 자랑하고 과시하는 경우가 있다. 하나님은 그런 사람들에게 "지나치게 의인이 되지도 말며, 지나치게 지혜자도 되지 말라"고 했다. 그 이유는 스스로 패망하기 때문이다. 패망의 원인은 교만이다. 겸손한 사람은 자신의 의와 지혜를 자랑하지 않는다.

하나님은 교만한 자를 물리치시고 겸손한 자에게 은혜를 주신다. 웃시아 왕이 패망한 이유도 교만 때문이며(대하 26:16), 히스기야 왕이 죽을병에 걸리게 된 것도 교만 때문 이었다(대하 32:25). 그래서 교만은 패망의 선봉이며 거만한 마음은 넘어짐의 앞잡이이다(잠 16:18).

"사람의 마음의 교만은 멸망의 선봉이요 겸손은 존귀의 앞잡이니라"(잠 18:12)

"그러나 더욱 큰 은혜를 주시나니 그러므로 일렀으되 하나님이 교만한 자를 물리치시고 겸손한 자에게 은혜를 주신다 하였느니라"(약 4:6)

"젊은 자들아 이와 같이 장로들에게 순종하고 다 서로 겸손으로 허리를 동이라 하나님은 교만한 자를 대적하시되 겸손한 자들에게는 은혜를 주시느니라"(벧전 5:5)

(3) 악인과 우매자가 되지 말라

전도서 7장 17절: "지나치게 악인이 되지도 말며 지나치게 우매한 자도 되지 말라 어찌하여 기한 전에 죽으려고 하느냐"

악인과 우매자는 누구인가? 하나님을 알지 못한 자들이다. 하나님을 알지 못하기 때문에 악을 행한다. 마치 사나운 맹수처럼 무절제한 행동과 악을 통해 다른 사람들의 형편과 처지를 전혀 생각하지 않고 무차별적으로 공격 한다. 그래서 그들의 결말은 기한 전에 죽임을 당한다.

시편 1편 6절에 보면 "대저 의인의 길은 여호와께서 인정하시나 악인의 길은 망하리로다"고 했고, 시편 11편 5~6절에도 "여호와는 의인을 감찰하시고 악인과 폭력을 좋아하는 자를 마음에 미워하시도다. 악인에게 그물을 던지시리니 불과 유황과 태우는 바람이 그들의 잔의 소득이 되리로다"고 했다. 또 시편 37편 10절에도 "잠시 후에는 악인이 없어지리니 네가 그곳을 자세히 살필지라도 없으리로다"고 하셨다.

2) 하나님을 경외하는 자

전도서 7장 18절: "너는 이것도 잡으며 저것에서도 네 손을 놓지 아니하는 것이 좋으니 하나님을 경외하는 자는 이 모든 일에서 벗어날 것임이니라"

인본주의의 삶은 악인과 우매자의 삶에서 벗어나지 못한다. 악인과 우매자의 삶에서 벗어나는 방법은 오직 하나님만 경외하는 방법밖에 없다.

하나님을 경외하는 사람은 악인들의 꾀를 따르지 아니하며 죄인들의 길에 서지 아니하며 오만한 자들의 자리에 앉지 아니한다. 오직 여호와의 율법을 즐거워하여 그의 율법을 주야로 묵상한다. 그 결과 그들은 시냇가에 심은 나무가 철을 따라 열매를 맺으며 그 잎사귀가 마르지 아니함 같이 그가 하는 모든 일이 다 형통한 복을 누리게 된다(시 1:1~3).

하나님은 당신을 경외하는 자에게 복을 주신다. 시편 115편 13절을 보면 "높은 사람이나 낮은 사람을 막론하고 여호와를 경외하는 자들에게 복을 주시리로다"고 했고, 시편 111편 5절에도 "여호와께서 자기를 경외하는 자들에게 양식을 주시며 그의 언약을 영원히 기억하시리로다"고 하셨다.

잠언에도 "여호와를 경외하는 것은 생명의 샘이라 사망의 그물에서 벗어나게 하느니라"(잠 14:27)고 말씀하셨고, 잠언 15장 16절에도 "가산이 적어도 여호와를 경외하는 것이 크게 부하고 번뇌하는 것보다 나으니라"고 하셨다.

시편 기자는 하나님을 경외하는 자에게 어떤 복이 있는가를 말씀하고 있다.

> "여호와를 경외하며 그의 길을 걷는 자마다 복이 있도다. 네가 네 손이 수고한 대로 먹을 것이라 네가 복되고 형통하리로다. 네 집 안방에 있는 네 아내는 결실한 포도나무 같으며 네 식탁에 둘러앉은 자식들은 어린 감람나무 같으리로다. 여호와를 경외하는 자는 이같이 복을 얻으리로다. 여호와께서 시온에서 네게 복을 주실지어다. 너는 평생에 예루살렘의 번영을 보며 네 자식의 자식을 볼지어다. 이스라엘에게 평강이 있을지로다"(시 128:1~6)

3) 하나님 경외로 얻은 지혜의 위대함

전도서 7장 19절: "지혜가 지혜자를 성읍 가운데에 있는 열 명의 권력자들보다 더 능력이 있게 하느니라"

하나님을 경외함으로 얻어지는 지혜자는 성읍 가운데 있는 열 명의 권력자들보다 다 능력이 있다. "열"은 완전수로서 많은 수를 가리킨다.

믿음의 지혜자들의 위대함을 보라!

첫째, 요셉이다.

애굽의 바로 왕이 꿈을 꾸었다. 바로가 나일 강 가에 서 있는데 아름답고 살진 일곱 암소가 강가에서 올라와 갈밭에서 뜯어먹고 그 뒤에 또 흉하고 파리한 다른 일곱 암소가 나일 강 가에서 올라와 그 소와 함께 나일 강 가에 서 있었다. 그런데 그 흉하고 파리한 소가 그 아름답고 살진 일곱 소를 먹었다. 다시 바로가 잠이 들어 꿈을 꾸니 한 줄기에 무성하고 충실한 일곱 이삭이 나오고 그 후에 또 가늘고 동풍에 마른 일곱 이삭이 나왔다. 그 가는 일곱 이삭이 무성하고 충실한 일곱 이삭을 삼켰다.

바로는 아침에 애굽의 모든 점술가와 현인들을 불러 놓고 꿈을 말한 후에 해석하라고 했다. 그런데 아무도 해석하는 사람이 없었다. 그러나 요셉은 아무도 해석하지 못한 꿈을 해석했다. 그 꿈의 해석은 애굽에 7년 동안의 풍년과 7년 동안의 흉년이 든다는 것이다. 애굽은 요셉의 꿈 해석대로 7년 동안은 풍년이 들었고, 그 후 7년 동안은 흉년이 들었다.

요셉의 지혜는 애굽의 점술가와 현인의 지식과 바로의 권력보다 비교할 수 없을 정도로 월등했다.

둘째, 다니엘이다.

바벨론 왕 느부갓네살도 꿈을 꾸었다. 그는 그 꿈 때문에 마음이 번민하여 잠을 이루지 못했다. 왕은 그의 꿈을 알기 위해 박수와 술객과 점쟁이와 갈대아 술사를 다 불러놓고 그들에게 자기의 꿈과 내용을 알려 달라고 했다. "만약 꿈과 그 해석을 내게 알게 하지 아니하면 너희 몸을 쪼갤 것이며 너희의 집을 거름더미로 만들 것이다. 그러나 너희가 만약 꿈과 그 해석을 보이면 너희가 선물과 상과 큰 영광을 내게서 얻으리라"고 했다. 그런데 바벨론의 지식인과 박사들 중에 한 사람도 왕의 꿈과 내용을 알아내지 못했다. 그들은 모두가 왕의 명령대로 죽음을 당하는 위기에 처하게 되자 다니엘은 하나님께서 주신 지혜로 느브갓네살의 꿈과 내용을 알고 해석하여 준다.

그 꿈은 다음과 같다. 느부갓네살은 큰 신상을 보게 되는데 그 우상의 머리는 순금이요, 가슴과 두 팔은 은이요, 배와 넓적다리는 놋이요, 그 종아리는 쇠요, 그 발은 얼마는 쇠요 얼마는 진흙이었다. 그런데 손대지 아니한 돌이 나와서 신상의 쇠와 진흙의 발을 쳐서 부서뜨리매 그때에 쇠와 진흙과 놋과 은과 금이 다 부서져 여름 타작마당의 겨 같이 되어 바람에 불려 간 곳이 없었고 우상을 친 돌은 태산을 이루어 온 세계에 가득하였다는 것이다.

다니엘의 지혜는 아무도 알 수도 없고 해석할 수도 없는 꿈과 그 내용을 정확히 알고 해석하므로 바벨론의 술객과 박사들의 지식과 느브갓네살 왕의 권력보다 월등했다.

느브갓네살의 꿈 해석의 내용은 무엇인가?

첫째, 머리는 "순금 시대"이다. 이것은 "바벨론 시대"를 말한다.

둘째, 가슴과 두 팔은 "은의 시대"이다. 이것은 "메대와 바사 시대"이다.

셋째, 배와 넓적다리는 "놋의 시대"이다. 이것은 "헬라시대"이다.

넷째, 종아리는 "쇠의 시대"이다. 이것은 "로마시대"이다.

다섯째, 발은 얼마는 쇠요 얼마는 진흙으로 "쇠와 진흙 시대"이다. 이것은 국가와 국가 간의 서로 연합하는 "통합과 융합시대"이다. 즉 유럽연합시대(현재 EU는 27개 국가)이다.

하나님께서 느브갓네살 왕에게 꿈을 주신 이유는 무엇인가? 느브갓네살의 꿈을 통해 미래에 이루어질 인류 역사에 대한 예언의 말씀을 보여주시기 위함이다. 그 예언대로 인류 역사는 진행되었고 마지막 하나만 남겨두고 있다. 그 하나가 바로 발가락 시대인 국가와 국가가 서로 연합하는 시대이다. 이때가 바로 종말 시대이다. 그 시대가 끝나면 예수님께서 재림하셔서 세상을 심판하신다.

"손대지 아니한 돌이 나와서 신상의 쇠와 진흙의 발을 쳐서 부서뜨리매 그때에 쇠와 진흙과 놋과 은과 금이 다 부서져 여름 타작마당의 겨같이 되어 바람에 불려 간 곳이 없었고 우상을 친 돌은 태산을 이루어 온 세계에 가득하였다"(단 2:34~35)

"손대지 아니한 돌"은 예수님을 말하는데 예수님께서 재림 하셔서 세상을 철저하게 심판하신다.

우리는 지금 "발은 얼마는 쇠요 얼마는 진흙"인 종말 시대를 살아가고 있다. 하나님의 예언의 말씀이 일점일획도 틀림이 없이 성취된다. 느브갓네살 왕의 꿈대로 인류 역사가 성취되었다면 마태복음 24

장과 요한계시록의 예언의 말씀도 반드시 성취될 것이다. 이 진리의 말씀을 믿고 오직 믿음으로 사는 사람만이 종말의 심판을 받지 않고 영광의 나라에 들어갈 것이다.

"진실로 너희에게 이르노니 천지가 없어지기 전에는 율법의 일점 일획도 결코 없어지지 아니하고 다 이루리라"(마 5:18)

05
인간의 부패성

1) 지혜의 한계

(1) 절대적인 지혜자가 될 수 없음

전도서 7장 23절: "내가 이 모든 것을 지혜로 시험하며 스스로 이르기를 내가 지혜자가 되리라 하였으나 지혜가 나를 멀리 하였도다"

세상에서 가장 지혜로운 사람은 솔로몬이다. 세상에서 솔로몬처럼 지혜로운 사람도 찾아보기 힘들 것이다. 솔로몬은 뛰어난 지혜로 세상에서 일어나는 모든 일들을 해결했다. 그러나 해결하지 못한 일도 매우 많았을 것이다. 그래서 그는 자신의 지혜가 너무 부족함을 깨닫고 "내가 이 모든 것을 지혜로 시험하며 스스로 이르기를 내가 지혜자가 되리라 하였으나 지혜가 나를 멀리 하였도다"라고 고백했다. 즉 인간은 절대적인 지혜자가 될 수 없음을 고백한 것이다.

인간의 지혜로 하나님의 지혜를 뛰어 넘을 수가 없을 뿐 아니라 하나님의 세계를 다 알 수도 없다. 그래서 바울은 "하나님의 어리석음이 사람보다 지혜롭고 하나님의 약하심이 사람보다 강하니라"(고전 1:25)고 했다.

(2) 세상의 모든 것을 통달할 수 없음

전도서 7장 24절: "이미 있는 것은 멀고 또 깊고 깊도다 누가 능히 통달하랴"

인간이 그동안 갈고 닦은 지식과 인생 경험에 바탕을 둔 나름대로의 폭넓은 식견으로도 세상의 모든 것을 다 알 수 없다. 하나님께서 하신 일은 너무 멀 뿐 아니라 깊고 깊기 때문이다. 사람은 우주의 신비로움과 인체의 신비로움을 아직도 다 통달하지 못하고 있다.

바울은 "깊도다 하나님의 지혜와 지식의 부요함이여 그의 판단은 측량치 못할 것이며 그의 길은 찾지 못할 것이로다"(롬11:33)라고 했다.

(3) 연구한 것이 헛됨

전도서 7장 25절: "내가 돌이켜 전심으로 지혜와 명철을 살피고 연구하여 악한 것이 얼마나 어리석은 것이요 어리석은 것이 얼마나 미친 것인 줄을 알고자 하였더니"

인간의 지식과 철학으로 세상의 법칙을 연구하지만 그 연구는 끝이 없다. 왜냐하면 인간의 지식은 한계가 있기 때문이다. 내가 한평생 연구해 보지만 그 연구를 다 마치지도 못하고 죽음을 당할 수도 있다. 후대 사람이 계속해서 연구해 보지만 결과는 마찬가지이다. 피조물인 인간은 창조주 하나님께서 만드신 세계를 다 알 수 없기 때문이다.

2) 인본주의 철학과 사상

전도서 7장 26, 27절: "마음은 올무와 그물 같고 손은 포승 같은 여인은 사망보다 더 쓰다는 사실을 내가 알아내었도다 그러므로 하나님을 기쁘게 하는 자는 그 여인을 피하려니와 죄인은 그 여인에게 붙잡히리로다 전도자가 이르되 보라 내가 낱낱이 살펴 그 이치를 연구하여 이것을 깨달았노라"

"여인"은 인본주의 철학과 사상을 의미한다. 인본주의 철학과 사상은 인간의 모든 기능을 올무처럼 조이고, 그물처럼 가두고, 포승줄처럼 움직이지 못하도록 묶어둔다. 그리고 사망에 이르게 하는 독처럼 더 독한 독으로 지배한다.

인본주의 사상과 철학에 붙잡히게 되면 하나님의 권위에 도전하는 무서운 독이 된다. 노아의 아들 함의 후손들은 인본주의 사상에 사로잡히게 되자 자신들의 이름을 내고 온 지면에 흩어짐을 면하기 위해 시날 평지에 바벨탑을 만들고 그 탑 꼭대기를 하늘에 닿게 하려고 했다. 이것은 하나님의 권위에 도전하여 하나님 없이도 살 수 있음을 보여주기 위한 인본주의 사상이다(창 11). 마치 하와가 하나님과 같이 되려는 야망 때문에 에덴동산에 있는 선악과를 따 먹은 것과 같다.

그러므로 하나님이 없는 인본주의 철학과 사상은 인간에게 올무와 그물 같은 존재가 되어 하나님의 권위에 도전하게 하며 인간을 신으로 만들려고 한다.

그리스도인은 자녀를 유아기부터 철저하게 말씀으로 가르쳐서 성인이 되어서도 하나님을 떠나지 않도록 해야 한다. 잠언 22장 6절에 보면 "마땅히 행할 길을 아이에게 가르치라 그리하면 늙어도 그것을 떠나지 아니하리라"고 했다. 어려서부터 철저한 신앙 교육만이 자녀를 인본주의 사상에 오염되지 않고 끝까지 믿음으로 살게 하는 유일한 길이다.

오늘날 교회 집사, 권사, 장로 직분을 맡은 분들도 자녀를 일류 대학에 진학시키기 위해 주일날 교회에 보내지 않고 학원에 보내거나 과외를 시킨다. 그 결과 자녀들이 일류 대학에 들어간 후에는 주일날 교회 가서 예배드리자고 하면 거절한다. 자녀들은 신앙의 중요성과 가치를 배우지 못했기 때문에 세상 친구들과 어울리며 자신들이 하고 싶은 일을 더 중요하게 생각한 결과이다. 이것은 삶에 있어서 가장 중요한 우선순위를 망각한 행동이다.

인본주의적인 면에서는 자녀들을 잘 키웠는지는 몰라도, 신앙적인 면에서는 실패한 것이다. 하나님을 떠나서 출세하고 성공하여 사회적으로 기업 총수, 국회의원, 장관, 대통령이 되었다고 해도 그것은 성공이 아니다.

솔로몬을 보라! 솔로몬이 왜 잠언과 전도서를 하나님의 영감을 받아 기록하게 되었는가? 자신처럼 하나님을 떠나서 세상에 빠져 부귀영화를 누리게 되면 마지막에는 세상의 모든 것이 헛되고 헛된 것임을 가르쳐 주기 위함이다. 다시 말하면 하나님을 떠나서 인생의 헛된 삶을 살지 말라는 것이다.

자녀에게 신앙 교육을 시키는 기회를 놓치면 평생 후회하게 된다. 일류 대학에 가는 것보다, 세상적으로 출세하고 성공하는 것보다 더 중요한 것이 신앙 교육을 통해 하나님을 바로 알고 믿음으로 살게 하는 것이다.

자녀가 믿음과 말씀으로 굳게 서 있으면 사회와 국가를 위해서 무엇을 할 것인가를 너무 잘 알고 하나님의 영광을 위해 열심히 살게 될 것이다.

3) 사람들은 많은 꾀를 냄

전도서 7장 29절: "내가 깨달은 것은 오직 이것이라 곧 하나님은 사람을 정직하게 지으셨으나 사람이 많은 꾀들을 낸 것이니라"

하나님은 인간을 창조하실 때에 죄가 없는 정직한 피조물로 만드셨다. 그래서 하나님은 사람을 창조하신 후에 "하나님이 보시기에 심히 좋았다"(창 1:31)고 했다.   다윗은 하나님께 회개 기도하면서 자백하기를 "하나님이여 내 속에 정한 마음을 창조하시고 내 안에 정직한 영을 새롭게 하소서"(시 51:10)라고 간구했다. 자신의 부패한 심령, 거짓과 권모술수의 심령을 바로 잡는 것이 가장 중요하게 생각했기 때문이다. 심령이 부패하여 많은 꾀를 낸 것은 타락의 산물이기 때문이다. 그래서 타락한 인간은 일생 동안 의롭지 못한 꾀를 내며 산다. 자신의 이익을 얻기 위해 많은 꾀를 내기도 하며, 목적을 달성하기 위해 꾀를 통해 사람들을 함정에 빠지게 한다. 꾀를 내는 자들은 사탄에 속한 자들이다.

성경에서 꾀를 낸 자들은 누구인가?

① 뱀이다. 뱀은 하와가 선악과를 따 먹도록 꾀를 냈다.

"여호와 하나님이 여자에게 이르시되 네가 어찌하여 이렇게 하였

느냐 여자가 이르되 뱀이 나를 꾀므로 내가 먹었나이다"(창 3:13)

② 요셉의 형제들이다. 요셉의 형제들은 요셉을 죽이기 위해 꾀를 냈다.

"요셉이 그들에게 가까이 오기 전에 그들이 요셉을 멀리서 보고 죽이기를 꾀하여 서로 이르되 꿈꾸는 자가 오는도다"(창 37:18, 19)

③ 발람이다. 발람은 물질의 탐욕에 눈이 어두워 이스라엘 백성들에게 꾀를 내어 하나님의 저주를 받게 했다.

"보라 이들이 발람의 꾀를 따라 이스라엘 자손을 브올의 사건에서 여호와 앞에 범죄하게 하여 여호와의 회중 가운데에 염병이 일어나게 하였느니라"(민 31:16)

④ 사울 왕이다. 사울은 다윗을 죽이기 위해 꾀를 냈다.

"그가 다윗에게 말하여 이르되 내 아버지 사울이 너를 죽이기를 꾀하시느니라 그러므로 이제 청하노니 아침에 조심하여 은밀한 곳에 숨어 있으라"(삼상 19:2)

⑤ 므낫세이다. 므낫세는 꾀를 내어 이스라엘 백성들을 우상 숭배에 빠지게 했다.

"이 백성이 듣지 아니하였고 므낫세의 꾐을 받고 악을 행한 것이 여호와께서 이스라엘 자손 앞에서 멸하신 여러 민족보다 더 심하였더라"(왕하 21:9)

⑥ 하만이다. 하만은 꾀를 내어 모르드개를 죽이려고 했다.

"에스더가 다시 왕 앞에서 말씀하며 왕의 발아래 엎드려 아각 사람 하만이 유다인을 해하려 한 악한 꾀를 제거하기를 울며 구하니"(에 8:3)

⑦ 대제사장들과 서기관들이다. 그들은 예수님을 십자가에 죽이기 위해 꾀를 냈다.

"대제사장들과 서기관들이 듣고 예수를 어떻게 죽일까 하고 꾀하니 이는 무리가 다 그의 교훈을 놀랍게 여기므로 그를 두려워함일러라"(막 11:18)

⑧ 아나니아와 삽비라이다. 그들은 꾀하여 베드로를 속이려 했다.

베드로가 이르되 너희가 어찌 함께 꾀하여 주의 영을 시험하려 하느냐 보라 네 남편을 장사하고 오는 사람들의 발이 문 앞에 이르렀으니 또 너를 메어 내가리라 하니(행 5:9)

⑨ 사탄이다. 사탄은 온 천하를 꾀는 자이다.

"큰 용이 내쫓기니 옛 뱀 곧 마귀라고도 하고 사탄이라고도 하며 온 천하를 꾀는 자라 그가 땅으로 내쫓기니 그의 사자들도 그와 함께 내쫓기니라"(계 12:9)

제8장

하나님을 경외하는 복

지혜자의 마음

1) 지혜자의 모습

전도서 8장 1절: "누가 지혜자와 같으며 누가 사물의 이치를 아는 자이냐 사람의 지혜는 그의 얼굴에 광채가 나게 하나니 그의 얼굴의 사나운 것이 변하느니라"

인간은 지혜자인 하나님과 같을 수 없고, 세상 사물의 이치를 다 알 수가 없다. 그러나 하나님을 아는 지혜가 마음에 가득하면 얼굴에서 광채가 나며 사나운 얼굴이 부드러운 얼굴로 변한다. 오직 인간의 악한 마음을 다스리고 변화시킬 수 있는 것은 인간의 지식과 교양과 수양을 통해서 되는 것이 아니라 하나님을 아는 지혜로만 가능하기 때문이다.

사울이 바울로 변화되기 전 그의 얼굴에는 위협과 살기가 가득하였다. 그는 교회를 핍박하고, 믿는 성도들을 잡아 옥에 가두며, 스데반집사를 죽이는 데 앞장섰다. 사울은 세상 학식과 철학과 교양이 가득한 사람이었지만 그리스도를 아는 지식이 가득하게 되자 얼굴에 위협과 살기는 사라지고 사랑의 빛이 가득하여 복음의 사도가 되었다.

사람은 마음의 그릇에 무엇이 담겨있느냐에 따라 그것이 얼굴로 나타난다. 그래서 얼굴은 마음의 거울이다. 마음에 시기와 분노가 가득할 때는 얼굴에 그대로 나타나지만, 마음에 사랑과 말씀이 가득하면 얼굴에 인자함과 온유함이 빛이 되어 나타난다. 그러므로 그리스도인은 자신의 얼굴에서 믿음의 광채가 나도록 자신의 얼굴을 책임져야 한다.

예수님은 마태복음 12장 35절의 말씀을 통해 "선한 사람은 그 쌓은 선에서 선한 것을 내고 악한 사람은 그 쌓은 악에서 악한 것을 내느니라"고 했다.

2) 백성들의 도리

(1) 왕의 명령에 순종하라

전도서 8장 2절: "내가 권하노라 왕의 명령을 지키라 이미 하나님을 가리켜 맹세하였음이니라"

백성들은 통치권자의 명령에 순종해야 한다. 그 이유는 권세를 주신 분이 하나님이시기 때문이다. 예수님은 3년의 공생애 기간 동안 정치적인 발언을 통해 권력자의 퇴진 운동을 하거나 군중집회를 하지 않았다. 오히려 가버나움에 도착해서 세금까지 냈다.

세무 공무원들이 베드로에게 와서 "왜 너의 선생은 반 세겔을 내지 않느냐"며 세금 낼 것을 요구한다. 그러자 예수님은 그들을 실족하지 않게 하기 위하여 네가 바다에 가서 낚시를 던져 먼저 오르는 고기를 가져 입을 열면 돈 한 세겔을 얻을 것이니 그것을 가져다가 나와 너를 위하여 세금을 내라"(마 17:27)고 했다.

바리새인들도 예수님을 올무에 걸리게 하기 위해 "가이사에게 세금을 바치는 것이 옳으니이까 옳지 아니하니이까"라고 물었다. 그때에도 예수님은 "가이사의 것은 가이사에게, 하나님의 것은 하나님께 바치라"(마22:21)고 했다.

사도 바울도 말하기를 "각 사람은 위에 있는 권세들에게 복종하라 권세는 하나님으로부터 나지 않음이 없나니 모든 권세는 다 하나님께서 정하신 바라"(롬13:1)고 했다. 또한 에베소서 6장 5절에는 직장의 직원들은 "성실한 마음으로 육체의 상전에게 순종하기를 그리스도께 하듯 하라"고 했다.

영적으로는 만왕의 왕이신 하나님 말씀에 순종해야 한다. 사무엘 선지자는 사울 왕에게 "순종이 제사보다 낫고 듣는 것이 숫양의 기름보다 낫다"(삼상 15:22)고 했다. 신앙인들이 세상 권세 자와 직장 상사에게는 철저하게 순종하면서 하나님 말씀은 순종하지 않는다는 것은 하나님을 불신하는 행위이다. 그러므로 그리스도인의 첫 번째 순종의 대상이 하나님 말씀이다. 말씀에 순종하는 사람은 이 땅에서 하나님께서 주시는 복을 누리게 된다.

(2) 왕의 분노를 일으키지 말라

전도서 8장 3절: "왕 앞에서 물러가기를 급하게 하지 말며 악한 것을 일삼지 말라 왕은 자기가 하고자 하는 것을 다 행함이니라"

"왕 앞에서 물러간다"는 것은 그 사람에 대한 무례함과 불만을 표시하는 것이며, "악한 것을 일삼지 말라"는 것은 왕의 진노를 유발시키는 불의한 행동을 하지 말라는 것이다. 왕은 자기가 하고자 하는 것을 다 할 수 있기 때문에 왕의 눈에 벗어나면 어떤 진노가 임할지 알 수 없다. 어리석은 행동을 통해서 왕의 진노를 사지 말아야 한다.

영적으로도 하나님 앞에 불의한 행동을 하지 말고 오직 여호와 하나님만 섬겨야 한다. 하나님의 진노는 누구도 막을 수가 없다. 그래서 예레미야선지자는 "오직 여호와는 참 하나님이시요 살아 계신 하나님이시요 영원한 왕이시라 그 진노하심에 땅이 진동하며 그 분노하심을 이방이 능히 당하지 못하느니라"(렘 10:10)고 했다.

(3) 왕권에 도전하지 말라

전도서 8장 4절: "왕의 말은 권능이 있나니 누가 그에게 이르기를 왕께서 무엇을 하시나이까 할 수 있으랴"

왕의 말은 권능이 있기 때문에 누구든지 왕의 권위에 도전할 수 없다. 왕의 말 한마디로 하루아침에 역사가 바뀔 수도 있다.

영적으로도 인간은 만왕의 왕이신 하나님의 권위에 도전할 수 없다. 타락한 천사는 하나님의 권위에 도전하다가 추방당하여 스올, 곧 구덩이 맨 밑에 떨어짐을 당하였다. 그 천사가 바로 사탄이다.

"너 아침의 아들 계명성이여 어찌 그리 하늘에서 떨어졌으며 너 열국을 엎은 자여 어찌 그리 땅에 찍혔는고, 네가 네 마음에 이르기를 내가 하늘에 올라 하나님의 뭇 별 위에 내 자리를 높이리라 내가 북극 집회의 산 위에 앉으리라. 가장 높은 구름에 올라가 지극히 높은 이와 같아지리라 하는도다. 그러나 이제 네가 스올 곧 구덩이 맨 밑에 떨어짐을 당하리로다"(사 14:12~15)

사탄은 오늘도 끝없이 하나님의 권위에 도전하도록 인간의 마음에 악과 교만을 심어주고 있다. 사탄은 뱀을 통해 하와를 실족시키듯이, 40일 동안 광야에서 금식하며 기도하신 예수님까지 실족시키기 위해 유혹했다. 예수님까지 실족시키기 위해 유혹한 사탄이 우리를 가만히 바라만 보고 있겠는가? 사탄은 우리를 넘어지게 하기 위해 우는 사자 같이 두루 다니며 삼킬 자를 찾고 있다.

사탄의 미혹을 물리치는 방법은 정신을 차리고 깨어 기도로 무장하여 사탄과 싸워 이겨야 한다. 사탄은 말씀과 기도로 무장하는 사람에게는 한 길로 왔다가 일곱 길로 도망간다.

"정신을 차리고 깨어있으라 너희 대적 원수 마귀가 우는 사자 같이 두루 다니며 삼킬 자를 찾기 때문이다. 너희는 믿음을 굳건하게 하여 그를 대적하라 이는 세상에 있는 너희 형제들도 동일한 고난을 당하는 줄을 앎이라"(벧전 5:8~9)

(4) 때와 판단을 분별하라

전도서 8장 5절: "명령을 지키는 자는 불행을 알지 못하리라 지혜자의 마

음은 때와 판단을 분변하나니"

지혜로운 사람은 왕의 명령을 거역하지도 않고 시기와 판단을 분별하여 지혜롭게 대처함으로 불행을 당하지 않는다. 그러므로 때와 시기를 지혜롭게 판단할 줄 알아야 한다.

영적으로도 하나님의 말씀을 지키는 자는 불행을 당하지 않지만 그 말씀을 지키지 않으면 영원한 지옥 심판을 받게 된다. 그러므로 지혜로운 신앙인들은 종말의 때와 시기를 분별하여 끝까지 믿음을 지키는 신앙생활을 해야 한다.

하나님을 경외한 자와 악인의 결말

1) 때와 판단

전도서 8장 6절: "무슨 일에든지 때와 판단이 있으므로 사람에게 임하는 화가 심함이니라"

세상의 모든 일들은 때와 시기가 있다. 그 시기를 분별할 줄 알아야 화를 당하지 않는다. 주식에 투자한다든지, 사업을 확장한다든지 또는 정계에 입문한다든 할 때에 시기를 잘 판단해야 투자비용을 날리거나, 사업에 실패하거나, 선거에 낙선하는 일이 없을 것이다.

사람들은 세상일에 대해서는 정확히 판단하고 분별할 줄 알면서도 영적인 면에서는 어두운 밤과 같다. 그래서 예수님은 마태복음 16장 2~3절의 말씀을 통해 "너희가 저녁에 하늘이 붉으면 날이 좋겠다 하고, 아침에 하늘이 붉고 흐리면 오늘은 날이 궂겠다 하나니 너희가 날씨는 분별할 줄 알면서 시대의 표적은 분별할 수 없느냐"고 책망하셨다.

세상일만 분별할 것이 아니라 신앙생활에 있어서도 하나님의 때와 시기를 분별할 줄 알아야 한다. 하나님의 때를 모르고 인간 중심의 생활만 하게 되면 하나님의 진노의 심판을 피할 수 없다. 노아 시대 사람들과 소돔과 고모라 사람들은 하나님의 때와 시기를 분별하지 않고 먹고 마시며 즐기는 일만 하다가 한순간에 멸망을 당했다.

예수님께서 마태복음 24장과 요한계시록의 말씀을 주신 목적은 무엇인가? 종말의 때와 시기를 정확히 알고 믿음 생활을 하라는 것이다.

마태복음 24장 32~33절에 보면 "무화과나무의 비유를 배우라 그 가지가 연하여지고 잎사귀를 내면 여름이 가까운 줄을 아나니, 이와 같이 너희도 이 모든 일을 보거든 인자가 가까이 곧 문 앞에 이른 줄 알라"고 했다. 이것은 종말의 때와 시기에 대해 정확히 알려주신 말씀이다.

무화과나무가 연하여지고 잎사귀를 낸다는 것은 이스라엘 독립을 말한다. 여름은 재림의 임박성을 말한다. 이스라엘이 독립하면 예수님께서 재림하신다는 말씀이다. 이스라엘은 1947년 11월 29일 UN 총회에서 찬성 32표, 반대 13표, 기권 10표로 이스라엘 독립을 승인했다. 그 후 1948년 5월 14일 벤구리온 수상에 의해 독립선언이 발표됨으로 예수님의 말씀이 성취된 것이다.

이스라엘 독립은 재림 나팔 소리이다. 그러므로 성도들은 하나님의 때를 분별하여 먹고 마시며 즐기는 일에만 빠져 살 것이 아니라 영적으로 깨어 준비하는 믿음의 때임을 알아야 한다.

2) 장래 일을 가르칠 자가 없음

전도서 8장 7절: "사람이 장래 일을 알지 못하나니 장래 일을 가르칠 자가 누구이랴"

인간은 장래의 일뿐 아니라 바로 눈앞에서 벌어지는 일도 알 수 없다. 이것이 인간이다. 그러므로 사람의 장래 일을 가르쳐 줄 수 있는 사람이 세상에는 한 사람도 없다. 무당이 어떻게 사람의 미래를 알려 줄 수 있으며, 미래 역사학자와 과학자가 어떻게 미래를 가르쳐줄 수 있겠는가?

세상에서 가장 어리석은 사람들이 바로 장래의 일을 알기 위해 무당을 찾아가서 점을 치거나, 미래 역사학자들의 말을 믿고 사는 자들이다.

오직 미래의 일을 가르쳐 주실 수 있는 분은 창조주 하나님 한 분밖에는 없다. 성경만이 미래에 대해 가르쳐 주고 있고, 그 예언하신 말씀대로 성취되고 있다. 그러므로 하나님을 믿는 사람들은 세상에서 최고의 행복한 자요 복된 자이다.

3) 나약한 존재

전도서 8장 8절: "바람을 주장하여 바람을 움직이게 할 사람도 없고 죽는 날을 주장할 사람도 없으며 전쟁할 때를 모면할 사람도 없으니 악이 그의 주민들을 건져낼 수는 없느니라"

솔로몬은 사람이 할 수 없는 것 네 가지를 말하고 있다.

첫째, 바람을 움직이게 할 수 없다.

과학의 힘으로 화성까지 탐사하는 기술을 가지고 있다고 해도 거대한 바람의 진로를 변경하거나 움직이게 할 수는 없다.

둘째, 죽음을 극복하지 못한다.

사람은 죽음을 연장하거나 피할 수 없다. 지금까지 죽음을 당하지 않고 천년만년 생존한 사람은 아무도 없다. 공자, 석가모니, 소크라테스도 다 죽었다. 매일 같이 불로초를 먹고 산다고 해도 때가 되면 늙게 되고, 건강식품을 먹고, 운동을 하며 건강관리를 한다고 해도 죽음만큼은 막을 수 없다.

셋째, 전쟁이 일어나면 모면할 수 없다.

전쟁이 일어나면 피할 곳도 없고, 자신의 생명을 보호해줄 사람도 없다. 비 오듯이 쏟아지는 포탄과 미사일을 누가 피할 수 있으며, 핵무기가 폭발하면 누가 방사능의 피해로부터 모면(謀面)할 수 있겠는가?

넷째, 악에 대한 하나님의 심판을 피할 수 없다.

하나님은 악인에 대해서는 조금도 긍휼을 베풀지 않고 철저하게 심판하신다. 그래서 악인들은 바람에 나는 겨와 같이 심판을 견디지 못하고 영원히 망하게 된다.

시편 1편 4~6절에 보면 "악인은 그렇지 않음이여 오직 바람에 나는 겨와 같도다 그러므로 악인이 심판을 견디지 못하며 죄인이 의인의 회중에 들지 못하리로다 대저 의인의 길은 여호와께서 인정하시나 악인의 길은 망하리로다"고 했다.

하나님은 말라기 4장 1절의 말씀을 통해 악인들은 어떤 심판을 받게 될 것인지를 말씀하셨다.

"만군의 여호와가 이르노라 보라 용광로 불 같은 날이 이르리니 교만한 자와 악을 행하는 자는 다 지푸라기 같을 것이라 그 이르는 날에 그들을 살라 그 뿌리와 가지를 남기지 아니할 것이로되"

예수님이 재림하셔서 세상을 심판하시는 목적은 의인 중에서 악인을 갈라내어 악인들을 용광로 불인 지옥의 심판을 받게 하기 위함이다.

"세상 끝에도 이러하리라 천사들이 와서 의인 중에서 악인을 갈라내어 풀무 불에 던져 넣으리니 거기서 울며 이를 갈리라"(마 13:49~50)

4) 권력자의 횡포

전도서 8장 9절: "내가 이 모든 것들을 보고 해 아래에서 행하는 모든 일을 마음에 두고 살핀즉 사람이 사람을 주장하여 해롭게 하는 때가 있도다"

"사람이 사람을 주장하여 해롭게 하는 때가 있다"는 것은 군주시대에 폭군 정치를 말한다. 폭군 권력자들은 공포정치를 통해 백성들을 지배하며 군림했다.

영적으로는 사탄이 사람들을 지배하며 군림한 것과 같다. 사탄에 지배받으면 폭군처럼 잔인하여 모든 것을 파괴한다. 애굽의 바로왕은 사탄의 지배를 받았기 때문에 폭군이 되었고, 로마의 네로 황제도 마찬가지였다.

사탄의 지배에서 벗어나는 길은 전신갑주로 무장하는 길밖에는 없다. 전신갑주란 진리의 허리띠를 매고, 의의 호심경을 붙이고, 평안의 복음의 신을 신고, 믿음의 방패로 악한 자의 모든 불화살을 소멸하고,

구원의 투구를 쓰고 그리고 성령의 검, 곧 하나님의 말씀을 가지는 것이다.

"마귀의 간계를 능히 대적하기 위하여 하나님의 전신 갑주를 입으라. 우리의 씨름은 혈과 육을 상대하는 것이 아니요 통치자들과 권세들과 이 어둠의 세상 주관자들과 하늘에 있는 악의 영들을 상대함이라. 그러므로 하나님의 전신 갑주를 취하라 이는 악한 날에 너희가 능히 대적하고 모든 일을 행한 후에 서기 위함이라. 그런즉 서서 진리로 너희 허리띠를 띠고 의의 호심경을 붙이고, 평안의 복음이 준비한 것으로 신을 신고, 모든 것 위에 믿음의 방패를 가지고 이로써 능히 악한 자의 모든 불화살을 소멸하고, 구원의 투구와 성령의 검, 곧 하나님의 말씀을 가지라"(엡 6:11~17)

5) 하나님을 경외하는 자와 악인

(1) 하나님을 경외하는 자들의 복

전도서 8장 12절: "죄인은 백 번이나 악을 행하고도 장수하거니와 또한 내가 아노니 하나님을 경외하여 그를 경외하는 자들은 잘 될 것이요"

죄인들이 백 번이나 악을 행하며 장수하며 번영을 누린다 해도 부러워할 필요가 없다. 그들의 결말은 영원한 패망이기 때문이다. 인간의 눈으로 볼 때는 악인들이 번성하며 살기 때문에 하나님의 저주를 받지 않는 것처럼 보이지만 실상은 장수와 번영과 관계없이 하나님의 영원한 심판을 받는다.

그래서 하나님은 "행악 자를 인하여 불평하여 하지 말며 불의를 행하는 자를 투기하지 말지어다 저희는 풀과 같이 속히 베임을 볼 것이며 푸른 채소 같이 쇠잔할 것임이로다"(시 37:1)고 했다.

그리스도인은 불신자들이 잘된 것을 부러워할 필요가 없다. 그들의 결말은 풀과 같이 속히 베임을 당하며 푸른 채소같이 쇠잔할 것이기 때문이다. 그렇다면 하나님을 경외한 자들은 어떻게 되는가? "하나님을 경외하는 자들은 잘될 것이요"라고 했다.

하나님을 경외하며 순종하는 자들에게는 어떤 복을 약속하셨는가?

① 성읍에서도 복을 받고 들에서도 복을 받는다.
② 네 몸의 자녀와 네 토지의 소산과 네 짐승의 새끼와 소와 양의 새끼가 복을 받는다.
③ 네 광주리와 떡 반죽 그릇이 복을 받는다.
④ 네가 들어와도 복을 받고 나가도 복을 받는다.
⑤ 여호와께서 너를 대적하기 위해 일어난 적군들을 네 앞에서 패하게 하시리라 그들이 한 길로 너를 치러 들어왔으나 네 앞에서 일곱 길로 도망한다.
⑥ 여호와께서 명령하사 네 창고와 네 손으로 하는 모든 일에 복을 내리시고 네 하나님 여호와께서 네게 주시는 땅에서 네게 복을 주실 것이며, 여호와께서 네게 맹세하신 대로 너를 세워 자기의 성민이 되게 하시리니 이는 네가 네 하나님 여호와의 명령을 지켜 그 길로 행할 것임이니라.

⑦ 땅의 모든 백성이 여호와의 이름이 너를 위하여 불리는 것을 보고 너를 두려워하리라.

⑧ 여호와께서 네게 주리라고 네 조상들에게 맹세하신 땅에서 네게 복을 주사 네 몸의 소생과 가축의 새끼와 토지의 소산을 많게 하신다.

⑨ 여호와께서 너를 위하여 하늘의 아름다운 보고를 여시사 네 땅에 때를 따라 비를 내리시고 네 손으로 하는 모든 일에 복을 주시리니 네가 많은 민족에게 꾸어줄지라도 너는 꾸지 아니할 것이다.

⑩ 여호와께서 너를 머리가 되고 꼬리가 되지 않게 하시며 위에만 있고 아래에 있지 않게 하신다(신 28:3~14).

(2) 악인의 저주

전도서 8장 13절: "악인은 잘 되지 못하며 장수하지 못하고 그날이 그림자와 같으리니 이는 하나님을 경외하지 아니함이라"

악인들의 결말은 무엇인가? 세상에서 잘되지 못하며 장수하지 못하고 그날이 그림자와 같다. 세상에서 누렸던 모든 부귀영화가 한순간에 그림자처럼 사라진다. 얼마나 허망한 일인가?

악인은 하나님을 떠나서 육적인 눈에 보이는 것만을 추구하며 살기 때문이다. 역사가 그 사실을 증명해준다. 노아시대 사람들, 소돔과 고모라성 사람들, 애굽의 바로, 바벨론의 느브갓네살 등 모든 사람이 육신의 것만 추구한 결과 그들의 모든 영화는 그림자처럼 사라졌다.

시편 기자는 "악인은 풀 같이 생장하고 죄악을 행하는 자는 다 흥

왕할지라도 영원히 멸망하리이다"(시 92:7)고 했다.

예수님도 마지막 세상을 심판하실 때에 악인들은 산 채로 유황불 붙는 못에 던지신다. 이것이 악인들의 영원한 멸망의 심판이다.

"짐승이 잡히고 그 앞에서 표적을 행하던 거짓 선지자도 함께 잡혔으니 이는 짐승의 표를 받고 그의 우상에게 경배하던 자들을 표적으로 미혹하던 자라 이 둘이 산 채로 유황불 붙는 못에 던져지고, 그 나머지는 말 탄 자의 입으로부터 나오는 검에 죽으매 모든 새가 그들의 살로 배불리더라"(계 19:20~21)

6) 세상에서 가장 보람된 삶

전도서 8장 15절: "이에 내가 희락을 찬양하노니 이는 사람이 먹고 마시고 즐거워하는 것보다 더 나은 것이 해 아래에는 없음이라 하나님이 사람을 해 아래에서 살게 하신 날 동안 수고하는 일 중에 그러한 일이 그와 함께 있을 것이니라"

세상에서 가장 기쁘고 즐거운 일은 무엇인가? 그것은 하나님께 찬양하는 삶이다. 하나님께 찬양하는 것은 먹고 마시며 즐기는 것 보다 더 보람되고 영광스러운 일이다. 육체적인 즐거움은 일시적이지만, 영적인 즐거움은 영원하기 때문이다.

다윗의 삶은 하나님께 감사와 찬양의 삶이었다, 그는 시간만 있으면 궁궐에서 수금과 비파로 여호와를 찬양하며, 하나님의 위대함을 찬양을 통해 나타냈다.

시편 150편은 누가, 왜, 어디서, 어떻게 찬양해야 하는가를 말해주고 있다.

누가 찬양해야 하는가? 호흡이 있는 자가 해야 한다.

왜 찬양해야 하는가? 하나님이 능하시고 위대하시기 때문이다.

어디서 찬양해야 하는가? 예루살렘 성전과 궁창에서 해야 한다.

어떻게 찬양해야 하는가? 악기를 동원하여 항상 찬양해야 한다.

"할렐루야 그의 성소에서 하나님을 찬양하며 그의 권능의 궁창에서 그를 찬양할지어다. 그의 능하신 행동을 찬양하며 그의 지극히 위대하심을 따라 찬양할지어다. 나팔 소리로 찬양하며 비파와 수금으로 찬양할지어다. 소고 치며 춤추어 찬양하며 현악과 퉁소로 찬양할지어다. 큰 소리 나는 제금으로 찬양하며 높은 소리 나는 제금으로 찬양할지어다. 호흡이 있는 자마다 여호와를 찬양할지어다 할렐루야."

그리스도인은 범사에 하나님을 찬양해야 한다. 바울도 "모든 지혜로 피차 가르치며 권면하고 시와 찬송과 신령한 노래를 부르며 감사하는 마음으로 하나님을 찬양하라"(골 3:16,17)고 했다.

"시와 찬송과 신령한 노래들로 서로 화답하며 너희의 마음으로 주께 노래하며 찬송하며"(엡 5:19)

"예수 그리스도로 말미암아 의의 열매가 가득하여 하나님의 영광과 찬송이 되게 하시기를 구하노라"(빌 1:11)

"너희 중에 고난당하는 자가 있느냐 그는 기도할 것이요 즐거워하는 자가 있느냐 그는 찬송할지니라"(약 5:13)

7) 인생의 수고

(1) 밤낮으로 자지 못함

전도서 8장 16절: "내가 마음을 다하여 지혜를 알고자 하며 세상에서 행해지는 일을 보았는데 밤낮으로 자지 못하는 자도 있도다"

인간에게 있어서 근심과 걱정은 끝이 없다. 그래서 사람들은 밤낮으로 잠을 자지 못하고 괴로워한다. 이러한 현상은 가난한 사람이나 부한 사람 할 것 없이 공통적인 특징이다. 부한 사람은 더 큰 부를 위해 밤낮으로 자지 못하게 되고, 가난한 사람은 가난 때문에 밤낮으로 자지 못하게 된다.

밤에 잠을 잘 잘 수 있다는 것은 마음에 근심 걱정이 없다는 증거이다. 그래서 밤에 잠을 잘 잘 수 있다는 것도 하나님의 복이다. 시편 기자는 "너희가 일찍이 일어나고 늦게 누우며 수고의 떡을 먹음이 헛되도다 그러므로 여호와께서 그의 사랑하시는 자에게는 잠을 주시는도다"(시 127:2)고 했다.

(2) 하나님의 모든 행사를 깨닫지 못함

전도서 8장 17절: "또 내가 하나님의 모든 행사를 살펴보니 해 아래에서 행해지는 일을 사람이 능히 알아낼 수 없도다 사람이 아무리 애써 알아보려고 할지라도 능히 알지 못하나니 비록 지혜자가 아노라 할지라도 능히 알아내지 못하리로다"

인간은 하나님께서 행하신 모든 일들을 알 수가 없다. 사람이 사람들이 하는 일도 모르는데 창조주 하나님이 하시는 일들을 어떻게 알 수 있겠는가? 그래서 욥은 고백하기를 "하나님은 높으시니 우리가 그를 알 수 없고 그의 햇수를 헤아릴 수 없느니라"(욥 36:26)고 했다.

인간이 하나님께서 하신 일을 알 수 있는 유일한 방법은 그 일이 지난 후이다. 과거 일을 통해서 하나님께서 행하신 행사를 깨닫게 된다.

제9장
하나님의 절대적인 주권

01

하나님의 주권 인정

1) 하나님의 손

전도서 9장 1절: "이 모든 것을 내가 마음에 두고 이 모든 것을 살펴본즉 의인들이나 지혜자들이나 그들의 행위나 모두 다 하나님의 손 안에 있으니 사랑을 받을는지 미움을 받을는지 사람이 알지 못하는 것은 모두 그들의 미래의 일들임이니라"

세상 모든 사람의 행위는 하나님의 손 안에서 결정된다. 하나님의 손은 어떤 손인가? 창조의 손이며, 심판의 손이다. 그 하나님의 손에서 벗어날 수 없다. 예수님은 손에 키를 들고 자기의 타작마당을 정하게 하사 알곡은 모아 곳간에 들이고 쭉정이는 꺼지지 않는 불에 태우신다(눅 3:17)고 했다.

세상을 살아가면서 행한 모든 행실은 하나님의 심판의 손에 의해 구원을 받을 것인지 아니면 저주를 받을 것인지 결정된다. 인간의 구원과 저주 문제는 미래에 일이기 때문에 알 수 없다. 그러므로 성도들은 두렵고 떨림으로 성화 구원의 완성을 이루는 일에 힘써야 한다.

바울은 빌립보서 2장 12절의 말씀을 통해 "그러므로 나의 사랑하는 자들아 너희가 나 있을 때뿐 아니라 더욱 지금 나 없을 때에도 항상 복종하여 두렵고 떨림으로 너희 구원을 이루라"고 했다.

모든 사람이 예수님을 믿음으로 천국에 들어갈 수 있는 구원의 자격을 받았다면 그 구원의 자격이 박탈당하지 않도록 성화 구원에 힘써야 한다. 구원의 자격만 가지고 있다고 해서 끝까지 구원이 보장된 것이 아니다. 얼마든지 구원에서 탈락될 수 있다. 예를 들어 일류 대학에 합격했다고 해서 4년의 세월이 지나면 자동으로 졸업을 하는 것이 아니다. 출석과 시험성적 그리고 논문을 통과해야 졸업이 가능하다.

구원도 마찬가지이다. 구원의 자격을 받았으면 내 인생 마치는 날까지 구원의 완성을 위해 끝없이 노력해야 한다. 그럴 때에 그 결과로 구원을 보장받는다. 이것은 구원받은 이후에 어떤 삶을 사느냐이다.

구원의 문은 좁고 험하기 때문에 찾는 자들이 많지 않다. 사람들은 쉽고 편하고 넓은 문으로만 들어가려고 한다. 신앙생활을 쉽고 편하고 넓은 문으로만 들어가려고 하면 구원의 자격은 박탈당한다.

예수님은 마태복음 7장 13~14절의 말씀을 통해 "좁은 문으로 들어가라 멸망으로 인도하는 문은 크고 그 길이 넓어 그리로 들어가는 자가 많고, 생명으로 인도하는 문은 좁고 길이 협착하여 찾는 자가 적음이라"(눅13:24)고 했다. 또 마태복음 10장 37~39절에도 "아버지나 어머니를 나보다 더 사랑하는 자는 내게 합당하지 아니하고 아들이나 딸을 나보다 더 사랑하는 자도 내게 합당하지 아니하며, 또 자기 십자가를 지고 나를 따르지 않는 자도 내게 합당하지 아니하니라. 자기 목숨을 얻는 자는 잃을 것이요 나를 위하여 자기 목숨을 잃는 자는 얻으리라"고 말씀하셨다.

2) 인생의 행복과 불행

전도서 9장 2절: "모든 사람에게 임하는 그 모든 것이 일반이라 의인과 악인, 선한 자와 깨끗한 자와 깨끗하지 아니한 자, 제사를 드리는 자와 제사를 드리지 아니하는 자에게 일어나는 일들이 모두 일반이니 선인과 죄인, 맹세하는 자와 맹세하기를 무서워하는 자가 일반이로다"

각종 행복과 불행 그리고 죽음의 문제들은 모든 사람에게 동일하게 나타나는 현상이다. 이것은 의인과 악인, 선한 자와 불의한 자, 정결한 자와 부정한 자 모두 구별이 없이 나타난다.

생사화복은 모든 사람에게 나타나는 동일한 문제이기 때문에 불행과 죽음을 당한다고 해서 슬퍼하거나 절망할 필요가 없다. 인생은 사계절과 같다. 봄이 가면 여름이 오고, 여름이 가면 가을이 오고, 가을이 가면 겨울이 오는 것처럼 인간의 사계절은 누구에게나 동일하다.

3) 인생의 종착역

전도서 9장 3절: "모든 사람의 결국은 일반이라 이것은 해 아래에서 행해지는 모든 일 중의 악한 것이니 곧 인생의 마음에는 악이 가득하여 그들의 평생에 미친 마음을 품고 있다가 후에는 죽은 자들에게로 돌아가는 것이라"

인생의 최종 종착역은 어디인가? 죽음이다. 죽음의 문제는 누구도 피할 수 없다. 그래서 죽음처럼 세상에서 가장 슬프고 두려운 일이 없다.

죽음에는 두 종류의 죽음이 있다. "믿는 자의 죽음"과 "불신자의 죽음"이다.

첫째, 믿는 자의 죽음이다.

믿는 자의 죽음은 예수님을 믿음으로 죄 사함 받고 구원받아 영원한 천국에 들어가는 문이다. 그래서 성도의 죽음은 비극과 슬픔이 아니라 영광이다. 왜냐하면 육신이 죽어야 영혼이 하나님 나라에 들어가기 때문이다.

그 뿐만 아니라 예수님이 십자가에 죽으심을 당한 후에 다시 사흘 만에 무덤 문을 열고 부활하심 같이 성도들도 다시 부활하게 된다. 예수님 재림하실 때에 성도들은 무덤 문을 열고 육체가 부활하여 영혼과 육체가 결합한 신령체로 변화하여 영광의 주님을 맞이하게 된다.

바울은 말하기를 "보라 내가 너희에게 비밀을 말하노니 우리가 다 잠잘 것이 아니요 마지막 나팔에 순식간에 홀연히 다 변화되리니 나팔 소리가 나매 죽은 자들이 썩지 아니할 것으로 다시 살아나고 우리도 변화되리라"(고전 15:51~52)고 했다.

데살로니가 전서 4:16~18에도 "주께서 호령과 천사장의 소리와 하나님의 나팔 소리로 친히 하늘로부터 강림하시리니 그리스도 안에서 죽은 자들이 먼저 일어나고 그 후에 우리 살아남은 자들도 그들과 함께 구름 속으로 끌어올려 공중에서 주를 영접하게 하시리니 그리하여 우리가 항상 주와 함께 있으리라. 그러므로 이러한 말로 서로 위로하라"고 했다.

둘째, 불신자의 죽음이다.

불신자와 생명책에 기록되지 못한 사람들의 죽음은 영원한 지옥에 들어가는 문이다. 그래서 불신자의 죽음은 영원한 멸망의 죽음이기 때문에 땅을 치며 통곡하며 일생일대에 가장 슬프고 두려운 날이다. 한번 들어간 지옥은 두 번 다시 나올 수가 없기 때문이다. 그곳에서 영원토록 고통을 당하며 살아야 한다.

"사망과 음부도 불 못에 던져지니 이것은 둘째 사망 곧 불 못이라. 누구든지 생명책에 기록되지 못한 자는 불 못에 던져지더라"(계 20:14~15)

4) 소망

전도서 9장 4절: "모든 산 자들 중에 들어 있는 자에게는 누구나 소망이 있음은 산개가 죽은 사자보다 낫기 때문이니라"

성경에서 "개"는 매우 천박하고 더러운 동물로 여겨져 가장 경멸의 대상으로 여겼다. 반면에 "사자"는 짐승 중에 왕이나 영웅으로 큰 능력을 소유한 것을 상징한다. 그런데 소망이 없는 사람은 죽은 사자와 같다는 것이다. 소망을 가지고 사는 것이 얼마나 중요한 것인가를 말하고 있다.

소망이 있으면 현실이 아무리 힘들고 어려움이 많다고 해도 능히 극복할 뿐 아니라 환경까지도 변화시킬 수가 있다. 사탄은 끝까지 소망을 버리게 한다. 그래서 소망이 없는 사람은 죽은 사람과 같다.

그리스도인은 사탄의 허무한 소리에 귀 기울이지 말고 소망을 품고 끝까지 인내하면서 목적을 이루어야 한다. 왜냐하면 믿음 안에서는 못할 것이 없기 때문이다.

예수님은 "할 수 있거든 이 무슨 말이냐 믿는 자에게는 능히 하지 못할 일이 없느니라"(막 9:23)고 했고, 바울도 "내게 능력 주시는 자 안에서 내가 모든 것을 할 수 있다"(빌 4:13)고 했다.

그리스도인에게 있어서 무엇보다 중요한 것은 천국 소망이다. 천하를 소유해도 천국 소망이 없으면 하루살이 인생과 다를 바가 없다.

시 39:7 "주여 이제 내가 무엇을 바라리요 나의 소망은 주께 있나이다"

시 146:5 "야곱의 하나님을 자기의 도움으로 삼으며 여호와 자기 하나님에게 자기의 소망을 두는 자는 복이 있도다"

벧전 1:21 "너희는 그를 죽은 자 가운데서 살리시고 영광을 주신 하나님을 그리스도로 말미암아 믿는 자니 너희 믿음과 소망이 하나님께 있게 하셨느니라"

5) 죽음의 허무

(1) 죽은 자는 아무것도 모름

전도서 9장 5절: "산 자들은 죽을 줄을 알되 죽은 자들은 아무것도 모르며 그들이 다시는 상을 받지 못하는 것은 그들의 이름이 잊어버린바 됨이니라"

죽은 자는 세상에서 일어나는 기쁨과 즐거움에 대해 아무것도 모른다. 무덤 속에 있는 시신은 모든 감각 기능이 멈춰있기 때문에 세상에서 무슨 일이 일어나든 알지 못한다. 전쟁이 일어나도 모른다. 추

위가 오고, 가뭄이 계속되고, 대재앙이 와도 아무런 반응도 할 수 없다. 그럼에도 불구하고 오늘날 사람들은 죽은 조상들을 위해 갖가지 예식을 행한다.

첫째, 호화 분묘를 한다.

자연을 훼손하면서까지 호화 분묘를 한다고 해서 죽은 자가 무덤에서 고맙다고 말하지 않는다. 대리석으로 납골당을 했다고 해서 행복해하지도 않는다. 명당자리에 묻혔다고 해도 그의 후손들을 출세시키지 못한다. 그저 육신은 한줌의 흙이 되어 자연의 한 일부가 될 뿐이다. 그런데 죽어서까지 무덤을 통해 자신의 신분을 과시하려고 한다.

둘째, 제사를 지낸다.

후손들이 모여 제사를 지낸다고 해서 죽은 자가 무덤을 열고 나와 떡 한 조각을 먹으며 맛있다고 말하지 않는다. 해마다 기일(忌日)이 되면 제사 지낸 것에 대해 효심이 깊다고 칭찬하지도 않는다. 죽은 자는 전혀 알지 못한다. 더구나 세월이 지나면 후손들도 기억하지 않는다. 그러므로 제사는 우상 숭배이다.

시편기자는 "내가 잊어버린바 됨이 죽은 자를 마음에 두지 아니함 같고 깨진 그릇과 같으니이다"(시 31:12)고 했다.

기독교는 죽은 자를 섬기는 종교가 아니라 생존한 부모에게 효도하는 종교이다. 그러므로 그리스도인은 살아 계실 때에 부모를 잘 섬겨야 한다. 부모에게 효도하는 것이 죽은 뒤에 호화 분묘를 세우고, 때마다 제사를 드리는 것이 아니다. 살아계실 때에 효도하는 것이 자식 된 도리이며, 부모를 공경하는 것이다. 하나님은 "세상에서 잘되고 땅에서도 장수하는 비결은 부모를 공경하는 것이다"고 하셨다.

출애굽기 20장 12절 말씀을 보면 "네 부모를 공경하라 그리하면 너의 하나님 나 여호와가 네게 준 땅에서 네 생명이 길리라"고 했고, 사도 바울도 "네 아버지와 어머니를 공경하라 이것은 약속이 있는 첫 계명이니 이로써 네가 잘되고 땅에서 장수하리라"(엡 6:2~3)고 했다.

(2) 죽은 자의 몫은 없음

전도서 9장 6절: "그들의 사랑과 미움과 시기도 없어진 지 오래이니 해 아래에서 행하는 모든 일 중에서 그들에게 돌아갈 몫은 영원히 없느니라"

죽은 자는 사랑과 미움과 시기도 할 수 없다. 죽은 자는 죽은 그 자체로 모든 것이 끝이다. 그래서 세상에서 하는 모든 일 중에 죽은 자에게 돌아갈 몫은 하나도 없다. 오직 육체는 한줌의 흙으로 돌아갈 뿐이다.

살아있는 사람들 중에도 영이 죽으면 죽은 자와 같다. 영이 죽으면 육체가 죽은 것처럼 교회는 다녀도 아무것도 할 수가 없고, 말씀을 들어도 깨닫지 못하고, 아무 반응도 보이지 않는다. 이것은 육체는 살아있지만 영적으로는 죽은 자의 모습이다.

사데 교회는 육적으로는 살아있으나 영적으로는 죽은 교회이다. 그래서 예수님은 사데 교회를 향해 책망하시기를 "살아있으나 죽은 교회다"라고 했다. 사데 교회는 영적으로 아무것도 하지 못한 것이다. 말씀은 들으면서도 깨닫지 못하고, 주님을 위해 봉사하지 못하고, 믿음대로 살지 못하는 죽은 신앙이다.

오늘날 죽은 신앙에서 깨어나야 한다. 영적으로 깨어나지 못하면

"네가 살았다 하는 이름은 가졌으나 죽은 자로다"라는 책망을 받게 된다.

"사데 교회의 사자에게 편지하라 하나님의 일곱 영과 일곱별을 가지신 이가 이르시되 내가 네 행위를 아노니 네가 살았다 하는 이름은 가졌으나 죽은 자로다"(계 3:1)

02
성도의 삶

1) 하나님이 주신 기쁨

전도서 9장 7절: "너는 가서 기쁨으로 네 음식물을 먹고 즐거운 마음으로 네 포도즙을 마실지어다 이는 하나님이 네가 하는 일들을 벌써 기쁘게 받으셨음이니라"

사람에게 있어서 가장 중요한 문제는 먹고 마시는 것이다. 먹고 마시지 않고는 육체를 지탱할 수 없다. 그래서 먹고 마시는 것은 삶의 원천이다. 그런데 음식을 먹고 마시지 못한다는 것은 육체에 문제가 생겼다는 증거이다. 육체의 어느 한 부분에 문제가 생기면 아무리 맛있는 음식도 먹을 수가 없다. 이런 사람은 반드시 병원에 가서 진료를 받아야 한다.

영적 기쁨도 마찬가지이다. 영적 기쁨은 육적인 것을 먹고 마신다고 해서 얻어지는 것이 아니다. 오직 생명의 양식인 말씀을 먹고 마실 때에 기쁨이 충만하다. 그런데 영적인 말씀을 먹지 못한다는 것은 영적으로 문제가 생겼다는 증거이다. 즉 영적으로 병이 들면 말씀을 받아먹지도 못할 뿐 아니라 그것을 소화시키지도 못하고 토해 낸다.

하나님은 이스라엘 백성들에게 만나를 주신 것은 사람이 떡으로만 사는 것이 아니요 여호와의 입에서 나오는 모든 말씀으로 살게 하기 위함이다. 이스라엘 백성들이 광야 40년 동안 만나를 먹어야 가나안 땅에 들어갈 수 있었던 것처럼, 성도들도 하나님의 말씀을 먹어야 천국에 들어갈 수 있다. 만나인 말씀을 먹지 않고는 천국에 들어갈 수가 없다.

신명기 8장 3절에 보면 "너를 낮추시며 너를 주리게 하시며 또 너도 알지 못하며 네 조상들도 알지 못하던 만나를 네게 먹이신 것은 사람이 떡으로만 사는 것이 아니요 여호와의 입에서 나오는 모든 말씀으로 사는 줄을 네가 알게 하려 하심이니라"고 하셨다.

예레미야 선지자도 내가 주님의 말씀을 얻어먹을 때에 주님의 말씀은 내게 기쁨과 내 마음의 즐거움이 되었다고 고백하고 있다.

"만군의 하나님 여호와시여 나는 주의 이름으로 일컬음을 받는 자라 내가 주의 말씀을 얻어먹었사오니 주의 말씀은 내게 기쁨과 내 마음의 즐거움이다"(렘 15:16)

영적으로 건강한 사람들은 하나님의 말씀을 잘 받아먹고 소화시켜서 세상을 이기는 힘이 된다.

예수님도 광야에서 40일 동안 금식기도를 하신 후에 마귀에게 돌덩이로 빵을 만들어 먹으라는 유혹을 받았다. 그때 예수님은 마귀에게 "사람이 떡으로만 살 것이 아니라 하나님의 입으로부터 나오는 모든 말씀으로 살 것이다"(마 4:4)라는 말씀을 통해서 모든 사람은 하나님의 말씀을 먹고 살아야 한다는 것을 가르쳐 주고 있다.

그러므로 매일 매일 말씀을 먹는 일에 힘써야 한다. 혹시 말씀을 받아먹지 못한 증상이 나타나면 영적으로 심각한 문제가 있음을 깨닫고 회개한 후 부지런히 말씀을 먹고 소화시켜야 한다. 특히 종말 시대를 살아가는 성도들은 더욱 말씀을 먹고 마시는 일에 전력해야 한다.

천사는 사도 요한에게 말하기를 "계시록의 말씀을 갖다 먹어버리라"고 했다. 요한이 계시록의 말씀을 갖다 먹어버리게 되자 내 입에는 꿀같이 달았다.

"내가 천사에게 나아가 작은 두루마리를 달라 한즉 천사가 이르되 갖다 먹어 버리라 네 배에는 쓰나 네 입에는 꿀같이 달리라 하거늘 내가 천사의 손에서 작은 두루마리를 갖다 먹어 버리니 내 입에는 꿀 같이 다나 먹은 후에 내 배에서는 쓰게 되더라"(계 10:9~10)

2) 행함의 신앙

전도서 9장 8절: "네 의복을 항상 희게 하며 네 머리에 향 기름을 그치지 아니하도록 할지니라"

(1) 의복을 항상 희게 하라.

"흰 의복"은 순결과 기쁨을 상징한 것으로 행함의 신앙을 말한다. 신앙은 행함이다. 아브라함은 이삭을 하나님께 바치는 행함의 신앙을 통해서 믿음의 조상이 되었다. 기생 라합도 마찬가지이다. 그녀는 이스라엘 정탐꾼들을 자기 집에 숨겨 다른 길로 도망가게 했다. 그녀는 목숨을 건 행함의 신앙으로 의롭다 하심을 받게 된 것이다.

야고보는 "내 형제들아 만일 사람이 믿음이 있노라 하고 행함이 없으면 무슨 유익이 있으리요 그 믿음이 능히 자기를 구원하겠느냐"(약 2:14)며 "영혼 없는 몸이 죽은 것 같이 행함이 없는 믿음은 죽은 믿음이다"고 했다.

라오디게아 교회는 물질의 풍요 속에 빠져드는 만큼 신앙은 점점 죽어갔고 결국은 벌거벗은 신앙이 되었다. 요한계시록 3장 17절에 보면 "네가 말하기를 나는 부자라 부요하여 부족한 것이 없다 하나 네 곤고한 것과 가련한 것과 가난한 것과 눈먼 것과 벌거벗은 것을 알지 못하는도다"고 했다. 물질의 풍요로움 때문에 곤고한 것과 가련한 것과 가난한 것과 눈먼 것과 벌거벗은 것을 알지 못한 것이다. 이것이 바로 행함이 없는 신앙의 모습이다.

그래서 예수님은 라오디게아 교회를 향해 말씀하시기를 "내가 너를 권하노니 내게서 불로 연단한 금을 사서 부요하게 하고 흰 옷을 사서 입어 벌거벗은 수치를 보이지 않게 하고 안약을 사서 눈에 발라 보게 하라"고 했다. 그러므로 그리스도인은 날마다 의복을 희게 하는 일에 힘써야 한다.

(2) 머리에 향 기름을 그치지 않게 하라.

"향 기름"은 그리스도의 향기를 말한다. 성도의 향기로운 삶은 희생의 삶을 통해 나타내는 행함의 신앙이다. 마리아는 매우 귀한 옥합을 깨뜨린 자기희생, 즉 행함의 신앙을 통해 주님의 죽으심을 준비했다. 요한복음 12장 3절에 보면 "마리아는 지극히 비싼 향유 곧 순전한

나드 한 근을 가져다가 예수의 발에 붓고 자기 머리털로 그의 발을 닦으니 향유 냄새가 집에 가득하더라"고 했다.

바울도 행함의 신앙을 통해서 각처에서 그리스도를 아는 냄새를 나타내라고 했다. 고린도 후서 2장 14~16절에 보면 "항상 우리를 그리스도 안에서 이기게 하시고 우리로 말미암아 각처에서 그리스도를 아는 냄새를 나타내시는 하나님께 감사하노라. 우리는 구원받는 자들에게나 망하는 자들에게나 하나님 앞에서 그리스도의 향기니, 이 사람에게는 사망으로부터 사망에 이르는 냄새요 저 사람에게는 생명으로부터 생명에 이르는 냄새라 누가 이 일을 감당하리요"라고 했다.

오직 자기희생이 없이는 그리스도의 향기를 나타낼 수 없다. 자기희생을 통한 행함의 신앙만이 세상에서 그리스도의 향기를 나타낼 수 있다.

3) 가정의 행복

전도서 9장 9절: "네 헛된 평생의 모든 날 곧 하나님이 해 아래에서 네게 주신 모든 헛된 날에 네가 사랑하는 아내와 함께 즐겁게 살지어다 그것이 네가 평생에 해 아래에서 수고하고 얻은 네 몫이니라"

가정의 행복은 부부에게서 나온다. 부부가 서로 돕는 동역자로서 행복한 가정을 만들어야 한다. 부부는 동등한 인격적인 관계이다. 그래서 서로 존중하고 배려해야 한다. 하나님은 여자를 남자의 갈비뼈로 만드셨다. 이것은 부부가 서로 동등한 관계로서 상호 존중과 협력하며 살라는 것이다.

금실지락(琴瑟之樂)이란 말이 있다. "금"(琴)은 거문고를 말한다면, "실"또는 "슬"(瑟)은 비파를 말한다. 거문고와 비파는 서로 다른 음색을 가지고 있지만 아름다운 연주를 하기 위해서는 서로의 음색을 듣고 조화를 이룰 때 가능하다. 자기 소리만 내면 아름다운 연주를 할 수 없다.

부부의 목소리는 거문고와 비파와 같다. 부부는 각자 다른 목소리를 가지고 있기 때문에 똑같은 음을 낼 수는 없지만, 상대방의 목소리를 듣고 서로 협력하며 조화를 이루면 최고의 아름다운 화음을 낼 수 있다.

또 하나 그리스도인의 가정에 있어서 가장 중요한 요소는 부부가 서로 영적인 면이 같아야 한다는 것이다. 영적인 면이 같지 않으면 그 가정은 행복할 수가 없다.

노아시대에 멸망의 원인은 하나님의 백성들이 불신자와 결혼했기 때문이다. 그들은 불신자들의 사상과 영향을 받아 세속적인 삶에 빠지게 되었고, 세상은 죄악으로 가득하게 되었다. 그래서 하나님은 불신자와 결혼하지 말라는 것이다.

"또 그들과 혼인하지도 말지니 네 딸을 그들의 아들에게 주지 말 것이요 그들의 딸도 네 며느리로 삼지 말 것은 그가 네 아들을 유혹하여 그가 여호와를 떠나고 다른 신들을 섬기게 하므로 여호와께서 너희에게 진노하사 갑자기 너희를 멸하실 것임이니라"(신 7:3~4)

사도 바울도 믿는 자와 믿지 않는 자는 영적으로 하나가 될 수 없기 때문에 결혼하지 말라고 했다. 결혼하는 자도 잘하거니와 결혼하지 아니하는 자는 더 잘하는 것이니라(고전 7:38)며 "내 뜻에는 그냥 지내는 것이 더욱 복이 있다"(고전 7:40)고까지 했다. 다른 것은 참고 인내할 수 있지만 영적 갈등의 문제는 쉽게 해결되지 않기 때문이다.

부부가 영적인 면이 서로 다르면 부부싸움의 원인이 되고, 믿음의 가정을 세울 수 없다. 또한 신앙의 대가 끊어지며, 본인도 신앙생활을 충실히 할 수 없게 되므로 결국은 세속화된 가정이 되고 만다. 그리고 개인 신앙의 연단과 관계없이 가정에 어려움과 고난을 당하게 된다. 그 고통은 당해보지 않은 사람은 알 수가 없다.

사도 바울은 고린도후서 6장 14~16절에서 "너희는 믿지 않는 자와 멍에를 함께 메지 말라 의와 불법이 어찌 함께 하며 빛과 어둠이 어찌 사귀며, 그리스도와 벨리알이 어찌 조화되며 믿는 자와 믿지 않는 자가 어찌 상관하며, 하나님의 성전과 우상이 어찌 일치가 되리요"라며 그리스도인은 믿음의 결혼을 할 것을 말씀하고 있다.

4) 맡겨진 일에 최선

전도서 9장 10절: "네 손이 일을 얻는 대로 힘을 다하여 할지어다 네가 장차 들어갈 스올에는 일도 없고 계획도 없고 지식도 없고 지혜도 없음이니라"

"스올"은 "죽은 자의 세계, 무덤, 지옥, 구덩이"의 뜻이다. 무덤에 들어가면 아무것도 할 수 없다. 일하고 싶어도 일 할 수가 없고, 먹고 싶어도 먹을 수가 없다. 그곳은 계획도 없고, 지식도 없고 그리고 지혜도 없다. 한마디로 모든 것이 멈춰버린 상태이다. 그러므로 무덤에 들어가기 전에 열심히 일해야 한다.

한 달란트 받은 자는 자기 맡은 일에 최선을 다하지 않았다. 그는 한 달란트를 가지고 즉시 가서 일을 해야 했다. 그런데 그는 한 달란트를 땅에 묻어버리고 아무 일도 하지 않았다. 그 결과 그는 한 달란트마저 빼앗긴 후 악하고 게으른 종이라는 책망과 함께 바깥 어두운 데로 쫓겨났다.

성도들은 세상적인 일에도 최선을 다해야 하지만, 하나님의 일도 더욱 열심을 품고 해야 한다. 바울은 "부지런하여 게으르지 말고 열심을 품고 주를 섬기라"(롬 12:11)고 했다. 하나님께서 주신 직분과 맡겨진 사명에 최선을 다하는 모습이 가장 아름답다.

재앙의 날은 갑자기 임함

1) 성공과 실패는 인간의 힘으로 해결 못함

전도서 9장 11절: "내가 다시 해 아래에서 보니 빠른 경주자들이라고 선착하는 것이 아니며 용사들이라고 전쟁에 승리하는 것이 아니며 지혜자들이라고 음식물을 얻는 것도 아니며 명철 자들이라고 재물을 얻는 것도 아니며 지식인들이라고 은총을 입는 것이 아니니 이는 시기와 기회는 그들 모두에게 임함이니라"

사람이 항상 앞서가고 모든 조건과 능력을 갖추었다 해도 출세하고 성공하지 못한다. 세상의 모든 일들은 반드시 인간의 힘과 능력으로 되지 않기 때문이다. 빠른 경주자라고 해서 우승하는 것도 아니며, 힘 있는 용사라고 해서 전쟁에 승리하는 것도 아니고, 지혜자라고 해도 음식을 얻는 것도 아니며, 명철자들이라고 해서 재물을 얻는 것도 아니다. 그리고 지식인들이라고 해서 은총을 입는 것도 아니다.

힘과 지혜와 명철이 있다고 해도 할 수 없는 것들이 너무나 많다. 예수님의 제자들이 배를 타고 갈릴리 바다를 지나가던 중에 풍랑을 만나게 되었다. 베드로는 바다에 대해서 전문가였지만 풍랑 앞에서는 아무것도 할 수 없었다.

인간의 힘과 지혜와 능력만 의지하게 되면 실패하게 된다. 성공과 실패는 근본적으로 하나님의 주권에 있기 때문이다. 그러므로 인간의 명철을 의지하지 말고 마음을 다하여 하나님을 경외하며 범사에 그를 인정해야 한다. 그리하면 하나님께서 네 길을 지도하실 것이다.

"너는 마음을 다하여 여호와를 신뢰하고 네 명철을 의지하지 말라. 너는 범사에 그를 인정하라 그리하면 네 길을 지도하시리라"(잠 3:5~6)

2) 재앙의 날을 알지 못함

전도서 9장 12절: "분명히 사람은 자기의 시기도 알지 못하나니 물고기들이 재난의 그물에 걸리고 새들이 올무에 걸림과 같이 인생들도 재앙의 날이 그들에게 홀연히 임하면 거기에 걸리느니라"

인간이 살아가는 과정에 때때로 닥쳐오는 큰 재앙이나 죽음의 날이 언제 임할지 알 수 없다. 마치 물고기가 재난의 그물에 걸리는 것을 알지 못하며, 새가 올무에 걸리는 것을 알지 못한 것처럼 인생의 재앙의 날도 이와 같다. 만약 인생의 재앙의 날을 미리 알 수 있다면 재앙을 당할 사람은 아무도 없을 것이다. 그러나 인간에게 다가오는 재앙은 언제 찾아올지 아무도 모른다. 질병의 재앙, 사업 실패의 재앙, 인생 위기의 재앙, 죽음의 재앙, 세상 심판 날의 재앙이 언제 올지 누가 알겠는가? 오직 예수님밖에 모른다.

2011년 3월 11일 날 일본 동북부 센다이시에서 동쪽으로 130㎞ 떨어진 해저에서 발생한 규모 9.0의 대지진과 이어진 대형 쓰나미가 일어날 것을 알았다면 미리 대피하여 대형 인명 피해를 예방했을 것이다. 그런데 이러한 재앙이 일어날 것을 아무도 몰랐기 때문에 원자력 발전소가 파괴되어 방사능이 유출되고, 센다이 공항이 물에 잠기며, 수많은 사람이 죽음을 당하거나 실종되는 최악의 상황이 발생했다.

예수님도 세상을 심판하시기 위해 재림하실 때에는 홀연히 오신다고 했다. 그날이 저물 때일는지, 밤중일는지, 닭 울 때일는지, 새벽일는지는 아무도 모른다. 사람들이 평안하다, 안전하다 할 그때에 임신한 여자에게 해산의 고통이 이름과 같이 멸망이 갑자기 그들에게 이르게 되면 그때에는 결단코 피할 수가 없다. 그러므로 언제 어느 때에 인생의 재앙이 다가오고, 주님의 재림이 임할지 알 수 없기 때문에 미리 준비하는 삶을 살아야 한다.

"그러므로 깨어 있으라 집 주인이 언제 올는지 혹 저물 때일는지, 밤중일는지, 닭 울 때일는지, 새벽일는지 너희가 알지 못함이라 그가 홀연히 와서 너희가 자는 것을 보지 않도록 하라 깨어 있으라 내가 너희에게 하는 이 말은 모든 사람에게 하는 말이니라 하시니라"(막 13:35~37).

"그들이 평안하다, 안전하다 할 그때에 임신한 여자에게 해산의 고통이 이름과 같이 멸망이 갑자기 그들에게 이르리니 결코 피하지 못하리라"(살전 5:3).

3) 은혜를 모름

전도서 9장 13~16절: "내가 또 해 아래에서 지혜를 보고 내가 크게 여긴 것이 이러하니 곧 작고 인구가 많지 아니한 어떤 성읍에 큰 왕이 와서 그것을 에워싸고 큰 흉벽을 쌓고 치고자 할 때에 그 성읍 가운데에 가난한 지혜자가 있어서 그의 지혜로 그 성읍을 건진 그것이라 그러나 그 가난한 자를 기억하는 사람이 없었도다. 그러므로 내가 이르기를 지혜가 힘보다 나으나 가난한 자의 지혜가 멸시를 받고 그의 말들을 사람들이 듣지 아니한다 하였노라"

인구가 많지 않는 어떤 성읍에 큰 왕이 와서 그것을 에워싸고 큰 흉벽을 쌓고 치고자 할 때에 그 성읍이 가난한 지혜자의 지혜로 위기에서 벗어나게 된다. 그런데 그 성읍 사람들은 위기에서 구해준 가난한 지혜자를 기억하지 않는다. 사람도 어려울 때에 도와주면 나중에는 그 공로를 생각하지 않고 잊어버린다. 마치 은혜를 원수로 갚은 것과 같다.

이것은 예수님의 구원에 관한 비유이다. 예수님은 모든 사람의 죄를 용서해 주시기 위해 십자가에 죽으셨다. 그 십자가의 보혈의 피로 우리의 죄가 사함 받아 천국 백성이 되었다. 이 얼마나 감격스럽고 감사한 일인가? 그런데 사람들은 예수님의 구원의 은혜를 기억하며 감사하지 않는다.

사람들 입장에서는 값없이 받은 구원이지만 예수님의 입장에서는 엄청난 희생의 대가를 지불한 것이다. 그러므로 그리스도인은 예수님의 구원의 은혜에 어떻게 보답할 것인지 깊이 생각하며 살아야 한다.

시편 116편 12절에 보면 "내게 주신 모든 은혜를 내가 여호와께 무엇으로 보답할까"라고 했다. 그리고 바울도 고린도후서 6장 1절에서 "우리가 하나님과 함께 일하는 자로서 너희를 권하노니 하나님의 은혜를 헛되이 받지 말라"고 권면하고 있다.

제10장

평소에 철 연장을 가는 지혜

01
지혜로운 자의 행동

1) 우매한 행동이 인생을 망침

　전도서 10장 1절: "죽은 파리들이 향 기름을 악취가 나게 만드는 것같이 적은 우매가 지혜와 존귀를 난처하게 만드느니라"

　매우 귀한 향 기름이라 할지라도 그 속에 죽은 파리 한 마리가 빠지게 되면 그 향을 부패시켜 완전히 쓸모가 없게 만든다. 마찬가지로 우매자의 어리석은 행동이 지혜와 존귀를 난처하게 만든다.

　어리석은 자는 한평생 세운 집을 한순간에 무너지게 하지만, 지혜로운 자는 무너져 가는 집을 다시 일으켜 세운다. 그래서 사람은 지혜로워야 한다. 지혜로운 자와 동행할 때에 지혜를 얻게 되지만, 미련한 자와 사귀면 해를 받는다. 그래서 집안에 며느리가 잘 들어와야 하고, 친구도 잘 사귀어야 한다.

　"지혜로운 자와 동행하면 지혜를 얻고 미련한 자와 사귀면 해를 받느니라"(잠 13:20)

2) 지혜자의 마음은 오른쪽에 있음

전도서 10장 2절: "지혜자의 마음은 오른쪽에 있고 우매자의 마음은 왼쪽에 있느니라"

성경에서의 "오른쪽"은 '영광', '의로움', '능력', '보호'를 상징한다면, "왼쪽"은 '불의', '연약함', '무능함'을 상징한다. 그래서 오른편은 천국에 들어가지만, 왼편은 지옥에 떨어진다.

예수님께서 양과 염소로 구분하실 때에도 "양"은 오른편에 "염소"는 왼편으로 나누었다. 양은 여섯 가지를 행하였지만, 염소는 여섯 가지를 행하지 않았다.

여섯 가지란 무엇인가?

첫째, 내가 주릴 때에 너희가 먹을 것을 주었다.

둘째, 목마를 때에 마시게 하였다.

셋째, 나그네 되었을 때에 영접하였다.

넷째, 벗었을 때에 옷을 입혔다.

다섯째, 병들었을 때에 돌보았다.

여섯째, 옥에 갇혔을 때에 와서 보았다.

여섯 가지를 행한 양 같은 신앙인은 천국에 들어갔지만, 여섯 가지를 하지 않은 염소 같은 신앙인은 지옥에 떨어졌다.

예수님께서 십자가에 죽음을 당하실 때에 "오른편 강도"와 "왼편 강도"로 구분하였다. 왼편 강도는 예수님을 향해 "성전을 헐고 사흘에 짓는 자여 네가 만일 하나님의 아들이어든 자기를 구원하고 십자가에서 내려오라. 네가 그리스도가 아니냐 너와 우리를 구원하라"고

비웃고 조롱한다. 그러나 오른편 강도는 그 사람을 향해 말하기를 "네가 동일한 정죄를 받고서도 하나님을 두려워 아니하느냐 우리는 우리의 행한 일에 상당한 보응을 받는 것이니 이에 당연하거니와 이 사람의 행한 것은 옳지 않은 것이 없느니라"고 책망한 후에 "예수님 당신의 나라에 임하실 때에 나를 생각하소서"라고 했다.

오른편에 속한 강도는 영광의 나라인 천국에 들어갔지만, 왼편에 속한 강도는 마귀와 그 사자들을 위하여 예비된 영영한 불 못인 지옥에 들어갔다.

인간의 마음이 어느 쪽에 있느냐가 중요하다. "마음"이 오른쪽에 있다는 것은 하나님께 있다는 것이고, 왼쪽에 있다는 것은 세상에 있다는 것이다. 마음이 어느 쪽에 있느냐에 따라 삶이 결정된다.

3) 지혜의 결핍을 채우라

전도서 10장 3절: "우매한 자는 길을 갈 때에도 지혜가 부족하여 각 사람에게 자기가 우매함을 말하느니라"

빈 수레가 요란하다는 말이 있다. 속이 텅 비어 있으면 자신의 어리석음을 깨닫지 못하고 요란한 소리만 낸다. 결국 자신의 우매함을 깨닫지 못하고 잘난 체하다가 자신의 어리석음만 드러낸다.

잠언기자는 "미련한 자라도 잠잠하면 지혜로운 자로 여겨지고 그의 입술을 닫으면 슬기로운 자로 여겨지느니라"(잠 17:28)고 했다. 가만히 있으면 중간이라도 간다. 무엇보다 중요한 것은 결핍된 지혜를 채우기 위해 노력해야 한다.

신앙생활도 마찬가지이다. 신앙생활의 본질은 구원받기 위함이다. 구원받기 위해서는 신앙의 결핍된 부분들을 채우기 위해 고민하며 노력해야 한다.

오늘날 교회는 갈수록 건물이 크고 웅장하고 화려하게 건축하며, 각종 편리한 모든 시설들을 잘 갖추고 있다. 무엇을 위해 크고 웅장하고 화려하게 건축해야 하는가? 과연 하나님은 웅장하고 화려한 건물을 원하시고, 많은 사람이 올 수 있도록 교회 안에 체육관을 만들고 각종 스포츠 센터를 건립하는 것을 원하실까? 어쩌면 교회가 양적 성장을 통해 중세교회처럼 건물의 우상화에 빠져 들고 있지는 않은지 생각해 볼 필요가 있다.

오늘날 중세 교회와 유럽 교회를 생각해 보라! 교회가 박물관으로 변하고, 교인들이 없어 텅 빈 상태이며, 유지비용 때문에 운영을 할 수 없어 수백 년 된 역사와 전통이 숨 쉬는 교회가 영화관으로, 또는 다른 종교에 팔리는 것을 보고 한국교회도 교훈으로 삼아야 할 때가 된 것 같다.

종교인과 신앙인의 차이점은 무엇인가?

종교인은 말 그대로 종교인일 뿐이다.
신앙인은 하나님의 백성을 말한다.

종교인은 다른 종교인을 인정한다.
신앙인은 다른 것을 믿는 것을 인정하지 않는다.
종교인은 좋은 게 좋은 거라 말한다.

신앙인은 아닌 것에 대해 분명히 아니라고 말한다.

종교인은 선을 말한다.
신앙인은 복음을 말한다.

종교인은 다른 것에서도 구원이 있다고 말한다.
신앙인은 오직 예수님만이 구원의 유일한 길이라고 말한다.

종교인은 교인이 많아지는 것을 부흥이라 말한다.
신앙인은 악이 심판되어지고 하나님의 말씀만이 남는 것을 부흥이라 말한다.

종교인은 교회로 사람을 데려 오는 것을 전도라고 말한다.
신앙인은 복음을 전함으로 하나님을 믿고 말씀대로 사는 것을 전도라고 말한다.

종교인은 교회건물이 커 가는 것을 기뻐한다.
신앙인은 하나님의 나라가 확장되어지는 것을 기뻐한다.

종교인은 자기를 위한 하나님을 믿는다.
신앙인은 하나님께 영광 돌리는 것이 자녀 삼으심의 목적임을 믿는다.

종교인은 목소리로 찬양 하려 한다.
신앙인은 신실한 마음으로 찬양한다.

종교인은 유창한 어휘를 구사하며 기도하기를 좋아한다.
신앙인은 하나님의 뜻을 구한다.

종교인은 넓은 길을 좋아한다.

신앙인은 십자가를 지고 좁은 길을 걸어간다.

종교인은 가난한 자에게 빵만 준다.
신앙인은 가난한 자에게 복음을 준다.

종교인은 배고프면 자기가 먼저이다.
신앙인은 배고플 때 가난한 자를 먼저 생각한다.

종교인은 가룟유다처럼 한치 앞도 보지 못한다.
신앙인은 바울처럼 복음으로 시대의 비전을 제시한다.

종교인은 육신의 병을 고치는 것을 기적이라고 말한다.
신앙인은 나 같은 죄인을 구원하신 것을 기적이라고 말한다.

종교인은 이 땅에 소망을 두고 살아간다.
신앙인은 저 땅에 소망을 두고 살아간다.

종교인은 날이 갈수록 종교 전문가가 되어간다.
신앙인은 날이 갈수록 열매를 맺어간다.

종교인은 종말을 두려워한다.
신앙인은 "주여~ 어서 오소서! 마라나타 신앙으로 살아간다.

종교인에게는 지옥이 예비되어 있다.
신앙인에게는 천국이 예비되어 있다.

당신은 종교인입니까? 신앙인입니까?

-평생에 듣던 말씀 중에서-

4) 하나님의 권위에 도전하지 말라

전도서 10장 4절: "주권자가 네게 분을 일으키거든 너는 네 자리를 떠나지 말라 공손함이 큰 허물을 용서 받게 하느니라"

"주권자"는 한 나라의 왕을 말한다면, "자리를 떠나다"는 좁게는 자신의 직책을 사임하는 행동이며, 넓게는 신하로서의 지위를 망각하고 주권자에게 반대하거나 배역한 행동을 말한다.

신하된 사람이 한 나라를 다스리는 주권자에게 반항하거나 도전하게 되면 큰 해를 입는다. 그러므로 지혜로운 행동을 통해 주권자의 마음을 풀어주며 그 권위에 도전하지 말아야 한다.

영적으로 주권자는 우주 만물을 다스리며 통치하시는 하나님을 의미한다. 피조물인 인간이 창조주 하나님의 권위에 도전하거나 반항할 수가 없다. 그런데 인간은 끝없이 하나님의 권위에 도전하고 있다.

바벨탑이 왜 생겨났는가? 하나님의 권위에 도전하기 위함이다. 자신들의 이름을 내고 하나님과 같은 존재가 되고자 하는 야망 때문에 하늘에까지 탑을 쌓으려 했다.

오늘날도 지식과 과학이 바벨탑이 되어 하나님의 권위에 도전하고 있다. 화성을 탐사하여 개발하려고 하고, 우주에 정거장을 세우고, 복제 인간을 만들어서 죽음의 문제를 해결하려고 한다. 그러나 인간은 결코 하나님의 권위에 도전할 수 없다. 하나님의 권위에 도전할 때에 마지막 이 세상은 한순간에 무너지게 된다.

"그 날 환난 후에 즉시 해가 어두워지며 달이 빛을 내지 아니하며 별들이 하늘에서 떨어지며 하늘의 권능들이 흔들리리라. 그때에 인자의 징조가 하늘에서 보이겠고 그때에 땅의 모든 족속들이 통곡하며 그들이 인자가 구름을 타고 능력과 큰 영광으로 오는 것을 보리라" (마 24:29~30)

5) 인간의 허물을 줄이라

전도서 10장 5절: "내가 해 아래에서 한 가지 재난을 보았노니 곧 주권자에게서 나오는 허물이라"

"허물"은 '단순한 실수', '일시적인 과오'의 뜻으로 가벼운 잘못을 말한다. 인간은 연약하기 때문에 때로는 실수를 하게 된다. 허물이 없는 인간은 아무도 없다. 날마다 허물과 실수를 반복하면서 살아간다. 그러나 실수를 자주하게 되면 습관이 된다. 그러므로 실수를 줄이기 위해 노력해야 한다.

"우리가 다 실수가 많으니 만일 말에 실수가 없는 자라면 곧 온전한 사람이라 능히 온 몸도 굴레 씌우리라"(약 3:2)

"말이 많으면 허물을 면하기 어려우나 그 입술을 제어하는 자는 지혜가 있느니라"(잠 10:19)

"악인은 입술의 허물로 말미암아 그물에 걸려도 의인은 환난에서 벗어나느니라"(잠 12:13)

6) 사람을 잘 기용하라

전도서 10장 6~7절: "우매한 자가 크게 높은 지위들을 얻고 부자들이 낮은 지위에 앉는도다. 또 내가 보았노니 종들은 말을 타고 고관들은 종들처럼 땅에 걸어 다니는도다"

"우매 자"는 지혜롭지 못하고 무능한 사람을 말한다면, "부자"는 많은 재산을 소유할 뿐 아니라 높은 식견과 인격을 겸비한 사람을 말한다. 또 "말을 타고 다닌다"는 것은 최고의 사회적 신분을 말한다면, "고관들이 종처럼 땅에 걸어 다닌다"는 것은 나라를 통치해야 할 사람들이 나라를 떠나 은둔 생활하는 것을 말한다.

주권자의 잘못된 관리등용으로 인하여 충신들은 정치를 떠나게 되고, 무능한 자들을 등용하게 되면 나라는 부정부패로 인하여 큰 혼란에 빠지게 된다. 그러므로 주권자의 공정한 인사가 나라의 운명을 좌우한다.

교회도 마찬가지이다. 직분자를 임명할 때에 능력 있고, 하나님을 두려워하며, 진실하며, 불의한 이익을 미워하는 믿음이 있는지를 살펴서 임명해야 한다(출 18:21). 믿음의 조건을 갖추지 못한 사람을 임명하게 되면 교회는 한순간에 무너진다. 그러므로 교회도 직분자를 잘 기용해야 한다.

시간 있을 때에 준비하는 지혜

1) 남을 해하려고 하지 말라

(1) 함정을 파지 말라

전도서 10장 8절: "함정을 파는 자는 거기에 빠질 것이요……"

사람들은 야생동물을 포획하기 위해 함정을 파고 그 위를 철저하게 위장해 놓는다. 야생동물들은 그것이 함정인 줄 모르고 지나가다가 거기에 빠지면 더 이상 밖으로 나올 수가 없다.

"함정"이란 모함, 비난, 정죄, 저주를 말한다. 사람들도 자신의 이익을 위해 얼마나 많은 함정을 파고 있는가? 다른 사람을 모함하거나 정죄하게 되면 결국 그 모함과 정죄가 다시 자기에게도 화살이 되어 되돌아온다.

바벨론의 총리들은 다니엘을 시기하여 고발하기 위해 허물을 찾아보았지만 아무 그릇됨이나 허물을 발견할 수가 없었다. 그래서 그들은 다리오 왕에게 찾아가서 삼십일 동안에 누구든지 왕 외의 어떤 신에게나 사람에게 무엇을 구하면 사자 굴에 던져 넣기로 한 법률을 세워 금령을 정하게 한 후 선포했다.

그러나 다니엘은 조서에 왕의 도장이 찍힌 것을 알고도 자기 집에 돌아가서는 윗방에 올라가 예루살렘으로 향한 창문을 열고 전에 하던 대로 하루 세 번씩 무릎을 꿇고 기도하며 그의 하나님께 감사하였다.

함정을 파던 자들은 다니엘이 하나님께 기도한 것을 발견하고 왕의 금령을 어긴 죄를 적용하여 사자 굴에 던져 넣었다. 그러나 하나님은 사자들의 입을 봉하여 사자들이 다니엘을 상하지 못하게 하였다.

다리오 왕은 다니엘이 사자 굴에서 살아있는 것을 알고 심히 기뻐하면서 다니엘을 굴에서 올라오게 한 후 다니엘을 죽이기 위해 함정을 파던 자들을 사자 굴에 던져 넣었다(단 6:24). 결국 자기들 스스로가 판 함정에 자기들이 빠지게 된 것이다.

그리스도인은 다른 사람을 비방하거나 정죄하기 위해 함정을 파지 말아야 한다.

시편 7편 15~16절에 보면 "그가 웅덩이를 파 만듦이여 제가 만든 함정에 빠졌도다. 그의 재앙은 자기 머리로 돌아가고 그의 포악은 자기 정수리에 내리리로다"고 했고, 잠언 26장, 27절에도 "함정을 파는 자는 그것에 빠질 것이요 돌을 굴리는 자는 도리어 그것에 치이리라"고 했다.

(2) 담을 헐지 말라

전도서 10장 8절: "······담을 허는 자는 뱀에게 물리리라"

"담을 헌다"는 것은 다른 사람의 재산을 파괴하는 것을 말한다. 다른 사람의 재산을 도둑질하기 위해 남의 집의 담을 헐게 되면 돌 틈 사이에 숨어있던 독사에게 물리게 된다. 즉 다른 사람의 재산에 손해를 입히면 오히려 자신이 더 큰 손해를 당하게 된다는 것이다.

하나님은 "도둑질 하지 말라"(출 20:15)고 했다. 만약 사람이 소나 양을 도둑질을 하여 잡거나 팔면 그는 소 하나에 소 다섯으로 갚고 양 하나에 양 넷으로 갚으라(출 22:1)고 하셨다.

그리스도인은 남의 것을 탐하거나 도적질하지 말고 성실하게 살아야 한다. 성실하게 살면 반드시 길이 열린다. 하나님은 성실하게 사는 자들에게 복을 주시기 때문이다. 잠언 28장 10절에 보면 "정직한 자를 악한 길로 유인하는 자는 스스로 자기 함정에 빠져도 성실한 자는 복을 받느니라"고 했고, 잠언 28장 18절에도 "성실하게 행하는 자는 구원을 받을 것이나 굽은 길로 행하는 자는 곧 넘어지리라"고 했다.

그리스도인에게 더욱 중요한 것은 하나님의 것을 도적질하지 않는 것이다. 즉 십일조 생활을 철저히 해야 한다. 십일조는 하나님의 것이기 때문에 신앙생활의 기본이다.

하나님은 이스라엘 백성들에게 모든 소득의 십분의 일은 하나님의 것이기 때문에 반드시 드리라고 했다.

레위기 27장 30절에 보면 "그리고 그 땅의 십분의 일 곧 그 땅의 곡식이나 나무의 열매는 그 십분의 일은 여호와의 것이니 여호와의 성물이라"고 분명하게 말씀하셨다. 그러므로 모든 소득의 십분의 일은 하나님의 것이기 때문에 반드시 구별하여 드려야 한다.

그런데 이스라엘 백성들은 말라기 시대에 와서 하나님의 것인 십일조와 봉헌물을 도적질했다. 그들은 하나님의 것을 도적질하고서도 도적질하지 않는 것처럼 당당하게 말했다. "언제 우리가 하나님의 것을 도적질했습니까?"

하나님은 그들에게 말씀하시기를 "사람이 어찌 하나님의 것을 도둑질하겠느냐? 그러나 너희는 나의 것을 도둑질하고도 말하기를 우리가 어떻게 주의 것을 도둑질하였나이까 하는도다 이는 곧 십일조와 봉헌물이라 너희 곧 온 나라가 나의 것을 도적질하였으므로 너희가 저주를 받았느니라"(말 3:8~9)고 책망하셨다.

예수님도 십일조 생활을 할 것을 말씀하셨다.

마태복음 23장 23절에 보면 "화 있을진저 외식하는 서기관들과 바리새인들이여 너희가 박하와 회향과 근채의 십일조는 드리되 율법의 더 중한 바 정의와 긍휼과 믿음은 버렸도다 그러나 이것도 행하고 저것도 버리지 말아야 할지니라"

소득의 십분의 일을 하나님께 드리는 것은 당연한 것이다. 그런데 십일조를 하나님께 드리지 않기 때문에 하나님은 온전한 십일조 생활을 하게 되면 하늘 문을 열고 너희에게 복을 쌓을 곳이 없도록 부어주신다고 까지 약속하셨다.

말라기 3장 10~12절에 보면 "만군의 여호와가 이르노라 너희의 온전한 십일조를 창고에 들여 나의 집에 양식이 있게 하고 그것으로 나를 시험하여 내가 하늘 문을 열고 너희에게 복을 쌓을 곳이 없도록 붓지 아니하나 보라. 만군의 여호와가 이르노라 내가 너희를 위하여 메뚜기를 금하여 너희 토지소산을 먹어 없애지 못하게 하며 너희 밭의 포도나무 열매가 기한 전에 떨어지지 않게 하리니, 너희 땅이 아름다워지므로 모든 이방인들이 너희를 복되다 하리라 만군의 여호와의 말이니라"고 약속하셨다.

(3) 파괴하지 말라

전도서 10장 9절: "돌들을 떠내는 자는 그로 말미암아 상할 것이요 나무들을 쪼개는 자는 그로 말미암아 위험을 당하리라"

"쪼갠다"는 것은 파괴를 의미한다. 그러므로 "돌을 떠내는 행위"나 "나무를 쪼개는 행위"는 무엇을 파괴하는 목적으로 하는 악한 행동이다. 즉 남의 집을 무너뜨리거나 다른 사람의 삶을 쪼개는 행동을 하게 되면 본인이 그 돌과 나무로 오히려 해를 입게 된다.

그리스도인은 자신의 이익을 위해 남에게 해를 입히지 말라. 악을 행하면 자신도 그 만큼 해를 당한다. 그러므로 다른 사람에게 유익을 주는 자가 되라.

바울은 고린도 교인들을 향하여 누구든지 자기의 유익을 구하지 말고 남의 유익을 구하여 저희로 구원을 받게 하라고 했다. 다른 사람에게 유익하게 하면 구원을 받게 하는 결과를 낳는다. 아볼로 역시 아가야로 가서 믿는 자들에게 많은 유익을 주었다(행 18:27).

고전 10:33 "나와 같이 모든 일에 모든 사람을 기쁘게 하여 나의 유익을 구치 아니하고 많은 사람의 유익을 구하여 저희로 구원을 받게 하라"

2) 평소에 믿음의 철 연장이 무디어지지 않도록 날을 갈라

전도서 10장 10절: "철 연장이 무디어졌는데도 날을 갈지 아니하면 힘이 더 드느니라 오직 지혜는 성공하기에 유익하니라"

"철 연장"은 벌목을 할 때에 사용하는 도끼를 말한다. 벌목장이가 무딘 연장으로 나무를 베면 힘만 들고 효율적인 성과를 거둘 수 없다. 나무를 베는데 힘들지 않고 효과적인 성과를 얻기 위해서는 평소에 철 연장을 부지런히 갈아서 연장의 날을 세워야 한다. 그러면 쉽게 일할 수 있다.

지혜로운 사람은 평소에 무딘 연장 날을 갈아 놓지만, 미련한 사람은 시간이 많다면서 무딘 연장 날을 갈지 않는다. 실력도 마찬가지이다. 실력이 한순간에 향상되는 것이 아니기 때문에 평소에 실력을 쌓아야 한다. 젊었을 때에 부지런히 지식의 칼날을 갈지 않으면 기회가 와도 소용이 없기 때문이다. 마치 장수가 평소에 칼날을 세워 두지 않으면 전쟁터에 무딘 칼을 들고 나갈 수가 없는 것과 같다. 시간 있을 때에 칼날이 무디어지지 않도록 부지런히 철 연장을 갈아야 한다.

그리스도인도 평소에 신앙의 철 연장이 무디어지지 않도록 칼날을 갈아야 한다. 신앙의 철 연장의 날을 세운다는 것은 무슨 뜻인가? 믿음의 칼날이 무디어지지 않도록 열심히 신앙생활 하는 것을 의미한다. 신앙의 칼날이 예리하면 세상이 감당하지 못하는 믿음의 사람들이 되기 때문이다.

시간이 많다고 신앙의 칼날을 갈지 않으면 녹이 슬고 만다. 녹이 슬면 더 이상 사용할 수가 없다. 젊을 때에 신앙생활을 하지 않으면 점점 녹이 슬게 되고 그 녹을 제거하려고 하면 연장 자체를 사용할 수 없게 된다. 즉 나이 들어서는 신앙생활을 할 수가 없다. 그러므로 시간 있을 때에 믿음의 실력을 갖추어서 하나님의 위대한 일꾼들이 되어야 한다.

주님을 위해 일할 수 있는 기회가 항상 있는 것은 아니다. 나이 들어 몸이 쇠약해지거나, 경제력이 없으면 주님을 위해 일하고 싶어도 일할 수가 없다. 건강하고 경제력이 있을 때에 부지런히 하나님의 일을 해야 한다.

3) 재앙을 당하기 전에 준비하라

전도서 10장 11절: "주술을 베풀기 전에 뱀에게 물렸으면 술객은 소용이 없느니라"

술객이 자신의 기술을 뱀에게 사용하기 이전에 뱀에게 물렸다면 그가 알고 있는 뱀을 다스리는 비결은 아무 쓸모가 없다. "뱀"은 재앙, 불행, 화를 의미한다.

인생이 재앙을 당하기 전에 미리 준비하는 지혜가 필요하다. 마치 독사에 물린 뒤에 후회한들 아무 소용이 없기 때문이다.

노아 시대에 홍수 심판을 받아 멸망당할 때나, 소돔과 고모라 성이 불 심판 받을 때나, 이스라엘이 바벨론에 멸망을 당하여 70년 동안 포로 생활을 할 때나, 그리고 이스라엘이 A. D. 70년에 로마에 멸망당했을 때에 후회한들 무슨 소용이 있었겠는가? 마지막 이 세상도 하나님의 불 심판을 받아 멸망당하게 되는데 그 때에 가슴을 치며 통곡해도 소용이 없다. 마치 주술을 베풀기 전에 뱀에게 물린 것과 같다.

4) 지혜자와 우매자의 입술

전도서 10장 12~13절: "지혜자의 입의 말들은 은혜로우나 우매자의 입술들은 자기를 삼키나니 그의 입의 말들의 시작은 우매요 그의 입의 결말들은 심히 미친 것이니라"

(1) 지혜자의 입술

지혜자의 입의 말은 은혜롭다. 그 은혜로운 말은 사람들의 마음을 움직이는 큰 힘이다. 그러므로 지혜자의 입술은 사람들의 마음에 큰 감동과 감화를 주며 생명의 길로 인도한다.

잠언 15장 2절에 보면 "지혜 있는 자의 혀는 지식을 선히 베풀고 미련한 자의 입은 미련한 것을 쏟느니라"고 했고, 잠언 25장 11절에는 "경우에 합당한 말은 아로새긴 은 쟁반에 금 사과니라"고 했다.

"그의 혀로 남을 허물하지 아니하고 그의 이웃에게 악을 행하지 아니하며 그의 이웃을 비방하지 아니하며"(시 15:3)

"온순한 혀는 곧 생명나무이지만 패역한 혀는 마음을 상하게 하느니라"(잠 15:4)

"입과 혀를 지키는 자는 그 영혼을 환난에서 보전하느니라"(잠 21:23)

"오래 참으면 관원도 설득할 수 있나니 부드러운 혀는 뼈를 꺾느니라"(잠 25:15)

(2) 우매자의 입술

우매자의 입술은 자기 인생을 스스로 망친다. "자기를 삼킨다"는 것은 스스로 자기의 인생을 망하게 한다는 것이다. 우매자는 어리석은 말로써 자신을 곤경에 빠지게 하며 스스로 패망케 한다. 그래서 야고보는 혀에 대해서 말하기를 혀는 불 같아서 사람의 몸을 더럽히기도 하고, 삶의 수레바퀴를 한순간에 불사를 수도 있다고 했다.

"혀는 곧 불이요 불의의 세계라 혀는 우리 지체 중에서 온 몸을 더럽히고 삶의 수레바퀴를 불사르나니 그 사르는 것이 지옥 불에서 나느니라. 여러 종류의 짐승과 새와 벌레와 바다의 생물은 다 사람이 길들일 수 있고 길들여 왔거니와 혀는 능히 길들일 사람이 없나니 쉬지 아니하는 악이요 죽이는 독이 가득한 것이라. 이것으로 우리가 주 아버지를 찬송하고 또 이것으로 하나님의 형상대로 지음을 받은 사람을 저주하나니, 한 입에서 찬송과 저주가 나오는도다 내 형제들아 이것이 마땅하지 아니하니라. 샘이 한 구멍으로 어찌 단 물과 쓴 물을 내겠느냐"(약 3:6~11)

"그의 입에는 저주와 거짓과 포악이 충만하며 그의 혀 밑에는 잔해와 죄악이 있나이다"(시 10:7)

"죽고 사는 것이 혀의 힘에 달렸나니 혀를 쓰기 좋아하는 자는 혀의 열매를 먹으리라"(잠 18:21)

"북풍이 비를 일으킴 같이 참소하는 혀는 사람의 얼굴에 분을 일으키느니라"(잠 25:23)

(3) 언어의 중요성

언어가 얼마나 중요한가? 언어는 다른 사람을 살리기도 하고 죽이기도 한다. 내 인생을 성공시키기도 하고 패망하게도 한다. 그러므로 언어는 생명이다.

모세는 12명의 첩보원을 선출하여 가나안 땅을 40일 동안 정탐을 하게 했다. 12명의 첩보원들은 가나안 땅을 40일 동안 정탐한 후에 돌아와서 모세에게 보고한다.

10명의 첩보원들은 부정적인 보고를 한다. "우리가 그곳에 가서 보았더니 우리는 능히 올라가서 그 백성을 칠 수 없다. 그들은 우리보다 강하며, 모든 백성의 신장은 크고 거기서 네피림 후손인 아낙 자손의 거인들을 보았다. 그러니 우리는 스스로 보기에도 메뚜기 같으니 그들이 보기에도 그와 같았을 것이다."

이 보고 내용은 한순간에 이스라엘 백성 전체를 절망의 수렁에 빠뜨렸다. 부정적인 말을 들은 백성들은 밤새도록 통곡하며 우리가 애굽 땅에서 죽었거나 이 광야에서 죽었으면 좋았을 것을 어찌하여 여호와가 우리를 그 땅으로 인도하여 칼에 쓰러지게 하려 하는가? 우리 처자가 사로잡히리니 애굽으로 돌아가는 것이 낫지 아니하랴? 우리가 한 지휘관을 세우고 애굽으로 돌아가자고 했다.

그러나 여호수아와 갈렙의 보고 내용은 정반대였다. 두 사람의 보고 내용을 보면 매우 긍정적이고 희망적이다. "우리가 곧 올라가서 그 땅을 취하자 능히 이기리라. 우리가 두루 다니며 정탐한 땅은 심히 아름다운 땅이라. 여호와께서 우리를 기뻐하시면 우리를 그 땅으로 인도하여 들이시고 그 땅을 우리에게 주시리라. 이는 과연 젖과

꿀이 흐르는 땅이니라. 그 땅 백성을 두려워하지 말라. 그들은 우리의 먹이라. 그들의 보호자는 그들에게서 떠났고 여호와는 우리와 함께 하시느니라."

하나님은 우매자들이 밤새도록 통곡하며 "우리가 애굽 땅에서 죽었거나 이 광야에서 죽었으면 좋겠다"는 그 말한 대로 그들을 모두 광야에서 죽음을 당하게 했다. 그러나 오직 긍정적으로 말한 여호수아와 갈렙은 광야에서 죽음을 당하지 않고 가나안 땅에 들어갔다. 부정적인 말을 버리고 항상 긍정적인 말을 해야 한다. 사람은 내가 말한 대로 되기 때문이다.

"그들에게 이르기를 여호와의 말씀에 내 삶을 두고 맹세하노라 너희 말이 내 귀에 들린 대로 내가 너희에게 행하리니 너희 시체가 이 광야에 엎드러질 것이라"(민 14:28~29)

그리스도인은 어떤 입술이 되어야 하는가?

첫째, 예수 그리스도를 구주로 고백하는 입술이 되어야 한다.

"시몬 베드로가 대답하여 이르되 주는 그리스도시요 살아 계신 하나님의 아들이시니이다"(마 16:16)

둘째, 기도의 입술이 되어야 한다.

"여호와여 의의 호소를 들으소서 나의 울부짖음에 주의하소서 거짓되지 아니한 입술에서 나오는 나의 기도에 귀를 기울이소서"(시 17:1)

셋째, 전도의 입술이 되어야 한다.

"내가 많은 회중 가운데에서 의의 기쁜 소식을 전하였나이다 여호와여 내가 내 입술을 닫지 아니할 줄을 주께서 아시나이다"(시 40:9)

넷째, 찬송의 입술이 되어야 한다.

"주여 내 입술을 열어 주소서 내 입이 주를 찬송하여 전파하리이다"(시 51:15)

"그러므로 우리는 예수로 말미암아 항상 찬송의 제사를 하나님께 드리자 이는 그 이름을 증언하는 입술의 열매니라"(히 13:15)

다섯째, 다른 사람을 권면하고 가르치는 입술이 되어야 한다.

"의인의 입술은 여러 사람을 교육하나 미련한 자는 지식이 없으므로 죽느니라"(잠 10:21)

여섯째, 여호와께 죄를 범하지 않는 입술이 되어야 한다.

"그가 이르되 그대의 말이 한 어리석은 여자의 말 같도다 우리가 하나님께 복을 받았은즉 화도 받지 아니하겠느냐 하고 이 모든 일에 욥이 입술로 범죄하지 아니하니라"(욥 2:10)

일곱째, 거짓을 말하지 않는 입술이 되어야 한다.

"결코 내 입술이 불의를 말하지 아니하며 내 혀가 거짓을 말하지 아니하리라"(욥 27:4)

"그러므로 생명을 사랑하고 좋은 날 보기를 원하는 자는 혀를 금하여 악한 말을 그치며 그 입술로 거짓을 말하지 말고"(벧전 3:10)

여덟째, 원망과 불평하지 않는 감사의 입술이 되어야 한다.

"아침에는 너희가 여호와의 영광을 보리니 이는 여호와께서 너희가 자기를 향하여 원망함을 들으셨음이라 우리가 누구이기에 너희가 우리에게 대하여 원망하느냐"(출 16:7)

탈무드에 보면 "세 자매"란 이야기가 있다.

옛날 한 사나이에게 세 딸이 있었는데 모두가 대단한 미인이었다. 그러나 딸들은 제각기 하나씩의 결점을 가지고 있었다. 한 딸은 게으름뱅이이고, 한 딸은 남의 물건을 훔치는 버릇이 있었으며, 또 한 딸은 남의 험담하기를 좋아했다.

어느 날 또 다른 세 아들이 있는 사나이가 그 딸들을 자기 며느리로 줄 수 없겠느냐고 말했다. 그래서 딸을 가진 아버지가 사실대로 내 딸들은 이러이러한 결점을 가지고 있다고 말했다. 그랬는데도 시아버지 될 사람은 모든 책임은 자기가 지겠다고 하면서 걱정하지 말라고 했다.

세 며느리를 맞아들인 시아버지는 게으름뱅이인 며느리를 위해서는 많은 하인을 고용하고, 훔치기를 잘하는 며느리를 위해서는 큰 창고의 열쇠를 주어 무엇이든지 가지라고 하고, 험담을 잘하는 며느리에게는 아침 일찍 그 며느리를 깨워서 오늘은 남을 헐뜯는 일이 없는가를 매일 물었다.

그렇게 얼마 동안의 시집살이를 하는 중에 어느 날 친정아버지가 딸들이 결혼생활을 잘하는지 보러 왔다. 큰딸은 자기 마음껏 게으름을 피울 수 있어서 즐겁다고 했다. 둘째 딸은 물건을 갖고 싶을 때 얼마든지 가질 수가 있으니 행복하다고 말했다. 셋째 딸은 시아버지가 자기에게 남자관계를 따지기 때문에 견딜 수 없다고 말했다. 그러나 친정아버지는 셋째 딸의 말은 믿지 않았다. 왜냐하면 그녀는 지금 시아버지까지 헐뜯고 있기 때문이다. 그러고는 말했다. 너는 아직도 그대로 이구나. 네 입에서 험담이 없어지는 날 아버지가 다시 오겠다고 말하며 돌아갔다.

위에서 말한 탈무드는 우리에게 무엇을 가르쳐주고 있는가?

게으름이 있는 사람들도 고칠 수 있고, 훔치는 것을 좋아하는 사람도 만족감을 주면 그 버릇을 잡을 수가 있지만, 남을 불평하고 험담하는 버릇은 고칠 수가 없다는 것이다.

5) 우매자의 모습

전도서 10장 14~15절: "우매한 자는 말을 많이 하거니와 사람은 장래 일을 알지 못하나니 나중에 일어날 일을 누가 그에게 알리리요 우매한 자들의 수고는 자신을 피곤하게 할 뿐이라 그들은 성읍에 들어갈 줄도 알지 못함이니라"

우매한 자의 특징은 무엇인가? 말을 많이 한다는 것이다. 말이 많으면 실수도 많다. 우매한 자는 자기의 현실적인 문제도 해결하지 못하면서 미래의 일을 아는 것처럼 박식한 체한다. 미래의 일을 아는 사람이 어디 있는가? 오직 미래를 아시는 분은 하나님뿐이다.

또한 우매자의 수고는 자신을 피곤하게 할 뿐 아니라 성읍에도 들어가지 못한다. "피곤하게"는 '숨이 차다', '기진맥진하다'는 뜻으로 아무리 애써서 어떤 일을 한다 할지라도 기진맥진하게 하여 아무 결과가 없다는 것이다. "성읍"은 하나님의 나라를 말한다. 결국은 하나님 나라에도 들어갈 수 없다.

우매한 자는 모두 천국에 들어가지 못한다는 말이 아니다. 여기서의 우매자는 하나님을 부인하는 자들이다. 그들은 자신의 장래 일도 모르면서 하나님이 어디 계시느냐? 천국과 지옥이 어디 있느냐며 비웃고 조롱한다. 그리고 하나님의 말씀을 부인하고 거짓 진리를 전한다.

예수님 당시에 바리새인과 서기관들이 바로 우매자들이다. 예수님은 바리새인과 서기관들에게 어떤 말씀을 하셨는가?

여덟 가지의 화를 말씀하셨다(마 23:13-29).

첫째, 화 있을진저 외식하는 서기관들과 바리새인들이여 너희는 천국 문을 사람들 앞에서 닫고 너희도 들어가지 않고 들어가려 하는 자도 들어가지 못하게 하는도다.

둘째, 화 있을진저 외식하는 서기관들과 바리새인들이여 그 과부의 집을 삼키며 외식으로 길게 기도하니 이러므로 받을 심판이 더욱 중하리라.

셋째, 화 있을진저 외식하는 서기관들과 바리새인들이여 너희는 교인 한 사람을 얻기 위하여 바다와 육지를 두루 다니다가 생기면 너희보다 배나 더 지옥 자식이 되게 하는도다.

넷째, 화 있을진저 눈 먼 인도자여 너희가 말하되 누구든지 성전으로 맹세하면 아무 일 없거니와 성전의 금으로 맹세하면 지킬지라 하는도다.

다섯째, 화 있을진저 외식하는 서기관들과 바리새인들이여 너희가 박하와 회향과 근채의 십일조는 드리되 율법의 더 중한 바 정의와 긍휼과 믿음은 버렸도다 그러나 이것도 행하고 저것도 버리지 말아야 할지니라.

여섯째, 화 있을진저 외식하는 서기관들과 바리새인들이여 잔과 대접의 겉은 깨끗이 하되 그 안에는 탐욕과 방탕으로 가득하게 하는도다.

일곱째, 화 있을진저 외식하는 서기관들과 바리새인들이여 회칠한 무덤 같으니 겉으로는 아름답게 보이나 그 안에는 죽은 사람의 뼈와 모든 더러운 것이 가득하도다.

여덟째, 화 있을진저 외식하는 서기관들과 바리새인들이여 너희는 선지자들의 무덤을 만들고 의인들의 비석을 꾸미며 이르되 만일 우리가 조상 때에 있었더라면 우리는 그들이 선지자의 피를 흘리는 데 참여하지 아니하였으리라 하니 그러면 너희가 선지자를 죽인 자의 자손임을 스스로 증명함이로다.

그들의 최종 결론은 무엇인가? 예수님은 마태복음 23장 33절의 말씀을 통해 "뱀들아 독사의 새끼들아 너희가 어떻게 지옥의 판결을 피하겠느냐"며 지옥의 심판을 피할 수 없음을 분명히 말씀하셨다.

제11장

지혜로운 자의 삶

현재에 최선을 다하는 삶

1) 남을 돕는 자가 되라

(1) 네 떡을 물 위에 던지라

전도서 11장 1절: "너는 네 떡을 물 위에 던져라 여러 날 후에 도로 찾으리라"

"떡"은 얇고 둥근 과자 모양으로 만들어져 있어서 흐르는 물 위에 던지면 잠시 동안 떠서 물과 같이 흘러 내려간다. 이것은 아무런 대가를 바라지 않고 구제를 행하면 그것이 언젠가는 좋은 결과로서 다시 내게 돌아온다는 말이다. 그래서 구제와 봉사는 오른손이 하는 일을 왼 손이 모르게 해야 한다.

하나님은 땅의 모든 곡물을 벨 때에 밭모퉁이까지 다 베지 말며 떨어진 것을 줍지 말라고 했다. 이것은 가난한 자와 행인들을 위한 배려이다. 모든 사람과 더불어 살라는 것이다.

"너희가 너희의 땅에서 곡식을 거둘 때에 너는 밭모퉁이까지 다 거두지 말고 네 떨어진 이삭도 줍지 말며 네 포도원의 열매를 다 따지 말며 네 포도원에 떨어진 열매도 줍지 말고 가난한 사람과 거류민을 위하여 버려두라 나는 너희의 하나님 여호와이니라"(레 19:9~10)

(2) 일곱에게나 여덟에게 나눠 주라

전도서 11장 2절: "일곱에게나 여덟에게 나눠 줄지어다 무슨 재앙이 땅에 임할는지 네가 알지 못함이니라"

"일곱에게나 여덟"은 단순히 숫자상의 7이나 8을 의미하지 않고 많은 수를 가리키는 상징적인 표현이다. 즉 평소에 베푸는 일을 많이 하라는 것이다. 사람이 이 세상을 사는 동안 언제 어떤 재앙이 임할는지 모르기 때문에 평소 넉넉할 때 다른 사람에게 덕을 베풀어야 한다. 그러면 재앙이 땅에 임할 때에 같은 도움을 받게 된다.

바울은 사도행전 20장 35절의 말씀을 통해서 "수고하여 약한 사람을 돕고 주는 것이 받는 것보다 복이 있다"고 했다.

2) 예측할 수 없는 재앙의 날

전도서 11장 3절: "구름에 비가 가득하면 땅에 쏟아지며 나무가 남으로나 북으로나 쓰러지면 그 쓰러진 곳에 그냥 있으리라"

구름에 습기가 가득차면 반드시 비는 쏟아져 내린다는 것은 당연한 일이다. 그러나 사람은 비가 내리는 정확한 시기에 대해서는 알수가 없다. 또 번개나 광풍에 의해 쓰러진 나무는 다시 일어날 수 없다. 쓰러진 곳에 그대로 그냥 있을 뿐이다.

인생사도 마찬가지이다. 사람도 예고 없이 찾아온 재앙은 피할 수 없다. 쥐는 지진이 일어날 것을 예감하고 도망간다고 한다. 불을 보고 날아드는 나방도 비가 올 것을 미리 알고 피신한다. 그러나 인간은 재앙이 목전에 임했음에도 눈치 채지 못한다.

노아 시대 사람들을 생각해 보라! 노아가 방주를 건축한 후 가족과 동식물들이 다 방주 안에 들어가도 알지 못했다. 방주의 문이 닫히는 순간까지 먹고 마시며 즐기는 일에만 정신이 팔렸다. 그들은 홍수와 함께 멸망당하는 순간까지 알지 못했다.

예수님은 마지막 종말의 때도 그와 같다고 했다. 세상 사람들이 돈 버는 이유가 노아 시대 사람들처럼 먹고 마시며 즐기기 위함이다. 오늘날 사람들은 종말의 시대를 살아가고 있음에도 불구하고 롯의 때와 같이 먹고, 마시고, 사고팔고, 심고, 집만 짓는 데 열심이다. 세상 심판 날이 문 밖에 임박했음에도 깨닫지 못한다. 마지막 7년 대환난 날이 되고, 최종 대접 심판을 받아 멸망을 당하는 순간까지 깨닫지 못할 것이다.

"노아의 때에 된 것과 같이 인자의 때에도 그러하리라. 노아가 방주에 들어가던 날까지 사람들이 먹고 마시고 장가들고 시집가더니 홍수가 나서 그들을 다 멸망시켰으며 또 롯의 때와 같으리니 사람들이 먹고 마시고 사고팔고 심고 집을 짓더니, 롯이 소돔에서 나가던 날에 하늘로부터 불과 유황이 비 오듯 하여 그들을 멸망시켰느니라. 인자가 나타나는 날에도 이러하리라"(눅 17:26~30)

3) 기회를 놓치지 말라

전도서 11장 4절: "풍세를 살펴보는 자는 파종하지 못할 것이요 구름만 바라보는 자는 거두지 못하리라"

농부가 바람만 살피게 되면 파종의 시기를 놓치게 되고, 구름만 바라보다가는 추수기를 놓치게 된다. 농부는 풍세와 바람만 바라보고 있을 것이 아니라 씨앗을 뿌려야 한다.

사람도 자신의 형편과 처지를 지나치게 살피며 걱정만하다가는 모든 기회를 다 놓치게 된다. 인생의 기회가 주어질 때에 자신감을 가지고 도전해야 한다. 어떤 일을 해보지도 않고 안 된다고 포기하면 아무 발전이 없다.

가난하다고 해서 평생 가난한가? 어려운 환경에 있다고 해서 평생 어렵게 사는가? 밤이라고 해서 평생 밤인가? 하나님은 도전하는 사람들과 함께하신다. 자신감과 믿음을 가지고 도전할 때에 환경을 변화시킬 수 있으며 더 나아가 미래가 보장된다.

방송에 따르면 현대건설 故 정주영 회장은 생전에 부정적인 의견을 접할 때마다 "해보기나 했어?"라는 말을 입에 달고 살았다고 한다. 가난한 집의 장남으로 태어나 초등학교밖에 나오지 못한 정주영 회장이 한국을 대표하는 자동차 회사와 건설 회사를 건립하게 만든 힘의 원천이 바로 여기에 담겨 있다.

빌게이츠의 10 어록을 보면 인생의 많은 도움이 될 것이다.

① 인생이란 원래 공평하지 못하다. 그런 현실에 대하여 불평할 생각하지 말고 받아들여라.
② 세상은 네 자신이 어떻게 생각하든 상관하지 않는다. 세상이 너희들한테 기대하는 것은 네가 스스로 만족하다고 느끼기 전에 무엇인가를 성취해서 보여줄 것을 기다리고 있다.
③ 대학교육을 받지 않은 상태에서 연봉이 4만 달러가 될 것이라고는 상상도 하지 말라.
④ 학교선생님이 까다롭다고 생각되거든 사회 나와서 직장 상사의 진짜 까다로운 맛을 한번 느껴봐라.
⑤ 햄버거 가게에서 일하는 것을 수치스럽게 생각하지 마라. 너희 할아버지는 그 일을 기회라고 생각하였다.
⑥ 네 인생을 네가 망치고 있으면서 부모 탓을 하지 마라. 불평만 일삼을 것이 아니라 잘못한 것에서 교훈을 얻어라.
⑦ 학교는 승자나 패자를 뚜렷이 가리지 않을지 모른다. 어떤 학교에서는 낙제제도를 아예 없애고 쉽게 가르치고 있다는 것을 잘 안다. 그러나 사회 현실은 이와 다르다는 것을 명심하라.
⑧ 인생은 학기처럼 구분되어 있지도 않고 여름 방학이란 것은 아예 있지도 않다.
네가 스스로 알아서 하지 않으면 직장에서는 가르쳐주지 않는다.
⑨ TV는 현실이 아니다. 현실에서는 커피를 마셨으면 일을 시작하는 것이 옳다.
⑩ 공부밖에 할 줄 모르는 "바보"한테 잘 보여라. 사회 나온 다음에는 아마 그 "바보" 밑에서 일하게 될지 모른다.

4) 하나님께서 하시는 일은 알 수 없다

전도서 11장 5절: "바람의 길이 어떠함과 아이 밴 자의 태에서 뼈가 어떻

게 자라는지를 네가 알지 못함 같이 만사를 성취하시는 하나님의 일을 네가 알지 못하느니라"

인간은 "바람"이 부는 것을 느낄 수는 있지만 그 바람이 어디서 와서 어디로 가는지 그 가는 길은 전혀 알 수 없다. 또한 아이 밴 자의 태에서 "뼈"가 어떻게 자라는지를 알 수 없다. 즉 생명의 탄생과 성장과정에 있어서의 각종 비밀은 아무도 모른다.

피조물인 인간이 어떻게 창조주 하나님께서 하시는 일들을 알 수 있겠는가? 하나님의 어리석음이 사람보다 지혜 있고 하나님의 약하심이 사람보다 강하기 때문에 인간은 하나님께서 하시는 일을 알 수가 없다.

"하나님의 어리석음이 사람보다 지혜롭고 하나님의 약하심이 사람보다 강하니라"(고전 1:25)

5) 모든 일에 최선을 다하라

전도서 11장 6~7절: "너는 아침에 씨를 뿌리고 저녁에도 손을 놓지 말라 이것이 잘 될는지, 저것이 잘 될는지, 혹 둘이 다 잘 될는지 알지 못함이니라. 빛은 실로 아름다운 것이라 눈으로 해를 보는 것이 즐거운 일이로다"

농부가 아침에 씨 뿌린 것이 잘 될지 저녁에 뿌린 것이 잘 될지는 알 수 없다. 아침에 뿌려야 잘된다며 저녁에 뿌리지 않으면 아침에 뿌린 것이 안 될 수도 있다. 반대로 저녁에 뿌려야 잘 된다면서 아침에 뿌리지 않으면 저녁에 뿌린 것이 안 될 수도 있다. 그러므로 아침부터 저녁까지 모든 일에 최선을 다해야 한다. "아침"은 인생의 젊을 때를 말한다면, "저녁"은 인생의 황혼 때를 말한다.

인생이 젊었을 때는 열심히 일하고 나이 먹어서는 아무것도 하지 않으면 아름다운 해를 보는 즐거움을 누리지 못한다. 그러므로 젊었을 때나 나이 먹었을 때에도 항상 꿈을 갖고 열심히 살아야 한다. 또한 늙었다고 생을 포기하지 말라. 나이 먹어서 하는 일이 젊었을 때보다 더 잘 될지 알 수 없다. 늙어도 꿈이 있으면 청춘이다.

사무엘 울만은 "청춘"이란 시를 통해 다음과 같이 청춘을 노래하고 있다.

청춘이란 인생의 어떤 한 시기가 아니라 마음가짐을 뜻하나니
장미 빛 볼, 붉은 입술, 부드러운 무릎이 아니라
풍부한 상상력과 왕성한 감수성과 의지력
그리고 인생의 깊은 샘에서 솟아나는 신선함을 뜻하나니

청춘이란 두려움을 물리치는 용기
안이함을 뿌리치는 모험심,
그 탁월한 정신력을 뜻하나니
때로는 스무 살 청년보다 예순 살 노인이 더 청춘일 수 있네.
누구나 세월만으로 늙어가지 않고
이상을 잃어버릴 때 늙어가나니
세월은 피부의 주름을 늘리지만
열정을 가진 마음을 시들게 하진 못하지.

근심과 두려움, 자신감을 잃는 것이
우리 기백을 죽이고 마음을 시들게 하네.

영감이 끊기고
정신이 냉소의 눈에 덮이고
비탄의 얼음에 갇힐 때
그대는 스무 살이라도 늙은이가 되네
그러나 머리를 높이 들고 희망의 물결을 붙잡는 한,
그대는 여든 살이어도 늘 푸른 청춘이네.

6) 고난을 극복하라

전도서 1장 8절: "사람이 여러 해를 살면 항상 즐거워할 지로다 그러나 캄캄한 날들이 많으리니 그날들을 생각할지로다 다가올 일은 다 헛되도다"

인생은 항상 즐겁게 살기를 원한다. 그러나 그것을 원한다고 해서 평생을 즐겁게 살 수는 없다. 그렇게 될 수 없는 것이 인생이다. 인생은 즐거운 날보다 캄캄한 날들이 더 많기 때문이다. "캄캄한 날"은 '죽음', '고난', '실패'를 의미 한다.

캄캄한 날은 아무도 피할 수 없다. 누가 죽음과 고난과 실패를 피할 수 있는가? 바울도 "오호라 나는 곤고한 사람이로다 이 사망의 몸에서 누가 나를 건져내랴"(롬 7:24)고 했다. 욥도 "사람은 고생을 위하여 났으니 불꽃이 위로 날아가는 것 같으니라"(욥 5:7)고 했다.

그리스도인은 고난을 극복해야 한다. 혼자의 힘으로는 고난을 극복할 수 없지만 하나님을 의지하면 능히 이겨낼 수 있다. 하나님은 우리를 향해 말씀하시기를 인생의 고난이 오고 캄캄한 밤을 맞이했다고 해도 두려워하지 말라고 하신다. 왜냐하면 우리는 하나님의 것이기 때문이다. 그래서 우리가 물 가운데로 지날 때에도 하나님이 우리와 함께할 것이며, 강을 건널 때에 물이 우리를 침몰하지 못할 것이며, 우리가 불 가운데로 지날 때에 타지도 아니하고, 불꽃이 우리를 사르지도 못하도록 보호해 주시기 때문이다.

"야곱아 너를 창조하신 여호와께서 지금 말씀하시느니라 이스라엘아 너를 지으신 이가 말씀하시느니라 너는 두려워하지 말라 내가 너를 구속하였고 내가 너를 지명하여 불렀나니 너는 내 것이라. 네가 물 가운데로 지날 때에 내가 너와 함께할 것이라 강을 건널 때에 물이 너를 침몰하지 못할 것이며 네가 불 가운데로 지날 때에 타지도 아니할 것이요 불꽃이 너를 사르지도 못하리니, 대저 나는 여호와 네 하나님이요 이스라엘의 거룩한 이요 네 구원자임이라"(사 43:1~3)

02

청년의 때

1) 청년 때의 중요성

전도서 11장 9절: "청년이여 네 어린 때를 즐거워하며 네 청년의 날들을 마음에 기뻐하여 마음에 원하는 길들과 네 눈이 보는 대로 행하라 그러나 하나님이 이 모든 일로 말미암아 너를 심판하실 줄 알라"

청년의 때에는 인생 중에서 가장 혈기가 왕성한 황금기이다. 마치 여름과도 같다. 청년들은 그 왕성한 혈기로 인하여 마음이 원하는 대로 또는 눈이 보는 대로 행동한다. 그래서 무엇이든지 도전하며 목적을 성취할 수 있는 시기이다.

그러나 때로는 그 혈기로 인하여 방종에 빠져 젊음의 시기를 헛되이 보내기도 한다. 그래서 솔로몬은 자신의 지난날의 삶을 회고해 볼 때에 청년의 때가 가장 중요하다는 것을 깨닫고 자신처럼 청년의 때를 헛되이 보내지 말라는 것이다.

하나님께서도 청년들의 방종을 미리 예방하기 위해 "이 모든 일로 말미암아 너를 심판하실 줄 알라"고 권면하신다.

인간은 누구나 아담의 범죄로 인하여 타락한 본성을 가지고 있다. 그 타락한 본성 때문에 청년시기에 방종에 빠져 인생을 망치게 되기도 한다. 그렇다면 그 타락한 본성을 지배할 수 있는 유일한 방법은 무엇인가? 하나님의 말씀뿐이다. 오직 하나님의 말씀으로 인간의 타락한 본성을 지배할 때에 마음이 기뻐하는 일과 눈이 보는 대로 행동하지 않는다.

시편 119편 9절에 보면 "청년이 무엇으로 그의 행실을 깨끗하게 하리이까 주의 말씀만 지킬 따름이니이다"고 했고, 바울도 "청년의 정욕을 피하고 주를 깨끗한 마음으로 부르는 자들과 함께 의와 믿음과 사랑과 화평을 따르라"(딤후 2:22)고 했다.

2) 청년의 때를 헛되이 하지 않는 비결

전도서 11장 10절: "그런즉 근심이 네 마음에서 떠나게 하며 악이 네 몸에서 물러가게 하라 어릴 때와 검은 머리의 시절이 다 헛되니라"

청년의 때를 헛되이 보내지 않기 위해서는 어떻게 해야 하는가? 근심이 마음에서 떠나게 하며 악이 몸에서 물러가게 해야 한다. 그리하면 어릴 때와 청년 시절이 헛되지 않는다.

사람들의 마음에 근심과 분노와 슬픔이 생기는 이유가 무엇인가? 그것은 하나님을 떠나서 세속에 빠져 살기 때문이다. 세속에 빠져 사는 것은 "악"이다. 그러므로 인생의 황금기인 젊은 시절을 세속에 빠져 살게 되면 평생을 후회하게 된다.

젊은 시절 세속에 빠지지 않고 청춘의 꿈을 실현시키기 위해서는 하나님의 말씀을 지키며, 진리가 떠나지 않도록 말씀을 마음 판에 새기고, 범사에 하나님을 의지하는 것이다.

"내 아들아 나의 법을 잊어버리지 말고 네 마음으로 나의 명령을 지키라. 그리하면 그것이 네가 장수하여 많은 해를 누리게 하며 평강을 더하게 하리라. 인자와 진리가 네게서 떠나지 말게 하고 그것을 네 목에 매며 네 마음 판에 새기라. 그리하면 네가 하나님과 사람 앞에서 은총과 귀중히 여김을 받으리라. 너는 마음을 다하여 여호와를 신뢰하고 네 명철을 의지하지 말라. 너는 범사에 그를 인정하라 그리하면 네 길을 지도하시리라. 스스로 지혜롭게 여기지 말지어다 여호와를 경외하며 악을 떠날지어다. 이것이 네 몸에 양약이 되어 네 골수를 윤택하게 하리라"(잠 3:1~8)

제12장

신본주의의 삶

01
창조주를 기억하라

1) 청년의 때에 창조주를 기억하라

　전도서 12장 1절: "너는 청년의 때에 너의 창조주를 기억하라 곧 곤고한 날이 이르기 전에, 나는 아무 낙이 없다고 할 해들이 가깝기 전에"

　청년의 때에 가장 기억하며 살아야 할 분은 누구인가? 창조주 하나님이시다. 창조주 하나님을 기억하며 살 때에 젊음의 세월을 허비하지 않고 인생을 가장 가치 있게 살 수 있기 때문이다.

　청년의 때에 창조주 하나님을 기억하지 않으면 어떻게 되는가?

　첫째, 평생 하나님을 떠나 살게 된다.

　청년의 때에 하나님을 떠나 세상 것에 취하여 살다 보면 하나님께 돌아와 믿음 생활하기가 쉽지 않다. 그러다 보면 평생 하나님을 떠나 살게 된다.

　둘째, 세상 탐욕에 사로잡혀 살게 된다.

　물질만 있으면 내가 하고 싶은 것은 다 할 수 있기 때문에 천하가 부럽지 않다. 물질의 힘은 권력도 움직일 수 있고, 더 많은 재산을 소유하게 하며 그리고 사람의 목숨까지도 연장할 수 있다. 그러나 물질 만능주의에 빠지게 되면 물질이 우상이 되어 하나님을 떠나게 된다. 육체적으로는 물질의 풍요로움 속에 안락함을 추구하며 살게 되지만, 영적으로는 하나님을 떠나는 순간 영적 사망이다.

셋째, 곤고한 날에 후회하기 때문이다.

젊어서 하나님을 떠나게 되면 인생의 곤고한 날에는 후회하게 된다. 곤고한 날이란 삶의 기쁨이 사라지고 기력이 완전히 쇠퇴하는 역경의 날을 의미한다. 인생이 평생 건강하고 편안한 삶을 살 수는 없다. 어느 날 갑자기 곤고한 날이 임하게 되면 하나님을 떠난 삶에 대해 후회하게 된다.

넷째, 하나님의 심판을 피할 수 없기 때문이다.

청년 때에 즐거움에 빠져 살게 되면 인간 존재의 근원이 되시는 하나님의 심판을 피할 수가 없다. 그래서 청년의 때에 창조주 하나님을 기억하며 살아야 한다.

그리스도인은 열심히 노력하여 많은 물질을 소유해야 한다. 물질이 없으면 주님의 일도 할 수 없고, 사람의 도리도 할 수 없을 뿐 아니라 세상 사람들에게 멸시를 받게 된다. 청년의 때에 하나님을 기억하며 살게 되면 많은 물질을 통해 하나님의 영광을 위해 사용하게 된다.

2) 노년기가 오기 전에 창조주를 기억하라

전도서 12장 2절: "해와 빛과 달과 별들이 어둡기 전에, 비 뒤에 구름이 다시 일어나기 전에 그리하라"

인생은 한평생 청년의 시기로 살 수는 없다. 해와 빛과 달과 별처럼 인생의 황혼기를 맞이하게 된다. 인생의 노년기가 되면 몸이 쇠약하여 시력이 감퇴하고 삶의 의욕도 사라진다.

해와 빛과 달과 별과 비와 구름은 인생의 희로애락을 상징하는 표현으로 인생은 반드시 어둠이 온다는 것을 말한다. "어둠"은 한 낮의 일과가 끝나고 쉬는 때로서 인생의 활동이 정지되는 시간이다. "인생의 어둠이 온다"는 것은 인생의 하루가 끝나는 시간이요, 생애가 끝나는 시간이요 그리고 인류 역사가 끝나는 시간이다.

인생의 젊음을 낭비하면 노년기에 땅을 치며 후회한다. 젊음은 두 번 다시 돌아오지 않는다. 그러므로 청년 때에 창조주 하나님을 기억하고 말씀을 떠나지 말라. 그리하면 가는 길이 형통할 것이다.

3) 노년기의 현상

(1) 손발이 떨림

"집"은 '몸'을 상징하며, "지키는 자"는 '손'과 '발'을 의미한다. 인간이 나이가 먹으면 몸이 쇠퇴하여 손과 팔이 힘이 없어져 떠는 현상이다.

(2) 허리가 구부러짐

"구부러진다"는 것은 '허리'를 상징한다. "힘 있는 자들이 구부러진다"는 것은 힘의 상징인 허리가 구부러지는 것을 의미한다. 나이가 들면 다리에 힘이 빠지고 허리는 몸을 지탱할 수 없어 휘게 된다. 허리가 구부러지면 지팡이를 의존하게 되므로 아무것도 할 수 없다. 허리는 힘의 중심이다.

(3) 치아가 빠짐

"맷돌질"은 사람의 '치아'를 의미한다. 나이가 먹으면 음식을 씹고 잘게 부수는 치아(齒牙)들이 빠짐으로 그 기능을 제대로 발휘하지 못하게 된다.

(4) 시력이 약해짐

"창"은 사람의 '눈'을 의미한다. 나이가 들면 시력이 쇠하여 사물을 잘 분별하지 못한다.

(5) 청력이 약해짐

"길거리의 문"은 '귀'를 의미한다. "길거리 문들이 닫혀질 것이며"는 외부 소리를 들을 수 있는 청각의 쇠퇴로 사람들의 말소리가 잘 들리지 않는다. 그래서 나이가 들면 보청기를 의존한다.

(6) 음식을 잘 먹을 수 없음

"맷돌 소리"는 치아로 음식을 씹는 것을 의미한다. "맷돌 소리가 적어질 것이다"는 치아의 부실로 단단한 음식을 마음대로 씹어 먹을 수가 없다. 나이가 먹으면 위가 쇠약하여 소화를 잘 시키지도 못하고,

치아가 부실하여 음식을 씹을 수 없어 음식을 맛있게 먹을 수가 없다.

(7) 새벽잠이 없어짐

"새의 소리로 말미암아 일어날 것이다"는 깊이 잠들지 못하고 새벽 일찍 일어난다. 나이가 먹으면 극도로 예민해져서 새벽잠이 줄어들어 일찍 일어난다.

(8) 성대의 변질

"음악하는 여자들은 다 쇠하여질 것이다"는 노년기가 되면 노래하는 발성기관이 쇠약해진다.

(9) 기력이 쇠하여 높은 곳을 오르지 못함

"높은 곳을 두려워하다"는 노년이 되면 두려움이 많아지고 소심해짐으로 높은 곳을 오르기가 힘들다. 힘이 없어 자신감이 없어지고 일을 못한다.

(10) 마음대로 활동하지 못함

"길에서는 놀라다"는 사람이 늙으면 다리에 힘이 없고 숨이 가빠서 단순한 평지의 길도 여행하기가 힘들고 어렵다.

(11) 머리카락은 백발이 됨

"살구나무가 꽃이 필 것이다"는 노인이 연로함에 따라 머리카락이 백발로 변한다. 살구나무 꽃은 봉우리일 때는 분홍색이나 만개하고 떨어질 때는 흰색을 띤다.

(12) 몸의 쇠약

"메뚜기도 짐이 되리라"는 몸이 쇠약해진다. 사람이 늙음에 따라 힘이 쇠약함으로 아무리 적고 미약한 것이라 할지라도 그에게 짐이 된다. 메뚜기는 매우 가볍고 작은 것이지만 노년이 되면 그것조차 무겁게 느껴진다.

(13) 인간의 욕구 감퇴

노년이 되면 인간의 가장 기본적인 식욕, 성욕, 물욕 등이 쇠퇴하여 감퇴된다.

(14) 죽음을 당함

"영원한 집"은 죽음을 의미한다. 사람이 한번 태어나면 반드시 죽음을 당한다.

(15) 죽음 애도

"조문자들이 거리로 왕래하게 됨이라"는 조문객들이 죽은 사람의 장례식에 참석하여 그 죽음을 애도해준다.

4) 인생의 결말

전도서 12장 6절: "은 줄이 풀리고 금 그릇이 깨지고 항아리가 샘 곁에서 깨지고 바퀴가 우물 위에서 깨지고"

'은 줄', '금 그릇', '항아리', '바퀴'는 인간의 '육체'를 의미한다. 천장에 매단 화려한 금 등잔이라 할지라도 세월이 흘러 오래되면 은줄이 풀려 결국 금 등잔이 깨어지고 만다. 사람도 나이 먹게 되면 결국 죽을 수밖에 없다. 이것이 인생의 결말이다.

5) 인간은 죽음 이후에도 존재함

전도서 12장 7절: "흙은 여전히 땅으로 돌아가고 영은 그것을 주신 하나님께로 돌아가기 전에 기억하라"

(1) 사람의 육체는 흙으로 돌아감

"흙"은 인간의 '육체'를 의미한다. 사람의 육체는 세상에서 생을 마감하게 되면 그 육체의 기원인 흙으로 돌아간다. 육체의 영원한 고향은 흙이다.

"네가 흙으로 돌아갈 때까지 얼굴에 땀을 흘려야 먹을 것을 먹으리니 네가 그것에서 취함을 입었음이라 너는 흙이니 흙으로 돌아갈 것이니라 하시니라"(창 3:19)

"모든 육체가 다 함께 죽으며 사람은 흙으로 돌아가리라"(욥 34:15)

(2) 사람의 영혼은 하나님께로 돌아감

"영"은 인간을 구성하고 있는 요소 중 비물질적인 부분인 "영혼"을 가리킨다. 인간의 몸을 구성하고 있는 영혼은 영원히 죽지 않고 생명을 주신 하나님께로 돌아간다. 예수님이 십자가에 죽으심을 당할 때에 "영혼이 떠나가셨다"고 했다. 그래서 육체는 무덤에 들어갔지만, 영혼은 하나님께로 돌아가셨다. 마태복음 27장 50절에 보면 "예수께서 다시 크게 소리 지르시고 영혼이 떠나시니라"고 했다.

그러므로 그리스도인은 몸은 죽여도 영혼은 능히 죽이지 못하는 자들을 두려워할 것이 아니라 오직 몸과 영혼을 능히 지옥에 멸하실 수 있는 하나님을 두려워하면서 살아야 한다(마 10:28).

02
여호와를 경외하고 그 말씀을 지키라

1) 잠언을 많이 지음

전도서 12장 9절: "전도자는 지혜자이어서 여전히 백성에게 지식을 가르쳤고 또 깊이 생각하고 연구하여 잠언을 많이 지었으며"

전도자가 잠언을 많이 지은 이유는 무엇인가? 인생의 헛된 삶을 살지 말라는 것이다. 세상의 모든 것을 소유했다할 지라도 하나님을 떠난 삶은 헛된 삶이다. 솔로몬은 이 진리를 깨닫고 청년들에게 전도서의 말씀을 인생 좌표로 삼아 젊음을 헛되이 보내지 말고 오직 여호와만 경외하며 살 것을 말한다.

2) 진리의 말씀을 기록

전도서 12장 10절: "전도자는 힘써 아름다운 말들을 구하였나니 진리의 말씀들을 정직하게 기록하였느니라"

전도서는 전도자 개인의 지식을 쓴 것이 아니라 하나님께서 주신 말씀을 정직하게 기록한 것이다. 그러므로 전도서는 솔로몬의 글이 아니라 하나님의 말씀이다. 솔로몬은 하나님께서 하신 말씀을 정직하게 기록한 것뿐이다.

"진리의 말씀"은 단순히 인간의 육신적인 삶에 유익을 주는 지혜를 모은 책이 아니라 절대자이신 하나님의 말씀으로서 영혼과 육체를 살리는 생명의 말씀이다. 그러므로 그리스도인은 하나님의 말씀을 마음 판에 새기며 말씀을 듣고 읽고 행하는 일에 힘써야 한다.

"그들을 진리로 거룩하게 하옵소서 아버지의 말씀은 진리니이다" (요 17:17)

진리의 말씀은 무엇인가?

첫째, 진리의 말씀이 곧 하나님 자신이다.

"태초에 말씀이 계시니라 이 말씀이 하나님과 함께 계셨으니 이 말씀은 곧 하나님이시니라"(요 1:1)

둘째, 진리의 말씀은 생명력이다.

"그들이 이 말을 듣고 마음에 찔려 베드로와 다른 사도들에게 물어 이르되 형제들아 우리가 어찌할꼬 하거늘"(행 2:37)

셋째, 진리의 말씀은 능치 못할 것이 없다.

"대저 하나님의 모든 말씀은 능하지 못하심이 없느니라"(눅 1:37)

넷째, 진리의 말씀은 생명을 살리는 영의 양식이다.

"이것은 하늘에서 내려온 떡이니 조상들이 먹고도 죽은 그것과 같지 아니하여 이 떡을 먹는 자는 영원히 살리라"(요 6:58)

다섯째, 하나님의 말씀은 영원하다.

"풀은 마르고 꽃은 시드나 우리 하나님의 말씀은 영영히 서리라 하라"(사 40:8)

"진실로 너희에게 이르노니 천지가 없어지기 전에는 율법의 일점 일획도 결코 없어지지 아니하고 다 이루리라"(마 5:18)

여섯째, 그리스도인이 전해야 할 말씀이다.

"오직 주의 말씀은 세세토록 있도다 하였으니 너희에게 전한 복음이 곧 이 말씀이니라"(벧전 1:25)

3) 말씀의 권세

전도서 12장 11절: "지혜자들의 말씀들은 찌르는 채찍들 같고 회중의 스승들의 말씀들은 잘 박힌 못 같으니 다 한 목자가 주신 바이니라"

"지혜자"와 "회중의 스승"은 하나님의 계시를 받아 본서를 기록한 전도자이다. "한 목자"는 본서 기록자인 전도자에게 지혜를 주시고 이 글을 기록하게 하신 원저자이신 '여호와 하나님'이다.

전도서는 솔로몬 자신의 지식과 경험을 기록한 책이 아니라 하나님께서 계시하신 내용을 기록한 하나님의 말씀이다. 그러므로 모든 성경은 "하나님의 말씀"이다.

디모데후서 3장 16~17절에 보면 "모든 성경은 하나님의 감동으로 된 것으로 교훈과 책망과 바르게 함과 의로 교육하기에 유익하니 이는 하나님의 사람으로 온전하게 하며 모든 선한 일을 행할 능력을 갖추게 하려 함이라"고 했다.

하나님의 말씀은 무엇으로 비유했는가?

(1) 찌르는 채찍이다

"찌르는 채찍"은 '쇠못이 박힌 몽둥이', '소를 몰 때 사용되는 끝이 날카로운 막대기'를 가리킨다. 그러므로 하나님의 말씀은 찌르는 채찍과 같다. 쇠못이 박힌 채찍을 맞으면 얼마나 고통스럽겠는가?

사람이 중병에 걸리면 병원에서 수술을 한다. 수술을 하는 것은 환자를 죽이기 위한 것이 아니라 살리기 위함이다. 그런데 환자가 수술에 대한 공포와 불안감 때문에 수술을 포기하면 어떻게 되는가? 결국은 사망이다.

하나님의 말씀도 이와 같다. 하나님의 말씀은 사람들에게 무거운 멍에를 지우고 심령을 괴롭히는 것이 아니다. 하나님의 말씀은 부패한 심령들을 찌르고 쪼개므로 죽어가는 영혼과 육체를 살리는 살아 있는 생명의 말씀이다. 그래서 하나님의 말씀은 영과 혼과 골수와 관절을 수술하고 고치는 전인 치료이다.

세상의 검은 사람의 목숨을 해치는 흉기이지만, 하나님의 말씀의 검은 사람의 영과 육체를 살리는 도구이다.

히브리서 기자는 "하나님의 말씀은 살아 있고 활력이 있어 좌우에 날선 어떤 검보다도 예리하여 혼과 영과 및 관절과 골수를 찔러 쪼개기까지 하며 또 마음의 생각과 뜻을 판단하나니"(히 4:12)라고 했다.

그 말씀대로 베드로가 오순절 날 설교를 했을 때에 청중들은 베드로의 설교를 듣고 마음에 찔림을 받아 3천명이 회개했다. 어떻게 그런 일이 일어날 수 있는가? 말씀이 채찍이 되어 좌우에 날선 검보다 더 예리하여 청중들의 마음과 영혼을 찔러 쪼개기까지 했기 때문이다.

하나님의 말씀을 듣고 고통스러운가? 그것은 영혼을 다시 살리기 위해 수술을 받았다는 증거이다. 수술이 없이는 썩어가는 육체와 영혼을 살릴 수가 없다. 그러므로 말씀은 죽어가는 생명을 살리는 찌르는 채찍이다.

(2) 잘 박힌 못이다

잘 박힌 못은 흔들리지 않는다. "못"은 물건과 물건을 서로 움직이지 못하도록 하나로 고정시켜 준다. 마찬가지로 "말씀"은 하나님과 나와의 관계를 하나로 고정시켜주는 중요한 역할을 한다.

성도들이 말씀을 통해 하나님과 고정되어있으면 어떤 상황에도 흔들리거나 요동하지 않고 끝까지 믿음을 지키며 주님 위해 살게 된다.

4) 인본주의 지식의 욕망

전도서 12장 12절: "내 아들아 또 이것들로부터 경계를 받으라 많은 책들을 짓는 것은 끝이 없고 많이 공부하는 것은 몸을 피곤하게 하느니라"

책을 저술하는 것도 끝이 없고, 탐구하는 것도 끝이 없다. 그래서 인본주의 지식은 끝이 없고 몸과 마음을 피곤하게 한다.

5) 사람의 본분

전도서 12장 13절: "일의 결국을 다 들었으니 하나님을 경외하고 그의 명령들을 지킬지어다 이것이 모든 사람의 본분이니라"

사람의 본분은 무엇인가? 하나님을 경외하고 그의 말씀들을 지키는 것이다. 이것이 신본주의의 삶이다.

그리스도인은 철저하게 두 가지를 지켜야 한다.

첫째, 하나님을 경외하라.

아브라함은 철저하게 하나님만 경외하였다. 그가 백세에 아들을 얻게 되자 아들을 하나님보다 더 사랑하게 되었다. 하나님은 아브라함의 믿음을 시험하기 위해 "네 아들 네 사랑하는 독자 이삭을 데리고 모리아 땅으로 가서 내가 네게 일러준 한 산 거기서 그를 번제로 드리라"고 했다. 아브라함은 하나님의 말씀이 떨어짐과 동시에 즉시 아들 이삭을 데리고 모리아 산으로 가서 하나님께 번제물로 드렸다.

그때 하나님이 아브라함에게 하신 말씀이 무엇인가? "사자가 이르시되 그 아이에게 네 손을 대지 말라 그에게 아무 일도 하지 말라 네가 네 아들 네 독자까지도 내게 아끼지 아니하였으니 내가 이제야 네가 하나님을 경외하는 줄을 아노라"(창 22:12). 아브라함은 자신뿐 아니라 자식의 목숨까지 바쳐 하나님을 경외했다.

예수님께서도 첫 번째 계명이 무엇이라고 했는가? "네 마음을 다하고 목숨을 다하고 뜻을 다하여 주 너의 하나님을 사랑하라"(마 22:37)는 것이다. 성도의 첫 번째 의무가 하나님을 경외하는 것이다.

둘째, 하나님의 말씀을 지키라.

하나님은 이스라엘 백성들에게 내가 너희에게 명령하는 말을 너희는 가감하지 말고 내가 너희에게 내리는 너희 하나님 여호와의 명령을 지키라(신 4:2)고 했다. 하나님의 말씀을 지키며 사는 자들은 생존하고 번성하여 땅에서 복을 받는다.

레 18:4~5 "너희는 내 법도를 따르며 내 규례를 지켜 그대로 행하라 나는 너희의 하나님 여호와이니라 너희는 내 규례와 법도를 지키라 사람이 이를 행하면 그로 말미암아 살리라 나는 여호와이니라"

신 30:16 "곧 내가 오늘 네게 명령하여 네 하나님 여호와를 사랑하고 그 모든 길로 행하며 그의 명령과 규례와 법도를 지키라 하는 것이라 그리하면 네가 생존하며 번성할 것이요 또 네 하나님 여호와께서 네가 가서 차지할 땅에서 네게 복을 주실 것임이니라"

예수님의 마지막 지상명령은 무엇인가? 내가 너희에게 분부한 모든 것을 가르쳐 지키게 하라. 즉 예수님께서 하신 모든 말씀과 성경 66권의 모든 말씀을 가르쳐 지키게 하라는 것이다. 그리스도인은 하나님의 말씀을 그대로 지키며 사는 것이 의무이며 본분이다.

마 28:20 "내가 너희에게 분부한 모든 것을 가르쳐 지키게 하라 볼찌어다 내가 세상 끝날까지 너희와 항상 함께 있으리라 하시니라"

6) 하나님의 심판

전도서 12장 14절: "하나님은 모든 행위와 모든 은밀한 일을 선악 간에 심판하시리라"

인생의 최종 결론은 죽음을 당한 후에 하나님 앞에서의 심판이다. 이것이 전도서의 결론이다. 바울도 우리가 다 반드시 그리스도의 심판대 앞에 나타나게 되어 각각 선악 간에 그 몸으로 행한 것을 따라 받으려 함이라(고후 5:10)고 했다. 하나님을 경외하고 말씀을 지키며 사는 성도들은 상급 심판을 받게 될 것이다. 그러나 하나님을 경외하지 않고 말씀을 부인하고 대적하며 악을 행하는 자들은 영원한 지옥 심판을 받게 될 것이다.

말라기는 세상 종말 심판 때에 두 종류의 하나님의 심판이 있음을 말하고 있다.

첫째는 교만한 자와 악한 자들의 심판이다.

용광로 불같은 날이 임할 때에는 교만한 자와 악을 행하는 자는 다 지푸라기 같이 그들을 살라 그 뿌리와 가지를 남기지 아니하게 된다.

"만군의 여호와가 이르노라 보라 용광로 불같은 날이 이르리니 교만한 자와 악을 행하는 자는 다 지푸라기 같을 것이라 그 이르는 날에 그들을 살라 그 뿌리와 가지를 남기지 아니할 것이로되"(말 4:1)

둘째는 하나님을 경외하고 말씀을 지키는 자들의 심판이다.

하나님을 경외하는 자들은 공의로운 해가 떠올라서 치료하는 광선을 비추리니 너희가 나가서 외양간에서 나온 송아지같이 뛰놀며 악인을 밟게 된다.

말 4:2~3 "내 이름을 경외하는 너희에게는 공의로운 해가 떠올라서 치료하는 광선을 비추리니 너희가 나가서 외양간에서 나온 송아지같이 뛰리라 또 너희가 악인을 밟을 것이니 그들이 내가 정한 날에 너희 발바닥 밑에 재와 같으리라 만군의 여호와의 말이니라"

요한계시록도 마찬가지이다. 하나님을 경외하며 말씀을 지키는 자들은 빛나고 깨끗한 세마포 옷을 입고 어린양의 혼인잔치에 참석하는 영광과 복을 누리게 된다.

계 19:6~8 "또 내가 들으니 허다한 무리의 음성과도 같고 많은 물소리와도 같고 큰 우렛소리와도 같은 소리로 이르되 할렐루야 주 우리 하나님 곧 전능하신 이가 통치하시도다. 우리가 즐거워하고 크게 기뻐하며 그에게 영광을 돌리세 어린 양의 혼인 기약이 이르렀고 그의 아내가 자신을 준비하였으므로 그에게 빛나고 깨끗한 세마포 옷을 입도록 허락하셨으니 이 세마포 옷은 성도들의 옳은 행실이로다 하더라"

그러나 교만하여 하나님의 말씀을 거역하고 부인한 자들은 예리한 검과 철장의 권세로 맹렬한 진노의 심판을 받아 산 채로 유황불 붙는 못에 던져진다.

"그의 입에서 예리한 검이 나오니 그것으로 만국을 치겠고 친히 그들을 철장으로 다스리며 또 친히 하나님 곧 전능하신 이의 맹렬한 진노의 포도주 틀을 밟겠고 그 옷과 그 다리에 이름을 쓴 것이 있으니 만왕의 왕이요 만주의 주라 하였더라"(계 19:15~16)

"짐승이 잡히고 그 앞에서 표적을 행하던 거짓 선지자도 함께 잡혔으니 이는 짐승의 표를 받고 그의 우상에게 경배하던 자들을 표적으로 미혹하던 자라 이 둘이 산 채로 유황불 붙는 못에 던져지고 그 나머지는 말 탄 자의 입으로부터 나오는 검에 죽으매 모든 새가 그들의 살로 배불리더라"(계 19:20)

그리스도인은 어떻게 살아야 하는가? 창조주 하나님을 기억하면서 인생의 마지막에는 선악 간에 심판이 있음을 생각하고 살아야 한다.

그러므로 그리스도인의 본분인 하나님을 경외하고 그의 말씀을 지키며 사는 삶이 될 때에 하나님의 심판대 앞에서 영광의 상급을 받게 될 것이다.

김춘식

김춘식 목사는 말씀 중심적인 강해 설교로 목회하면서, 요한계시록, 스가랴서, 다니엘서, 에스겔서, 마태복음 24, 25장 등의 종말론 강해로 교인들을 양육하던 중에 전도서를 중심으로 『인생을 아름답게 사는 길』이라는 책을 출간하게 되었습니다.

사회복지학 박사 노정자 사모(백석문화대 겸임교수, 가족성장상담소 남성의소리 소장, 가정을 건강하게 하는 시민의 모임 천안지부장)와 함께 상담과 치유 목회사역을 병행하고 있습니다.

합동신학대학원대학교 목회대학원 졸업
미국 버밍햄신학대학원 졸업

현) 레임마성경연구원 원장
　　대전대학교 천안한방병원 임상시험위원
　　대전대학교 천안한방병원 원목
　　가족성장상담소 남성의소리 이사
　　대한예수교장로회 풍성한교회 담임목사

인생을
아름답게
사는 길

초판인쇄 | 2011년 7월 25일
초판발행 | 2011년 7월 25일

지 은 이 | 김춘식
펴 낸 이 | 채종준
펴 낸 곳 | 한국학술정보㈜
주   소 | 경기도 파주시 교하읍 문발리 파주출판문화정보산업단지 513-5
전   화 | 031) 908-3181(대표)
팩   스 | 031) 908-3189
홈페이지 | http://ebook.kstudy.com
E-mail | 출판사업부 publish@kstudy.com
등   록 | 제일산-115호(2000. 6. 19)

ISBN   978-89-268-2389-7 93230 (Paper Book)
         978-89-268-2390-3 98230 (e-Book)